Lothar Selle

Geschwinc

Im Sumpf ein

Erkenntnisse eines besorgten Bürgers

Autor: Lothar Selle
Umschlaggestaltung: Sven Selle, Lothar Selle
Nichtamtliche Fotos: Sven Selle, Lothar Selle

Ich danke meiner Familie für die moralische Unterstützung bei der zeitraubenden Recherche und Arbeit an dieser Dokumentation.
Besonderer Dank gilt meinen vier Söhnen für ihre kritische Analyse und informationstechnische Unterstützung bei zwei sehr anspruchsvollen Computeranwendungen, vor allem aber meinem ältesten Sohn Sven, der mich häufig auf meinen Wegen begleitet, die Analyse der vorgelegten Dokumente sehr erfolgreich unterstützt und unermüdlich im Internet recherchiert hat. Viele der hier offengelegten Erkenntnisse hätte ich ohne ihn wohl niemals gewonnen.

Lothar Selle

Geschwindigkeitsmessung
Im Sumpf einer Bananenrepublik?
Erkenntnisse eines besorgten Bürgers

TIB *pibook.de*

Bibliografische Information der Deutschen Nationalbibliothek:

Die Deutsche Nationalbibliothek verzeichnet diese Publikation
in der Deutschen Nationalbibliografie;
detaillierte bibliografische Daten sind im Internet über

http://dnb.de

abrufbar.

© 2017 Lothar Selle
Herstellung und Verlag:
BoD – Books on Demand, Norderstedt

ISBN: 978-3-7448-4859-6

In unserer menschlichen Entwicklungsgeschichte hat uns die Natur mit einem manchmal überlebenswichtigen Mechanismus ausgestattet: Bedrohungen werden ausgeblendet und bewahrten uns so in unserer Frühzeit die notwendige Handlungsfähigkeit in Gefahrensituationen. In unserer heutigen hochtechnisierten und globalisierten Welt behindert viele Träger von Verantwortung aber eben dieses Erbe, die Realität unverfälscht wahrzunehmen und verantwortungsvoll zu entscheiden. ‚Unbequeme Wahrheiten' zerstören die ‚heile Welt' und werden verdrängt, selbst dann, wenn es keine wirklichen ‚Hiobsbotschaften' sind. Fachleute haben in ähnlichem Zusammenhang den Begriff ‚Filterblase' geprägt.

Ich habe das Pech, dass dieser Mechanismus bei mir nicht gut funktioniert. Trotzdem will auch ich kaum glauben, was wir alles festgestellt haben.

Am 01.03.2015 wurde ich in einer 70er-Zone geblitzt. Ich erhielt einen Bußgeldbescheid, der sich auf eine Geschwindigkeitsmessung in Höhe von 94 km/h berief. Dieser Messwert ist ca. 5 km/h höher als meine tatsächliche Geschwindigkeit, deshalb legte ich der Widerspruch ein.

Der Termin der Hauptverhandlung wurde insgesamt **achtmal verschoben**, so dass mein Fall schließlich erst am 24.11.2016 verhandelt wurde. Mein ältester Sohn und ich hatten dadurch **eineinhalb Jahre Zeit zu recherchieren** und dabei Erkenntnisse gewonnen, die wir in Deutschland niemals für möglich gehalten hätten.

Im einleitenden Kapitel IN KÜRZE VORWEG gebe ich unter D Zusammengefasste Kritik einen Überblick über die **Missstände**, jeder einzelne unverantwortlich.

Die Verhandlung dauerte knapp **fünf Stunden!** Trotzdem wurde mir wiederholt verwehrt auf Widersprüche in den Zeugenaussagen aufmerksam zu machen. Ich wurde schuldig gesprochen.

Seitdem habe ich meinen statistischen Manipulationsbeweis wissenschaftlich abgesichert und weitere Erkenntnisse gewonnen. Die fragwürdigen Praktiken sehr unterschiedlicher Behörden lassen uns inzwischen auf eine durchgängige Systematik schließen. Der Titel dieses kleinen Büchleins soll das andeuten.

Die Informationen, die wir hiermit weitergeben, sollen falsch Beschuldigten helfen, sich besser zu wehren als mir das gelang, insbesondere, wenn durch die falsche Beschuldigung der Führerscheinentzug droht. In solch einem Fall muss das Gericht der Verteidigung zwangsläufig mehr Rechte einräumen als mir in meinem 70-€-Bußgeldverfahren. Unser frühzeitig erklärtes Ziel war es, **Messwertmanipulation juristisch feststellen zu lassen**. Das rief wohl mächtige Gegner auf den Plan.

Wir teilen dem Leser auch mit, welche ‚taktischen' Fehler wir uns vorwerfen, die möglicherweise einen juristischen Erfolg verhindert haben.

Geplant und fertig vorbereitet war eine Dokumentation, die stellenweise etwas detaillierter war. Wir hatten jedem, auf den sich unser Erfahrungsbericht bezieht, den ihn betreffenden Text vorgelegt und damit die Möglichkeit zur Stellungnahme eingeräumt. Wenn sich daraus eine andere Sichtweise ergeben hätte, dann wollten wir den Text ändern oder die Stellungnahme in Auszügen wiedergeben, wenn es uns angemessen erschien. Das war unsere Absicht.

Wir erhielten keine einzige Stellungnahme zu dem angekündigten Inhalt. Stattdessen forderte der betreffende Kreisdirektor von mir die Unterschrift unter eine Unterlassungserklärung, die die Entrichtung eines **Bußgeldes von 10.000 €** vorsah, falls ich personenbezogene Daten veröffentliche. Dies, obwohl in allen von uns vorgelegten Textauszügen die Personen presseüblich durch den Anfangsbuchstaben ihres Nachnamens anonymisiert waren. Das reichte dem Kreisdirektor nicht!

Um Verzögerungen der Veröffentlichung durch einstweilige Verfügungen zu vermeiden und juristischen Auseinandersetzungen, die in diesem Zusammenhang nicht immer gesetzeskonform abgewickelt wurden, aus dem Wege zu gehen, haben wir ‚konfliktträchtige' Abschnitte herausgenommen und personenbezogene Informationen vollständig anonymisiert. Zusätzlich haben wir knapp 400 mal Gerätehersteller und -typen sowie Behörden und einzelne ‚scharfe' Formulierungen geschwärzt. Der Leser mag dort den Text nach eigenem Rechtsempfinden ergänzen.

Nachdem wir den ‚Datenschutz übererfüllt' haben, hoffen wir nun ein bisschen darauf, dass es trotzdem zu einer Auseinandersetzung über die Dokumentation kommt. Damit würde vermutlich Aufmerksamkeit in der Öffentlichkeit bewirkt und der Druck erhöht, die zahlreichen Missstände abzustellen, die Voraussetzung für Messwertmanipulationen sind.

In letzter Zeit betonen einige Politiker auffällig häufig, dass Deutschland ein **Rechtsstaat** ist. Ich denke aber, es besteht Einigkeit darüber:

Wir sind **nicht im entferntesten so weit rechts** wie in meinen ersten Lebensmonaten (Jg. 44).

Bad Berleburg, im September 2017
Lothar Selle

INHALT

IN KÜRZE VORWEG		**3**
A	**Der Vorwurf**	**3**
B	**Statement**	**3**
C	**Recherche**	**3**
D	**Zusammengefasste Kritik**	**3**
E	**Geblitzt, was nun?**	**7**
F	**Taktische Fehler**	**9**
G	**Empfehlung an die Politik**	**9**
H	**Medien**	**9**

1	**BEHÖRDEN**	**10**
1.1	**Bundesnetzagentur**	**10**
1.1.1	Aufgabe	10
1.1.2	Veröffentlichungen	10
1.2	**BSI**	**10**
1.2.1	Aufgabe	10
1.2.2	BSI – Technische Richtlinie	10
1.3	**PTB**	**11**
1.3.1	Aufgabe	11
1.3.2	Dokumente der PTB	11
1.3.2.1	Messgeräte im Straßenverkehr	11
1.3.2.2	Stellungnahme zur Frage der Manipulierbarkeit signierter Falldateien	12
1.3.2.3	Merkblatt für Hersteller	15
1.3.2.4	Bauartzulassungen für Messeinrichtungen im Straßenverkehr	16
1.3.2.5	Piezorichtlinie	18
1.3.3	Schriftliche Anfrage	18
1.3.4	Kritik an der PTB	19
1.4	**LBME**	**20**
1.4.1	Gliederung der Aufsicht und Verantwortlichkeit	20
1.4.2	Aufgabe	20
1.4.3	Dokumente des LBME	20
1.4.3.1	Eichschein zum Piezovorverstärker	20
1.4.3.2	Eichschein zum Messgerät	21
1.4.3.3	Eichprotokoll	22
1.4.4	Kritik am LBME	23

2	**REGIERUNG**	**24**
2.1	**Bezirksregierung**	**24**
2.2	**Offener Brief an Regierungsmitglieder**	**24**
2.3	**Zweiter Offener Brief an Regierungsmitglieder**	**29**

3	**KREISVERWALTUNG**	**37**
3.1	**Kreisdirektor**	**37**
3.2	**Scandienst Oldenburg/Hamburg**	**38**
3.3	**Ordnungsamt**	**39**
3.3.1	Besuch beim Ordnungsamt	39
3.3.2	Kritik am Ordnungsamt	40

4	**WEITERE BETEILIGTE**	**41**
4.1	**KDVZ**	**41**
4.2	**Weiterer kommunaler Dienstleister**	**41**
4.3	**Der Gerätehersteller**	**41**
4.4	**Gutachter**	**41**
4.4.1	Vom Gericht bestellter Sachverständiger	42
4.4.2	Eigene SV	42
4.4.2.1	Drei Gutachten	42
4.4.2.2	Bemühung um neuen SV	42

5	**DIE MESSUNG**	**43**
5.1	**Anhörungsbogen**	**43**
5.2	**Messstelle**	**44**
5.3	**Messprotokoll**	**44**
5.4	**Falldatei**	**45**
5.4.1	Digitale Signierung der Falldatei	45
5.4.2	Beweisfotos	45
5.4.2.1	Beweisfotos der zugrunde liegenden Messung	45
5.4.2.2	Messfehlerprüfung	47
5.4.2.3	Beweisfotos von inakzeptabler Qualität	47
5.4.3	Metadaten	48
5.5	**Ortstermin**	**50**
5.5.1	Wartungstermine	50
5.5.2	Testfahrten	51

5.5.2.1	Messung	51
5.5.2.2	Beweisfotos	51
5.5.2.3	Metadaten	52
5.5.3	Geräteidentifikation	53
5.5.4	Ergänzendes Gutachten	53
5.6	**Eingesetzte Messeinrichtungen**	**54**

6	**EXPERTISE ZUR MESSREIHE**	**56**
6.1	**Messwerte**	**56**
6.2	**Zur Problematik wissenschaftlich fundierter Beweisführung**	**57**
6.3	**Elementare Grundlagen der Statistik**	**59**
6.4	**Korrektur des Messprotokolls**	**60**
6.5	**Prüftests**	**60**
6.5.1	F-Test	60
6.5.2	t-Test	61
6.5.3	χ^2-Test	61
6.6	**Fallspezifische Wahrscheinlichkeitsberechnung**	**62**
6.6.1	Wahrscheinlichkeit der Peakposition	62
6.6.2	Wahrscheinlichkeit der Peakhöhe	62
6.6.3	Wahrscheinlichkeit der Peaks	63
6.7	**Simulation der Messreihe**	**64**
6.8	**Bemerkung zur juristischen Würdigung**	**66**

7	**JUSTIZ**	**67**
7.1	**Amtsgericht**	**67**
7.2	**Staatsanwaltschaft**	**68**
7.2.1	Anzeige der Manipulation der Geschwindigkeitsmessung	68
7.2.2	Gerichtsrechnungen	72

8	**HAUPTVERHANDLUNG**	**75**
8.1	**Zeugenaussagen**	**75**
8.2	**Aus dem Gerichtsprotokoll**	**81**
8.3	**Kritik**	**88**
8.3.1	Führung der Hauptverhandlung	88
8.3.2	Urteil	88
8.3.3	Führung der Gerichtsakte	88
8.3.4	Sachverständigen-Rechnungen	89
8.3.4.1	Inakzeptable SV-Vergütungen	89
8.3.4.2	Anforderung der SV-Rechnungen	89
8.3.4.3	Prüfung der SV-Rechnungen	89
8.3.4.4	Erinnerung	89
8.3.4.5	Anzeige gegen den Sachverständigen	90

	ANHANG	**91**
A1	**Aus meinem Schriftverkehr**	**91**
A2	**Ausgleichskurven in** *Excel 2007*	**93**
A2.1	Erläuterung der Situation aus der Sicht der Statistik	93
A2.2	*Excel*-Tabellenblatt *Potenzielle Ausgleichskurve*	95
A3	**Messreihensimulation in** *Excel 2007*	**97**
A3.1	*Excel*-Tabellenblatt *ZufallsMessreihe1M_SimInitA21-01.xlsb*	97
A3.2	Ergebnisse der Messreihensimulation	98
A3.3	Erläuterung zur Messreihensimulation	106
A3.4	*VBA*-Programm	107
A3.5	Programmprotokolle	112
A4	**Abkürzungen**	**113**
A5	**Verzeichnisse**	**114**
A5.1	Abbildungen	114
A5.2	Dokumente	114
A5.3	Tabellen	114
A5.4	Wichtige Adressen	115
A5.5	Wichtige Dokumente	115
A5.6	Gesetze · Verordnungen · Normen	116
A5.7	Internetadressen	116
A6	**Index**	**117**

In Kürze vorweg

A Der Vorwurf

Am **01.03.2015** wurde ich in einer 70er-Zone geblitzt. Daraufhin erhielt ich einen Bußgeldbescheid, der sich auf eine Geschwindigkeitsmessung in Höhe von 94 $km/_h$ berief. Dieser Messwert ist ca. 5 $km/_h$ höher als meine tatsächliche Geschwindigkeit und ich hatte den Verdacht der Messwertmanipulation, weil mir ein Messfehler in dieser Größenordnung nicht glaubhaft erschien.

B Statement

Wenn uns Bürgern aufgrund eines Messfehlers bei einer Geschwindigkeitsmessung tatsächlich einmal ein unberechtigt hohes Bußgeld auferlegt wird, dann ist das Pech mit dem wir leben können. In einem **Rechtsstaat** darf es aber nicht möglich sein, dass **systematisch Bußgeldbescheide mit falschen Messwerten** ausgestellt werden.

C Recherche

Ich habe zunächst versucht eventuelle ungewöhnliche Fehlerquellen zu erkennen. Meine ersten Maßnahmen waren deshalb gemeinsam mit meinem ältesten Sohn:

1) Einsichtnahme in beide Originale des Beweisfotos beim Ordnungsamt (erfolgloser Versuch!)
2) Prüfung der Sensoren der Messtelle — im Rahmen unserer Möglichkeiten (Verbindung von neuen mit alten, schadhaften Leitungskanälen erscheinen uns nicht problematisch genug!)
3) Vergleich des beim Eichamt ▨▨▨▨▨ archivierten Eichschein-Exemplars der Sensorprüfung mit der mir vorliegenden Kopie (abweichende Unterschriften!)

Der Gerichtstermin wurde insgesamt **achtmal verschoben**, so dass mein Fall erst am **24.11.2016** verhandelt wurde. Wir hatten dadurch **eineinhalb Jahre** Zeit weiter zu recherchieren.

Wir kamen zu erschreckenden Erkenntnissen und ich fand eine Möglichkeit **mehrfache Messwertmanipulation** zu beweisen.[1]

Nach der Hauptverhandlung machten wir weitere ‚kuriose' Erfahrungen und fanden zusätzliche **Beweise für Betrug**. Gegen mehrere haarsträubende (aus unserer Sicht) Entscheidungen und rechtswidriges Verhalten von Verantwortungsträgern der involvierten Behörden habe ich Beschwerde eingelegt, mehrfach sogar Anzeige erstattet. Bisher blieb dies durchweg konsequenzlos, zumindest den offiziellen Antworten zufolge. Die widersprüchlichen Beweismittel und fragwürdigen Praktiken sehr unterschiedlicher Behörden ließen uns auf eine durchgängige Systematik schließen.

D Zusammengefasste Kritik

Unsere Erkenntnisse lassen uns vermuten, dass falsche Bußgeldbescheide sehr häufig ausgestellt werden. Dazu ist allerdings ein **passendes Zusammenspiel von sieben Behörden und die schützende Hand der übergeordneten Instanzen** erforderlich.

Mit dieser Dokumentation prangern wir eine Vielzahl von Missständen an. Hierzu ein Überblick:

- **Unsichere Signierung des Beweismittels** mit seit Jahren nicht mehr zulässiger Schlüssellänge
- **Rechtswidrige Eichung beim Gerätehersteller** nach dessen Weisungen
- Beteiligung eines ‚*Eichhelfers*' (= Mitarbeiter des Geräteherstellers) ist nicht gesetzeskonform
- Abweichungen zwischen Eichprotokoll und Eichschein
- Gesetzwidrige **Übertragung hoheitsrechtlicher Aufgaben an private Dienstleister**, die durch Anonymität geschützt werden (unwiderlegbarer Beweis mithilfe forensischer Software)
- **Auskunftsverweigerung** mehrerer Behörden (Verstoß gegen das Informationsfreiheitsgesetz)

---

1 Wir beziehen uns zwangsläufig auf die mich betreffende Messreihe. Viele Erkenntnisse und mein Manipulationsbeweis können aber verallgemeinert werden, *⤳6 Expertise zur Messreihe*.

- Weigerung höherer Instanzen, **Dienstpflichtverletzungen** zu ahnden, trotz Beschwerde bis in die zuständigen Ministerien
- Weigerung der Staatsanwaltschaft Ermittlungen aufzunehmen, trotz hinreichend nachgewiesenem **Tatverdacht**
- **Politisch motivierte Rechtsprechung** (Vorwurf begründet sich in der Verhandlungsführung)
- Gutachten eines vom Gericht bestellten Sachverständigen, dem ich **Befangenheit** vorwerfe:
  - **exorbitant hohe SV-Vergütung**; beanstandet, aber
    von Gericht und Staatsanwaltschaft unter Missachtung der §§ 2 und 8a JVEG akzeptiert,
  - insbesondere **Beweismittelunterschlagung** durch den Gutachter; angezeigt,
    aber von Gericht und Staatsanwaltschaft bislang ignoriert,
  - in Verbindung damit **Abrechnungsbetrug** durch den Gutachter; angezeigt,
    aber von Gericht und Staatsanwaltschaft gedeckt (‚*Reparatur*‘ in Rechnung gestellt).

Mängel der Messeinrichtung:

- Fehlende Dokumentation der Seriennummer des Messgerätes im Beweismittel ‚*Falldatei*‘,
- Widersprüchliche Angaben im Beweismittel ‚*Falldatei*‘:
  - absurd widersprüchliche Tatzeiten (**01.03.2015** und **18.01.2001!**),
  - widersprüchliche Selbstidentifikation des Messgeräts
    (ausgewiesener Gerätetyp ist in Deutschland nicht zugelassen)

Als i-Tüpfelchen betrachte ich das vorgelegte Messprotokoll, das an den **Bußgeldgrenzen** — also immer dann, wenn es teurer wird — mehr als doppelt so viele Geschwindigkeitsübertretungen ausweist wie unmittelbar darunter.[2]

- Dies ermöglichte mir einen statistischen Beweis, demzufolge mehrere Messwerte mit einer **Wahrscheinlichkeit von 99,90 ± 0,02 % manipuliert** sind.[3]

Hierzu ein paar ‚kurze‘ Erläuterungen:

1) Zum Schutz des Verbrauchers müssen Messgeräte in Deutschland zugelassen werden. Dafür zuständig ist die **PTB**, die Physikalisch-Technische Bundesanstalt in Braunschweig.

   Bei Geschwindigkeitsmessgeräten soll sichergestellt werden, dass Manipulationen oder auch unbeabsichtigte Veränderungen des Messwertes erkannt werden.

   ‚*Die erstellten Bilddokumente müssen in Form von digitalen Bilddaten zusammen mit den Messdaten untrennbar in einer gemeinsamen Falldatei abgelegt werden.*‘[4] Diese wird digital signiert. Die Anforderungen an die hierzu verwendeten Schlüssel wachsen, weil die wachsende Leistungsfähigkeit der Computer die Entschlüsselung in immer kürzerer Zeit möglich macht. **Für die mich betreffende Messeinrichtung lässt die PTB Verschlüsselung mit RSA 1024 zu**, obwohl diese seit mehreren Jahren nicht mehr sicher genug ist[5]!

   ‚*Nach einer erfolgreichen Signaturprüfung sind Authenzität* [gemeint ist **Authentizität**] *und **Integrität** der Falldatei sichergestellt und das Referenz-Auswerteprogramm stellt die **Messdaten, Bilddaten und ergänzenden Daten der Falldatei** dar.*‘[6]

   ‚*Nur die signierte Falldatei gilt als **unveränderliches Beweismittel**‘* der Messung.[7]

---

2 Graphiken und Tabelle auf Cover-Vorder- und Rückseite.
3 *6 Expertise zur Messreihe, ANHANG: A3 Messreihensimulation in Excel 2007.*
4 Stichwort *Falldatei; Dokument PTB-A 18.11: PTB-Anforderungen Messgeräte im Straßenverkehr – Geschwindigkeitsüberwachungsgeräte, 3.3.3 Dokumentationseinheit, S. 6.*
5 *5.4.1 Digitale Signierung der Falldatei.*
6 *PTB-Dokument: Stellungnahme zur Frage der Manipulierbarkeit signierter Falldateien, Dez. 2013, S. 1f, Auswertung signierter Falldateien, 3. Abs.*
7 *PTB-Dokument: Stellungnahme zur Frage der Manipulierbarkeit signierter Falldateien, Dez. 2013, S. 2, Details der Signaturprüfung, 2. Abs.*

Die **Metadaten**[8] der Falldatei sind aber in meinem Fall **unvollständig und widersprüchlich**:

- Sie weisen zwei **absurd widersprüchliche Tatzeiten** aus: **01.03.2015** 10:29 Uhr und   17.01.2001 23:12 Uhr   bzw.   **18.01.2001** 00:12 Uhr

- Das Messgerät identifiziert sich als eines, das in Deutschland **keine Zulassung** hat.

- Die Seriennummer des Messgerätes wird **nicht dokumentiert**, lediglich die der Dokumentationseinheit. Es ist deshalb nicht sichergestellt ist, dass das Messgerät der benutzten Gerätekombination identisch ist mit dem, dessen Eichschein vorgelegt wurde.[9]

Der PTB-Zeuge erklärte in der HV zu diesen ‚*Missständen*', im Widerspruch zu den oben angegebenen Zitaten aus PTB-Dokumenten: „*Die Meta-Daten interessieren mich überhaupt nicht.*"[10]

2) Die ordnungsgemäße Funktion der Geschwindigkeitsmesseinrichtungen gemäß den Festlegungen in der Bauartzulassung wird in NRW durch den Landesbetrieb Mess- und Eichwesen (**LBME**) kontrolliert.

Der Eichbeamte des LBME [____] **eicht unter Missachtung der entsprechenden EU-Richtlinie beim Gerätehersteller**, obwohl dies kein zertifizierter Eichort ist.[11]

Zum Eichen schickt der LBME [____] einen Eichbeamten zum Gerätehersteller. Dieser arbeitet dort **nach dem Eichplan des Geräteherstellers**, der ihm zur Entlastung einen ‚*Eichunterstützer*' an die Seite stellt.[12]

Das zu eichende Messgerät steht deshalb bis zu zwei Wochen (im Ausnahmefall auch länger) **unbeaufsichtigt beim Gerätehersteller!**

Der **LBME** [____] **verweigerte uns — unter Verstoß gegen das** 🖉**Informationsfreiheitsgesetz (IFG) — den Einblick in das dort archivierte Eichschein-Exemplar.** Als Begründung gab der betreffende Büroleiter **wahrheitswidrig** an, dass der LBME keine Eichscheine archivieren würde. Er sagte ‚*sie würden diese Dokumente wegschicken und könnten sie deshalb gar nicht mehr im Haus haben*'.[13]

3) Ein Techniker der Kreisverwaltung entnimmt die Messdaten aus dem Messgerät und leitet sie an den Dienstleister, der die Anhörungsbogen verschickt.[14] Im vorliegenden Fall war dies seinerzeit: **Kreis** [____], Scandienstleistungen 66, **Postf. 6109, 26061 Oldenburg**, **ein privater Dienstleister, der den Briefkopf des Kreises benutzte!**

Dieser Dienstleister wird **durch Anonymität geschützt**.[15] Meine Versuche, dort Verantwortliche namhaft zu machen, wurden sämtlich abgewehrt.[16]

---

8   In Abgrenzung von den Bilddaten bezeichnet man als ‚*Metadaten*' die Messdaten und ergänzenden Daten.

9   🖉*1.3.2.2 Stellungnahme zur Frage der Manipulierbarkeit signierter Falldateien*: *Auswertung signierter Falldateien*, Kommentar.

10 Die Aussage des PTB-Zeugen S_2 ist im Gerichtsprotokoll dokumentiert. Als ‚*Metadaten*' werden die Messdaten sowie weitere Daten, z. B. zur Identifizierung von Messeinrichtung und Messstelle, bezeichnet.

11 Staatliche Anerkennung von Prüfstellen sind im Gesetz zur Neuregelung des gesetzlichen Messwesens vom 25. Juli 2013, Artikel 1 (MessEG), § 40, Abs. (3) vorgesehen, allerdings **nur für Verbrauchsmessgeräte**.

12 So die Zeugenaussage des MdLBME Y_4 am 24.11.2016 vor dem AG [____]. Er hatte eine zweifache handschriftliche Korrektur des Gerätetyps der Dokumentationseinheit als Fehler erklärt und angenommen, dass er das Eichprotokoll schon für die Eichung ‚vorbereitet' hatte. Unsere Deutung: Arbeit unter großem Zeitdruck.

13 Richtig ist wohl: Die Originale verlassen das Haus gar nicht, denn sie werden nach Auskunft von MdLBME Y_1 elektronisch versandt. Mit Unterstützung des zuständigen Referatsleiters des Innenministerium [____] und der Eichdirektion [____] erhielten wir sowohl den Eichschein als auch das Eichprotokoll vom LBME [____]. Die Widersprüche in diesen beiden Dokumenten erklärten den Verweigerungsversuch.

14 🖉*3.3.1 Besuch beim Ordnungsamt*, 🖉*3.3.2 Kritik am Ordnungsamt*, 🕮*8.1 Zeugenaussagen*: Zeuge X_4 und Zeuge X_6, Widersprüche 1) – 3).

15 ‚*Briefkastenfirmen*' kannte ich bisher nur im Zusammenhang mit Steuerhinterziehung.

16 🖉*3.2 Scandienst Oldenburg/Hamburg*.

Nach Untersuchung der mir übergebenen Falldatei-CD mit forensischer Software mussten die Verantwortlichen nun einräumen, dass die CD nicht beim Kreis ▨▨▨ gebrannt worden war. Dies betrachten wir als **Beweis für die unzulässige Beteiligung** Dritter an der Auswertung.

4) Meinen mit Schr. vom 25.11.2015 erbetenen Einblick in die Verträge mit dem Dienstleister lehnte der Kreisdirektor ab. Er erklärt die **Verträge mit dem Dienstleister für geheim.**

Mit Schr. vom **09.09.**2016 habe ich kritisiert, dass die vorgeschriebene öffentliche Ausschreibung zur Farce würde, wenn anschließend geheime Verträge abgeschlossen würden, weil dadurch **Absprachen mit einem bevorzugten Anbieter** möglich würden.

In diesem Schr. bitte ich den Kreisdirektor auch um Berichtigung der zu geringen Anzahl von Geschwindigkeitsmessgeräten, die der Kreis 2015 veröffentlicht hat (3 Geräte für stationären Einsatz plus 1 mobiles). Meine Fotos beweisen: Der Kreis ▨▨▨ betreibt mehr Geräte.

Die Offenlegung hat er in seinem Anwortschreiben vom **07.12.**2016 unter **Verstoß gegen das** ✐**IFG verweigert**[17] und dies damit begründet, dass meine Frage in der Hauptverhandlung zu meinem Bußgeldverfahren am 24.11.2016 geklärt worden sei. Genau dies war aber vom Gericht **verhindert** worden.[18]

Grund für die Weigerung des Kreisdirektors ist: Die hohe Anzahl von Geschwindigkeitsmesseinrichtungen,[19] die der Kreis betreibt, erlaubt den Schluss, dass die eingehenden Messreihen mit dem verfügbaren Personal nicht ohne Beteiligung von privaten Dienstleistern ausgewertet werden können — und damit werden **hoheitsrechtliche Aufgaben in unzulässiger Weise an diese Dienstleister delegiert.**[20]

Das vorliegende Messprotokoll erlaubt eine Hochrechnung auf ein ganzes Jahr und seinerzeit 3 + 1 Messgeräte. Selbst bei großzügigen Annahmen ergeben sich daraus nur rund **10 % der im Haushalt 2016 ausgewiesenen Einnahmen.**[21]

5) Ganz allgemein: Behörden lehnen Auskunftsersuchen ‚ganz gerne‘ mal ab — unter Verstoß gegen das ✐**IFG** oder andere Vorschriften. Im Text finden sich weitere Beispiele von ✐**PTB** ▨▨▨ , ✐**LBME** ▨▨▨ und des Ordnungsamtes des Kreises ▨▨▨.[22]

6) **Strafverfolgungsbehörden** geben sich nach unserer Wahrnehmung ▨▨▨.[23]

Für uns ist der Verdacht des **jahrelangen gewerbsmäßigen Betruges** entstanden — anscheinend deutschlandweit. Eine **Motivation** dafür hat wohl zwei Quellen:

1) Die **klammen öffentlichen Haushalte**

2) Die **Pöstchen-Vergabe** an einflussreiche Politiker (z. B. beim Dienstleister *KDVZ Citkomm*)

Die **persönliche Rechtfertigung** für rechtswidriges Verhalten von Beteiligten mag sein:

1) Wer zu schnell fährt, muss bestraft werden. (Konsens!)

2) Die Messungen sind genau, aber leider verlangt der Gesetzgeber, dass wir 3 $\frac{km}{h}$ abziehen. Also ist es vertretbar, wenn wir die vorher aufschlagen.

Wenn wir schon mal dabei sind, können wir doch auch 4 $\frac{km}{h}$ aufschlagen. Und sollten wir dann genau unter der Bußgeldgrenze liegen, dann dürfen es ausnahmsweise auch mal 5 $\frac{km}{h}$ mehr sein. Wenn wir das nur bei der Hälfte dieser Fälle machen, dann wird das bestimmt keinem auffallen.

---

17 ✐5.6 *Eingesetzte Messeinrichtungen*.

18 Im Gesetz zur Neuregelung des gesetzlichen Messwesens vom 25. Juli 2013, Artikel 1, § 41, Abs. 3a) wird die Bundesregierung ermächtigt, Regelungen über *die Anzeigepflichten des Verwenders eines öffentlichen Messgerätes* zu erlassen.

19 Dies ist durch Fotos belegt, ✐5.6 *Eingesetzte Messeinrichtungen*.

20 ⬑8.1 *Zeugenaussagen*: Zeuge X_6, Widersprüche 2) und 3).

21 ⬑8.1 *Zeugenaussagen*: Zeuge X_6, Widerspruch 1).

22 ✐Stichwort *Auskunftsverweigerung*.

23 ✐7 *Justiz*, ✐8 *Hauptverhandlung*.

E   Geblitzt, was nun?

Wenn Sie **Zweifel an der Richtigkeit der Geschwindigkeitsmessung eines Ordnungsamtes** haben und ernste Konsequenzen drohen, **dann empfehlen** wir folgende Vorgehensweise.

1)   Anhörungsbogen nicht zurückgeben.

2)   Ordnungsamt im Beisein eines Zeugen aufsuchen und um Einblick in die Sie betreffende **Falldatei** bitten. Bestehen Sie darauf, dass die Datei mit **Auswertesoftware** geöffnet wird. Ihre Begründung: Die Auswertesoftware ist in der Lage **unbearbeitete** Originale von Beweisfotos gemeinsam mit den wichtigsten Messdaten anzuzeigen.

Falls dies verweigert wird, berufen Sie sich auf das ☞**IFG** und beharren auf Ihrem Wunsch.

Falls Ihr Wunsch trotzdem nicht erfüllt wird, lehnen Sie die Anerkennung des Vorwurfs der Ordnungswidrigkeit ab. Begründung:

– **Rechtswidrige** Verweigerung des Einblicks in das einzige gerichtsverwertbare Beweismittel
– **Verdacht unzulässiger Beteiligung eines Dienstleisters an der Auswertung**

Schalten Sie einen Rechtsanwalt ein[24] und bitten ihn um die Anforderung der unter 3) und 4) genannten Unterlagen.

Die Auswertung von Geschwindigkeitsmessreihen muss beim Ordnungsamt erfolgen.[25]

Wenn das Ordnungsamt selbst auswertet, muss dort eine Auswertesoftware zur Verfügung stehen. Diese muss unbearbeitete Beweisfotos samt Messwerten anzeigen können (PTB-Vorschrift). Beweisfoto also gemeinsam mit den Messwerten zeigen lassen! Wenn das Ordnungsamt das nicht kann, dann wertet sein Personal die Messreihen sicherlich nicht selbst aus und verhält sich **rechtswidrig**.

Falls Ihnen das unbearbeitete[26] Beweisfoto gezeigt werden kann, notieren Sie sich den Namen der Software. Er wird in der Titelzeile angezeigt.[27]

3)   Vom Rechtsanwalt beim Ordnungsamt anfordern lassen:

    a) Eichscheine (für Messgerät und ggf. Sensoren),

    b) Wartungsschein,

    c) Messprotokoll mit allen Messwerten einer Messreihe (Messzeitraum ca. 1 Woche),

    d) Falldateien der Messreihe mit öffentlichem Schlüssel
       (auf zeitnahe Erledigung durch das Ordnungsamt drängen!).

    e) Angabe der vom Messstellenbetreiber eingesetzten Auswertesoftware.

Zu a) Datum prüfen.

Zu b) Datum prüfen.

Zu c) Gerätenummer des Messgerätes mit dem Eichschein vergleichen.
Datumsangaben prüfen.

Vom Messprotokoll muss ein sogenanntes **Histogramm** erstellt werden. Das ist einfach. Deshalb ist es wohl sinnvoll, dies selbst zu machen:

Es ist zu zählen, wie viele Überschreitungen bei den einzelnen Geschwindigkeiten im Messprotokoll registriert sind. Wenn sich dabei zeigt, dass an mehr als zwei Bußgeldgrenzen deutliche Häufungen auftreten, dann sind mehrere Messwerte der Reihe manipuliert.

---

24 Kostenlose Vorprüfung/Erstberatung: ☞**Anhang**, A7 Internetadressen [I16], …, [I19].

25 Dies ist eine hoheitsrechtliche Aufgabe, zu deren Ausübung nur die Behörde befugt ist. Tatsächlich aber wird hierfür sehr wahrscheinlich ein privater Dienstleister bemüht, u. a. weil dem Ordnungsamt erforderliches Personal fehlt.

26 Indizien: 1) Beifahrer ist **nicht** abgedeckt; 2) Datei ist **nicht** in einem üblichen Bildformat gespeichert (z. B. Dateityp *.jpg oder *.pdf), der Dateiname wird von der Software mit angezeigt, wahrscheinlich in der Titelzeile; 3) Anzeige gemeinsam **mit** Messwerten.

27 Ein Sachverständiger kann klären, ob es sich wirklich um eine lizenzierte Auswertesoftware handelt oder ob diese nur als Anzeigesoftware (Viewer) benutzt werden kann.

Als **Bußgeldgrenzen** bezeichnen wir die Geschwindigkeiten, die nach Abzug der **Messtoleranz** von 3 $^{km}/_h$ (bis 100 $^{km}/_h$, darüber 3 % des Messwertes) das nächsthöhere Bußgeld nach sich ziehen. Die **Wahrscheinlichkeit für Manipulation** ist[28]:

Bußgeldgrenzen (gemessene Geschwindigkeit) für zulässige Geschwindigkeit in km/h							Anzahl der Bußgeldgrenzen mit Häufungen	Wahrscheinlichkeit für Manipulation
30	40	50	60	70	80	100		
39	49	59	69	79	89	109	1	>80 %
44	54	64	74	84	94	114	2	>96 %
49	59	69	79	89	99	119	3	>99,2 %
54	64	74	84	94	104	124	4	>99,84 %
59	69	79	(89)	(99)	(109)	(129)	5	>99,968 %
64	(74)	(84)					6	>99,9936 %

Tab. 1: Bußgeldgrenzen und Wahrscheinlichkeit für Manipulation

Zu d) Beweisfoto und Metadaten vom Sachverständigen ausdrucken lassen. Sie enthalten z. B. beim mich betreffenden Messgerät ▭ widersprüchliche Angaben[29] bezüglich
- Tatzeit,
- Messgerätetyp.

Die letzten 3 Ziffern des Messstellen-Codes müssen mit der Messstelle des Messprotokolls überein stimmen.

Wenn die Behörde nicht selbst auswertet, sondern ein Dienstleister, dann wird die Falldatei vom Dienstleister auf CD gebrannt. Dies konnte in meinem Fall bewiesen werden, weil die CD mit Software gebrannt wurde, die dem Kreis ▭ nicht zur Verfügung steht.

Der Beweis erfolgte — leider erst nach der Hauptverhandlung — durch
- Untersuchung der CD mit **forensischer Software**,
- Auskunft des für den Kreis ▭ zuständigen Datenschutzbeauftragten über die Software, die dem Kreis ▭ zur Verfügung steht.

In meinem Fall konnte dieser nicht klären, wer die CD gebrannt hat, weil die Verantwortlichen des Kreises ▭ hierzu die **Auskunft rechtswidrig verweigerten**.

Zu e) Bei Sachverständigem nachfragen, ob es sich bei der angegebenen Software tatsächlich um lizensierte Auswertesoftware handelt oder diese nur als Viewer benutzt werden kann.

4) Von dem für Geschwindigkeitsmesseinrichtungen zuständigen Eichamt unter Berufung auf das **IFG** vom RA anfordern lassen:

a) archiviertes Eichscheinexemplar,

b) Eichprotokoll,

c) öffentlichen Schlüssel.

Falls die Herausgabe eines der Dokumente trotz Berufung auf das IFG verweigert wird, sollte die Eichdirektion oder der Wirtschaftsminister des betreffenden Bundeslandes eingeschaltet werden.

Zu a) Vergleich der in beiden Eichscheinen angegebenen Geräteidentität mit den Angaben in den Metadaten.

Zu b) Vergleich mit dem Eichschein: Messgeräte-Typ und -Nr.,
Vergleich mit der Anlage zum Eichschein: Dokumentationseinheit-Typ und -Nr.,
Interface-Nr. der Dokumentationseinheit.

Zu c) Vergleich der beiden vorliegenden öffentlichen Schlüssel:
- Name,
- Datum (bei Abweichung Klärung durch SV),
- Inhalt (durch SV)

---

28 ⏎6 *Expertise zur Messreihe.*
29 🗩*In Kürze vorweg:* D *Zusammengefasste Kritik.* 🗩*5.4.3 Metadaten.* Nicht jeder Richter wird widersprüchliche Beweismittel in seinem Urteil berücksichtigen.

F Taktische Fehler

Nachdem ich im Messprotokoll Häufungen an den Bußgeldgrenzen erkannt hatte, war ich sicher, dass ich meinen Prozess gewinne. Das verleitete mich dazu, mündlich und in mehreren Schreiben einen spektakulären Prozess anzukündigen. Das hatte vermutlich zur Folge, dass höhere Etagen der Politik ihren Einfluss geltend gemacht haben. Dies war wohl mein größter Fehler.

Bei der Führung meines Schriftverkehrs hatte ich das Vertrauen gewonnen, dass das Gericht meinen Erkenntnissen auf den Grund gehen möchte und habe den Fehler gemacht

1) dem Gericht die geplante Befragung der Zeugen vor der Verhandlung vorgelegt (11 S.!),
2) wichtige Zeugen vorladen lassen.

Beides stellte sich in der Verhandlung als Fehler heraus.

Zu 1) Zu jedem Fragenkomplex, der systematisch aufgebaut war, hatte ich jeweils das Ziel der Befragung mit angegeben. Das Gericht vermittelte mir gleich zu Beginn der Verhandlung das Gefühl, dass ich meine Hoffnung, wenigstens einzelne der vorbereiteten Fragen stellen zu können, begraben kann. Zwei Beispiele:

Die **Antwort** des Zeugen X_4 auf meine Frage zur Anzahl der vom Kreis betriebenen Messgeräte **ließ es nicht zu**.

Bei einer Stellungnahme, mit der ich auf **Widersprüche in einer Zeugenaussage** hinweisen wollte, wurde ich **von ihm gerügt**, was mir völlig unverständlich war.

Zu 2) Der Zeuge Y_4, LBME ⬛⬛⬛⬛, hatte dadurch die Gelegenheit, **den Widerspruch zwischen Eichprotokoll und Eichschein als bedauerlichen Fehler darzustellen**. Die handschriftliche Korrektur des Eichprotokoll-Vordrucks an zwei Stellen erklärt der Zeuge vor Gericht damit, dass er sich lediglich vertan hätte. Und das Gericht akzeptiert diese Darstellung — **so etwas hatten wir uns nicht vorstellen können**, schließlich geht es bei einem Eichschein nicht um eine Einladung zum Geburtstag.

Aus uns nicht erklärlichen Gründen war nicht der MdKrV X_3 als Zeuge vor Gericht erschienen, mit dem wir seinerzeit bei unserem Besuch der Kreisverwaltung gesprochen hatten. Sein Vorname war uns nicht bekannt und tauchte in den Mitteilungen des Gerichts nirgendwo auf. Die seltsame Verwirrung um die Identität von MdKrV X_3 und X_4 zeigt, wie wichtig die eindeutige Identifizierung gewesen wäre!

G Empfehlung an die Politik

Geschwindigkeitsmessungen sollten bei Bußgeldverfahren grundsätzlich von der Polizei ausgewertet werden.[30] Zwei Vorschläge ehrliche Geschwindigkeitsmessungen durchzuführen und trotzdem die Finanznöte der kommunalen Haushalte nicht noch wachsen zu lassen[31]:

– Bußgelder heraufsetzen. Besser aber:
– **Steuervergünstigungen im Luxusbereich reduzieren** und die Steuermehreinnahmen des Bundes durch Mittelzuweisungen an die Kommunen leiten.

H Medien

Verschiedene Medien haben über unseren Fall berichtet. Mehrere Medienvertreter waren in der Hauptverhandlung zugegen. An dieser Stelle möchte ich allen

meinen großen Respekt für ihre durchweg sehr gelungenen Beiträge

aussprechen. Besonders hervorheben möchte ich aber das *Lokalzeit*-Team vom *WDR Siegen*. Trotz aller Schwierigkeiten, die es bei seinen Dreharbeiten hatte — diese Einschätzung darf ich mit Fug und Recht äußern, denn ich war ja stets dabei —, sind ihm Beiträge gelungen, die mich sehr beeindruckt haben!

---

30 Aufgrund vieler fragwürdiger Bußgeldbescheide werden in Hessen aktuell die entsprechenden Geschwindigkeitsmessungen zentral vom Polizeipräsidium Kassel ausgewertet.
31 *⚘2.2 Offener Brief an Regierungsmitglieder*: Fazit.

1 BEHÖRDEN

1.1 Bundesnetzagentur

Die **Bundesnetzagentur (BNetzA)** für Elektrizität, Gas, Telekommunikation, Post und Eisenbahnen ist eine selbständige Bundesoberbehörde im Geschäftsbereich des Bundesministeriums für Wirtschaft und Energie mit Sitz in Bonn.

1.1.1 Aufgabe

Die Bundesnetzagentur ist zuständige Behörde nach dem **Signaturgesetz** (Qualifizierte elektronische Signatur). Sie ist befasst mit dem Datenschutz und der öffentlichen Sicherheit in der Telekommunikation. Die BNetzA ist nicht zuständig für die Marktüberwachung bzgl. Geschwindigkeitsmessung.

1.1.2 Veröffentlichungen

Bekanntmachung zur elektronischen Signatur nach dem Signaturgesetz und der Signaturverordnung (Übersicht über geeignete Algorithmen) vom 17. März 2016[32]:

Seite 5: *3.1 RSA-Verfahren*

Der Parameter n muss eine Länge von mindestens 1 976 Bit haben. Empfohlen werden 2 048 Bit. Für nach dem Jahr 2020 erzeugte Schlüsselpaare muss zudem der öffentliche Exponent e die Ungleichung $2^{16}+1 \leq e < 2^{256}$ erfüllen. Mittelfristig ist es empfehlenswert, eine RSA-Schlüssellänge von mindestens 3 000 Bit anzustreben. Es ist geplant, ab dem Jahr 2017 diese Empfehlung in eine verbindliche Regelung zu überführen. Konkret ist vorgesehen, ab dem Jahr 2017 die Eignung von Schlüssellängen unter 3 000 Bit nicht weiter zu verlängern. Die Eignung dieser Schlüssel wird damit voraussichtlich Ende des Jahres 2022 auslaufen.

Die folgende Tabelle fasst die minimalen Bitlängen zusammen.

Seite 6, *Tabelle 1: Geeignete Schlüssellängen für RSA-Verfahren*

Parameter/Zeitraum	bis Ende des Jahres 2022
n	1 976 (Mindestwert)
	2 048 (Empfehlung)

Seite 13: Tabelle 7: *Nicht mehr geeignete RSA-Schlüssellängen*[33]

Modullänge n	geeignet bis
768	Ende 2000
1 024	**Ende März 2008***
1 280	Ende 2008
1 536	Ende 2009
1 728	Ende 2010

** Januar bis März 2008: **Übergangsfrist** [**Fettschrift** hinzugefügt]*

1.2 BSI

BSI steht für *Bundesamt für Sicherheit in der Informationstechnik* mit Sitz in Bonn.

1.2.1 Aufgabe

§ 8 Absatz 1 BSIG regelte die Befugnis des BSI, **allgemeine technische Mindeststandards für die Sicherheit der Informationstechnik** des Bundes vorzugeben (entfallen am 25.11.2003). Der Mindeststandard beschreibt die zu erfüllenden sicherheitstechnischen Anforderungen an eine Produkt- bzw. Dienstleistungskategorie oder Methoden, um eine angemessene Sicherheit für einen Mindestschutz gegen IT-Sicherheitsbedrohungen zu erreichen. Das BSI ist nicht zuständig für die Marktüberwachung bzgl. Geschwindigkeitsmessung.

1.2.2 BSI – Technische Richtlinie

In BSI TR-02102-1, Version 2017-01, *Kryptographische Verfahren: Empfehlungen und Schlüssellängen* vom 8. Februar 2017, S. 39, wird bis 2022 **RSA 2000** verlangt, danach RSA 3000.

---

[32] Veröffentlicht am 14. April 2016 im Bundesanzeiger BAnz AT 14.04.2016 B11.
[33] Einzige Abweichung hiervon in der Bekanntmachung vom 20. Mai 2011, S. 11:
    *Modullänge **756** geeignet bis Ende 2000*, veröffentlicht am 07. Juni 2011 im Bundesanzeiger Nr. 85, Seite 2034.

1.3 PTB

PTB steht für *Physikalisch-Technische Bundesanstalt*. Der Sitz ist Braunschweig und Berlin.

1.3.1 Aufgabe

Die PTB wurde als **Verbraucherschutzbehörde** eingrichtet. Dieser Aufgabe wird sie nach unserer Erkenntnis im Bereich der Geschwindigkeitsmessungen nicht gerecht. Im Gegenteil, wir haben den Eindruck gewonnen, dass sie in erster Linie die **Interessen des Geräteherstellers schützt**, wie sich im weiteren Text unserer Dokumentation zeigen wird.

Die PTB legt die Anforderungen fest, die Messgeräte für deren Zulassung erfüllen müssen, sowie die Regeln für die Eichung. Diese sollten auf dem EU-Recht, dem EG und der EO-AV erfolgen. Bezüglich des **Eichortes von Geschwindigkeitsmesseinrichtungen** wird aber dagegen verstoßen. Die PTB ist zuständig für die Marktüberwachung bzgl. Geschwindigkeitsmessung.

1.3.2 Dokumente der PTB

Alle Dokumente, auf die Bezug genommen wird, sind typische Beispiele, die uns aufgrund unserer Recherche vorliegen. Im Zweifelsfall müssen aktuellere bzw. gerätespezifische Dokumente angefordert werden. *Fettschrift* in Zitaten wurde hinzugefügt.

1.3.2.1 Messgeräte im Straßenverkehr

Wir beziehen unsere Dokumentation auf die PTB-Anforderungen PTB-A 18.11, Dezember 2014. Die PTB-Anforderungen PTB-A 12.01, Oktober 2015, lagen zum Zeitpunkt der Messung noch nicht vor. In den Zitaten wurde *Fettschrift* hinzugefügt.

Seite 5f: *3.3.3 Dokumentationseinheit*

Geschwindigkeitsüberwachungsgeräte müssen grundsätzlich mit einer Dokumentationseinheit zur Erstellung von Einzelbilddokumenten oder zur Aufzeichnung einer Bildsequenz versehen werden. Diese Anforderung gilt nicht für Laserhandmessgeräte, da bei diesen Messgeräten auf Grund des aktiven Anvisierens des betreffenden Fahrzeugs durch den Bediener eine eindeutige Messwertzuordnung gegeben ist. [...]

In das Einzelbild oder die Bildsequenz sind alle Informationen und Messwerte einzublenden, die für die Auswertung [...] benötigt werden. [...]

Das Bilddokument muss die Bauartbezeichnung des Geschwindigkeitsüberwachungsgerätes enthalten (z. B. in Form eines Kürzels). [...]

Die erstellten Bilddokumente müssen in Form von digitalen Bilddaten zusammen mit den Messdaten untrennbar in einer gemeinsamen Falldatei abgelegt werden. Die Falldatei ist mit einer digitalen Signatur, basierend auf einem asymmetrischen Verschlüsselungsverfahren, zu sichern. [...] Die Auswerteeinheit muss die Richtigkeit der Signatur überprüfen. Durch die Signaturprüfung mit Hilfe des öffentlichen Schlüssels des Messgerätes können die Integrität (Unversehrtheit) des Inhalts der Datei und die Authentizität (Originalität) der Datei zweifelsfrei bestätigt werden. Authentisch heißt in diesem Zusammenhang, dass die Datei vom betrachteten Messgerät stammt.

Seite 6: *3.3.4 Auswerteeinheit*

[...] Insbesondere darf die Auswerteeinheit die Falldaten nach Prüfung der Signatur zur weiteren Verwendung zu nicht zulassungspflichtigen Einheiten exportieren, wenn die signierten Dateien archiviert werden.

Seite 7f: *3.9 Software-Anforderungen*

Die grundlegenden Software-Anforderungen ergeben sich in Anlehnung an den Softwareleitfaden WELMEC 7.2 (siehe Literaturliste) mit der deutschen Ergänzung für die Risikoklasse „F". Unter der deutschen Ergänzung für die Risikoklasse „F" ist zu verstehen, dass bezüglich Manipulationsschutz, Prüftiefe und Konformität jeweils das Niveau „hoch" zu verwenden ist. [...]

Der WELMEC 7.2 enthält u. a. Anforderungen an die Manipulationssicherheit. [...] Insbesondere [...]

— müssen Daten bei der Datenübertragung durch Signierung mittels asymmetrischer Verschlüsselungsverfahren geschützt sein, um für Integrität und Authentizität [gemeint ist Authentizität] zu sorgen.

1.3.2.2 Stellungnahme zur Frage der Manipulierbarkeit signierter Falldateien

Ausgabe Dezember 2013.

S. 1: *Erzeugung signierter Falldateien*

*Die von Geschwindigkeitsüberwachungsgeräten und Rotlichtüberwachungsanlagen erstellten Digitalfotos werden zusammen mit den Messdaten und ergänzenden Daten in einer so genannten **Falldatei** zusammengefasst.*

*Anschließend berechnet das Messgerät einen **Hashwert** über die gesamte Falldatei. Dieser Hashwert wird danach mit Hilfe eines asymmetrischen Verschlüsselungsalgorithmus' (insbesondere RSA) verschlüsselt. Asymmetrische Verschlüsselungsalgorithmen basieren auf einem Schlüsselpaar, bestehend aus einem **geheimen** und einem **öffentlichen Schlüssel**. Der geheime Schlüssel wird für die Verschlüsselung des Hashwertes verwendet. Er befindet sich in einer Komponente des Messgerätes und kann nicht ausgelesen werden. Der öffentliche Schlüssel, der zum Entschlüsseln benötigt wird (s.u.), kann am Messgerät abgerufen werden.*

*Man bezeichnet den verschlüsselten Hashwert der Falldatei als **Signatur der Falldatei**. Diese Signatur wird an die Falldatei angehängt. [...]*

S. 1: *Auswertung signierter Falldateien*

*[...] Für die Signaturprüfung wird neben dem zugelassenen Referenz-Auswerteprogramm und der zu prüfenden Falldatei der zum geheimen Schlüssel zugehörige öffentliche Schlüssel benötigt. Der **Eichbeamte** registriert bei der Ersteichung eines jeden Messgerätes den zugehörigen öffentlichen Schlüssel. Er ist auch **für die Verwaltung der von ihm registrierten öffentlichen Schlüssel verantwortlich**.*

In Zweifelsfällen kann daher ein Gutachter über das zuständige Eichamt rekonstruieren, welcher öffentliche Schlüssel tatsächlich zu dem betrachteten Messgerät gehört. Eine zweite Möglichkeit für die korrekte Zuordnung des öffentlichen Schlüssels zum betrachteten Messgerät bietet das Abrufen (d. h. Herunterladen oder Anzeigen) des öffentlichen Schlüssels am geeichten Messgerät selbst. Beide Methoden – Abrufen des öffentlichen Schlüssels am Messgerät oder beim Eichamt – werden als „Direct Trust" bezeichnet.

Kommentar: Lediglich der Typ des Geschwindigkeitsmessgerätes wird im Beweisfoto und den Metadaten der Falldatei dokumentiert, **nicht seine Seriennummer**. Deshalb ist eine **zweifelsfreie Prüfung der Identität der Gerätekombination Messgerät/Dokumentationseinheit nicht möglich**. Wenn das Messgerät einer Gerätekombination nach der Eichung gegen ein falsch messendes Gerät ausgetauscht würde, könnte das einem Sachverständigen bei der Begutachtung einer Messung nicht auffallen. Die gebrochenen Eichsiegel würden bei der nächsten Vorstellung des Gerätes eine erneute ‚Ersteichung' erforderlich machen. Aber die Eichung beim Gerätehersteller ermöglicht sogar Rücktausch des Messgerätes und Erneuerung der Eichsiegel, ohne dass der Schwindel dem Eichbeamten auffallen könnte.

*Liegen nun öffentlicher Schlüssel und signierte Falldatei vor, so kann mit dem Referenz-Auswerteprogramm die **Signaturprüfung** durchgeführt werden. Nach einer erfolgreichen Signaturprüfung sind **Authentizität** und **Integrität** der Falldatei sichergestellt und das **Referenz-Auswerteprogramm** stellt die Messdaten, Bilddaten und ergänzenden Daten der Falldatei dar.*

*[...] Zusammenfassend bleibt festzuhalten, dass alle Manipulationen an einer signierten **Falldatei** zweifelsfrei erkannt werden können, wenn das zugelassene Referenz-Auswerteprogramm und der zum geheimen Schlüssel zugehörige öffentliche Schlüssel des Messgerätes verwendet werden.*

Kommentar: Dies ist nur richtig, wenn der geheime Schlüssel nicht entschlüsselt wurde. Und dies ist eben bei den heutigen Rechenleistungen für RSA 1024 **nicht sichergestellt**.[34] Deshalb wird seit mehreren Jahren **RSA 2048 vorgeschrieben**.[35]

---

[34] In unserer Familie steht ein privater PC zur Verfügung, der 2006 weltweit auf Rang 10 der Supercomputer gestanden hätte. In der HV habe ich deshalb die — zugegeben äußerst gewagte — Behauptung aufgestellt, dass uns damit die Entschlüsselung an einem einzigen Wochenende gelingen würde. Verschwiegen habe ich dabei, dass wir dazu noch Insiderinformationen zur Bildung des Hashwertes der Dateien bräuchten.

[35] ↘1.1.2 *Veröffentlichungen*, ↘1.2.2 *BSI – Technische Richtlinie*.

S. 2: *Details der Signaturprüfung*

*Nachdem [...], wird mit dem öffentlichen Schlüssel die **Signatur der Falldatei** entschlüsselt. Man erhält damit den Sollhashwert der Falldatei. Anschließend wird ein Hashwert über die Falldatei berechnet. Nur wenn dieser neu berechnete Hashwert mit dem in der Signatur enthaltenen Sollhashwert übereinstimmt, ist die Signaturprüfung erfolgreich. Eine erfolgreiche Signaturprüfung garantiert, dass die Falldatei von dem betrachteten Messgerät stammt (**Authentizität**) und unverfälscht vorliegt (**Integrität**). Das Ergebnis der Signaturprüfung wird dem Auswerter auf der grafischen Benutzeroberfläche des Referenz-Auswerteprogramms dargestellt. [...]*

*Das hier beschriebene Auswerteverfahren ist Teil des **standardisierten Messverfahrens** und kann in Zweifelsfällen mit Hilfe des Referenz-Auswerteprogramms jederzeit wiederholt werden. **Nur die signierte Falldatei gilt als unveränderliches Beweismittel.** Ein Ausdruck des Inhalts der signierten Falldatei oder ein Ausdruck der grafischen Benutzeroberfläche des Referenz-Auswerteprogramms gelten nicht als unveränderliches Beweismittel.*

S. 2: *Manipulationsmöglichkeiten und deren Entdeckung*

Auf dem Weg der Falldatei zwischen Messgerät und Auswertestelle ergeben sich theoretisch zwei Manipulationsmöglichkeiten [...]:

1.   Der Dateiinhalt oder die Signatur werden gezielt oder zufällig [...] verfälscht

2.   Der Dateiinhalt wird gezielt verfälscht und dabei zusätzlich auch die Signatur an den verfälschten Dateiinhalt entsprechend angepasst

[...] im zweiten Fall [...]: Entfernung der vom Messgerät gebildeten Signatur aus der Falldatei, Durchführung einer Manipulation mit Bildung einer neuen Signatur, Anhängen der neuen Signatur an die manipulierte Falldatei. [...], dass das Referenz-Auswerteprogramm die falsche Signatur und damit auch weitere Manipulationen (z. B. Änderung des Messwerts) an der Falldatei nicht erkennt. [...], dass in einem solchen Fall für die Signaturprüfung nicht der zum betreffenden Messgerät zugehörige öffentliche Schlüssel verwendet werden kann. Vielmehr ist für die Bildung und Prüfung der manipulierten Signatur ein eigenes Schlüsselpaar nötig. Den Auswertestellen sind die öffentlichen Schlüssel aller verwendeten Messgeräte bekannt, so dass es ihnen durch eine einfache Überprüfung des verwendeten öffentlichen Schlüssels jederzeit möglich ist, die durchgeführte Manipulation zu enttarnen.

Kommentar: Diese Argumentation ist nur schlüssig, wenn

1)   der Auswerter nicht selbst manipuliert,

2)   die Überprüfung des öffentlichen Schlüssels vornimmt und

3)   die Entschlüsselung de facto ausgeschlossen ist.

Zu 1) Wir erklären den großen Messfehler der mich betreffenden Messung und die **Peaks an den Bußgeldgrenzen** so: Das Messgerät selbst wählt einen Aufschlag von ca. 4 km/h für jeden korrekt ermittelten Messwert. Werte die dann unterhalb der Bußgeldgrenze liegen würden, werden auf die Bußgeldgrenze angehoben, also nicht mit 4 km/h, sondern mit 5 km/h beaufschlagt. Dies geschieht allerdings nur bei jeder zweiten solchen Messung, damit der Schwindel nicht auffällt.

Die Aufgabe des Auswerters wäre bei diesem Szenario, bei Fahrzeugen, die bekanntermaßen mit einem Fahrtenschreiber ausgestattet sind (z. B. Taxis und LKWs), diese bereits von der Dokumentationseinheit durchgeführte Manipulation der korrekten Messwerte rückgängig zu machen um nicht Gefahr zu laufen, mit der Manipulation aufzufliegen.

Beim Eichen fällt dies nicht auf, weil das Gerät den Eichvorgang erkennt. Vermutlich wird der **Realmodus** dadurch eingestellt, dass zum Beginn einer jeden Messreihe drei Kalibrierungen vorgenommen werden, am Ende immer nur eine, womit in den **Eichmodus** zurückgewechselt wird. Dies ist also viel simpler als die **Testmoduserkennung**, die aus der Autoindustrie bekannt geworden ist.[36]

Eine weitere seltsame Erscheinung im Messprotokoll ist: **Die niedrigste Geschwindigkeitsüberschreitung ist 81 km/h!** Sie hätte 79 km/h sein müssen, weil in einer 70er-Zone ab dieser Geschwindigkeit die Messeinrichtungen üblicherweise Geschwindigkeitsüberschrei-

---

36 Beim Ortstermin hat MdKrV X₅ wohl ungewollt den Realmodus gewählt, weil ihm dieser Mechanismus offensichtlich nicht bekannt ist, *⇨5.5 Ortstermin*.

tungen feststellen. Es fehlen deshalb ca. 14 Überschreitungen 79 km/h und ca. 12 Überschreitungen 80 km/h.[37] Auch diesen Umstand deuten wir als **Indiz für Manipulation**.

Ein **Indiz** dafür, dass die **Messwertmanipulation** bereits von der Dokumentationseinheit selbst durchgeführt wird, sind die beiden Messwerte von 89 km/h und 84 km/h beim Ortstermin, beides **Bußgeldgrenzen**.

Wenn der öffentliche Schlüssel manuell ausgewählt wird, erfolgt **kein Vergleich mit dem Dateinamen, der in der Falldatei abgelegt ist**. Diesen Test haben wir mit der neuesten Version der von der PTB zugelassenen Auswertesoftware [   ] 2.3 durchgeführt. Eine Neuverschlüsselung wird allein schon dadurch sehr erleichtert.

Zu 2) Im Alltag des Auswerters dürfte diese Prüfung wohl aus Kostengründen entfallen.

Zu 3) Die **Entschlüsselung** in überschaubarer Zeit kann bei der heutigen Rechenleistung von Computern nicht ausgeschlossen werden.[38]

S. 3: *Schlüssellängen*

Bei jeder Erstzulassung eines Geschwindigkeitsüberwachungsgerätes bzw. einer Rotlichtüberwachungsanlage, oder einer Neuzulassung einer kryptografischen Komponente eines dieser Messgeräte, wird geprüft, dass das vorgestellte Messgerät dem aktuellen – vom Bundesamt für Sicherheit in der Informationstechnik (BSI) definierten – Stand der Technik entspricht. Auch wenn die zum Zeitpunkt der Erstzulassung gewählten Schlüssellängen heute nicht mehr dem aktuellen Stand der Technik entsprechen, so bestehen auf Grund der Qualität der verwendeten Verschlüsselungsalgorithmen (insbesondere RSA) keine Bedenken hinsichtlich der Manipulationssicherheit der signierten Falldateien.

Kommentar: Normaler technischer Sachverstand reicht nicht aus um der Logik dieser Schlussweise zu folgen. Um den Widerspruch zu verstehen muss man wissen: Für die ältere Dokumentationseinheit ist RSA 1024 weiterhin zugelassen, für die neuere seit dem 31.12.2013 nicht mehr.[39]

Alte Technik mit RSA 1024 ist also sicherer als neue Technik mit RSA 1024.

Für uns ist das ‚*Purzelbaumlogik*‘, denn das heißt doch nichts anderes: Das **neuere Gerät ist sicherheitstechnisch ein Rückschritt**! Und eben das wollen wir nicht glauben.

Schon das Datum 31.12.2013 blieb für uns rätselhaft, denn das BSI hat erklärt, dass RSA 1024 nur bis zum **31.03.2008** ausreichend sicher war.

S. 3: *Hash-Algorithmen*

Das BSI hat von der Verwendung bestimmter Hash-Algorithmen abgeraten. [...] Der Fälscher muss also sowohl das Original als auch die Fälschung verändern können, um eine Kollision zu erzeugen. Deshalb wird von BSI auch klargestellt, dass die Fälschung einer bereits signierten Datei nicht möglich ist. Übertragen auf Geschwindigkeitsüberwachungsgeräte und Rotlichtüberwachungsanlagen bedeutet dies, dass Falldateien, die vom Messgerät signiert wurden, nachträglich nicht durch Kollision gefälscht werden können. Dass der Fälscher vor der Signierung in den Besitz der Falldateien kommt, ist ausgeschlossen, weil sich diese im Innern des Messgerätes befinden. Der Zugang ist durch diverse Sicherungsmaßnahmen verhindert. Der Zugang wäre nur unter Verletzung der eichtechnischen Sicherungen möglich.

[...] Bereits bei sich abzeichnenden ernsthaften Bedenken bezüglich der Manipulationssicherheit signierter Falldateien, würde die PTB die Initiative ergreifen, um [...] geeignete Abwehrmaßnahmen zu ergreifen.

Kommentar: Die Schluss setzt unausgesprochen(!) voraus, dass es **derzeit nicht möglich ist Falldateien zu entschlüsseln**.[40]

---

37 ✎ANHANG: A3 *Ausgleichskurven in Excel 2007*; die angegebenen Anzahlen gelten für alle drei Ausgleichskurven (A), (B) und (C).

38 ✎Fußnote zu ‚*Auswertung signierter Falldateien*‘. Die Entschlüsselung ist aber gar nicht notwendig. Die Falldatei kann auf sehr simple Art bearbeitet werden, wie Prof. Michael Backes, Professor für Informationssicherheit und Kryptographie an der Universität des Saarlandes, im Verkehrskongress Saarbrücken am 06.06.2014 vor Sachverständigen dargelegt hat. (Ich verzichte so aus seinem Vortrag (ein einziger Satz würde deutlich machen, wie einfach das ist!) um seine Erkenntnis nicht allgemein zugänglich zu machen.)

39 ✎1.3.2.4 *Bauartzulassungen für Messeinrichtungen im Straßenverkehr: Beschränkungen*.

40 ✎Fußnote in 1.3.2.2 *Stellungnahme zur Frage der Manipulierbarkeit von Falldateien, Auswertung signierter Falldateien*.

1.3.2.3 Merkblatt für Hersteller

Merkblatt für Hersteller zum Inverkehrbringen von Messgeräten nach dem Gesetz für das Mess- und Eichwesen, Stand April 2012.

Seite 1: Einleitender Text

[...] mit diesem Merkblatt informieren wir Sie als Hersteller über die erforderlichen Zertifikate für Messgeräte, die dem Eichgesetz und der Eichordnung (EO) einschließlich der in die EO übernommenen EG-Richtlinien unterliegen. Beide Vorschriften gehören zum Ordnungsrecht der Wirtschaft und sollen den Verbraucher vor falschen Messergebnissen schützen und die Messsicherheit von Messgeräten gewährleisten, die im geschäftlichen und amtlichen Verkehr [...] verwendet werden.

Seite 1: *1 Eichpflicht*

Die Pflicht zur Verwendung geeichter Messgeräte (Eichpflicht) ergibt sich aus Eichgesetz und Eichordnung. Für die in diesen Vorschriften genannten Verwendungszwecke sind die Messgrößen grundsätzlich mit geeichten Messgeräten zu bestimmen.

Eichpflichtige Messgeräte müssen eichfähig sein und nach den Vorschriften der Eichordnung (EO) geprüft und gestempelt werden (Eichung). Durch die Umsetzung harmonisierter europäischer Richtlinien sind weitere Verfahren für die Inbetriebnahme eichpflichtiger Messgeräte in das Eichrecht übernommen worden.

*Zusatzeinrichtungen zu Messgeräten sind den Messgeräten gleichgestellt. Die **Eichpflicht erstreckt sich auch auf Zusatzeinrichtungen**, die der Ermittlung, Darstellung, Weitergabe oder Weiterverarbeitung von Messergebnissen dienen.*

Seite 1: *2 Eichfähigkeit und Konformitätserklärung*
2.1 Grundsätzliches

Die im Eichrecht geregelten Messgeräte sollen hinsichtlich ihrer Messsicherheit der Eichordnung und den anerkannten Regeln der Technik entsprechen. In der Eichordnung sind die grundlegenden Anforderungen festgelegt, die eichpflichtige Messgeräte erfüllen müssen. Die Eichung ist eine gesetzliche Maßnahme, die die Messsicherheit dieser Messgeräte garantieren soll.

Ein Messgerät kann zur Eichung angenommen werden, wenn es eichfähig ist bzw. seine Konformität (mit einer EG-Richtllinie) erklärt wurde. In der Eichordnung sind messgerätespezifisch folgende Verfahren festgelegt:

1. ***Bauartzulassung** (bzw. allgemeine Zulassung) zur innerstaatlichen Eichung*

   Für z. B. [...], Geschwindigkeitsüberwachungsgeräte, [...]

Seite 2: *2.2 Bauartzulassung zur innerstaatlichen Eichung, allgemeine Zulassung*

[...] Die (innerstaatliche) Bauartzulassung ist die Zulassung von Messgerätebauarten zur innerstaatlichen Eichung und gilt nur in der Bundesrepublik Deutschland. [...] Die Messgerätearten müssen die nur innerstaatlich geltenden Anforderungen erfüllen. Zugelassene Messgeräte sind eichfähig.

Seite 4: *3 Zuständigkeiten*

   Die Zuständigkeiten ergeben sich aus dem Eichgesetz und der Eichordnung.

   3.1 Bauartzulassungen

Die PTB ist zuständige Stelle und Ansprechpartner für nationale Bauartzulassungen für Messgeräte und für eichpflichtige Zusatzeinrichtungen sowie für Bauartzulassungen entsprechend einer EWG-Richtlinie.

1.3.2.4 Bauartzulassungen für Messeinrichtungen im Straßenverkehr

Bauartzulassungen enthalten eine tabellarische Zusammenstellung aller Änderungen eines Messgerätes seit seiner Erstzulassung. Die darüber hinaus erläuterten Details des Gerätes hängen von den Besonderheiten des Gerätes ab, also insbesondere von

- Messmethode (Laser, Radar, Lichtschranke, Sensoren, ...)
- Messgröße (Geschwindigkeitsüberschreitung, Rotlichtverstöße, Fahrzeugabstand, ...)
- Betriebsart (stationäre oder mobile Messung)

Die Bauartzulassung der mich betreffenden Messeinrichtung enthält verschiedene Erläuterungen und Festlegungen, die uns bedeutsam erscheinen.

Auswertesoftware

Die Auswertesoftware ist eine eichpflichtige Anzeigeeinheit. Die PTB hat deshalb für das Messgerät das Referenz-Auswerteprogramm [ ] zugelassen. Sie gesteht dem Auswerter aber zu, beliebige andere nicht zulassungspflichtige Programmsysteme zu benutzen. Von diesen fordert sie u. a.:

- **Prüfung der Falldateien auf Integrität und Authentizität**.

Nach bestandener Prüfung werden angezeigt

- Symbol für **bestandene Prüfung**,
- **unverändertes Beweisfoto** und
- **Metadaten**

Das Auswerteprogramm **muss** folgende Möglichkeit bieten

- **Export**[41] des Beweisfotos im **JPEG-Format**

Das Auswerteprogramm **darf** ausdrücklich folgende Möglichkeit bieten

- **Ausdruck des/der Beweisfoto(s)**

Bei der Eichung der Messeinrichtung liegt die Auswertesoftware jedoch nicht vor.[42] Eine separate Eichung wurde sicherlich nicht durchgeführt. Jedenfalls wurde mir kein Eichschein zur Auswertesoftware vorgelegt. Und wenn dies geschehen wäre, dann wäre trotzdem nicht sichergestellt, dass diese Software auch tatsächlich bei der Auswertung eingesetzt wurde.

Das bedeutet: Die PTB fordert zwar von der benutzten Auswertesoftware gewisse Eigenschaften, legt aber keine Zulassungspflicht fest. In der Praxis erfolgt gewiss auch keine eichtechnische Prüfung der benutzten Auswertesoftware. Deshalb ist nicht sichergestellt, dass die verwendete Auswertesoftware tatsächlich die PTB-Anforderungen erfüllt, etwa eine **verlässliche** Prüfung der Falldateien auf Authentizität und Integrität.

Es dürfen im Anwender-Auswerteprogramm sogar ausdrücklich ,*weitere Funktionalitäten realisiert sein*'. Wenn also die verwendete Auswertesoftware **Tools zur Änderung von Messwerten und anschließender Neuverschlüsselung** enthält, dann kann dies niemals auffallen und würde nicht einmal gegen die PTB-Bauartzulassung verstoßen. Das ermöglicht die folgende Vorgehensweise:

1) Messung
2) Manipulation der Messwerte
3) Auswertung der manipulierten, nicht neu signierten Messwerte
4) Nur im Falle eines Widerspruchs und Anforderung der Falldateien: Neuverschlüsselung

Ein höchst lukratives und effektives Verfahren — denkbar, aber wahrscheinlicher[43] erscheint uns eine etwas anspruchsvollere Vorgehensweise, die schwerer zu entdecken ist, nämlich:

---

41 Wenn die Auswerteeinheit die Falldaten zur weiteren Verwendung zu nicht zulassungspflichtigen Einheiten exportiert, dann müssen die signierten Dateien archiviert werden; $\mathscr{S}$*1.3.2.1 Messgeräte im Straßenverkehr*, 3.3.4 *Auswerteeinheit*.

42 $\mathscr{S}$*1.4.3.3 Eichprotokoll*.

43 $\mathscr{S}$*1.3.2.2 Stellungnahme zur Frage der Manipulierbarkeit signierter Falldateien*: *Manipulationsmöglichkeiten und deren Entdeckung*, Zu 1), drittletzter und vorletzter Absatz.

1) Messung
2) Systematische Manipulation der Messwerte durch die Dokumentationseinheit, in die eine Unterscheidung zwischen Eichmodus und Realmodus implementiert ist
3) Auswertung der manipulierten, von der Dokumentationseinheit signierten Falldateien
4) Nur im Ausnahmefall Berichtigung der falschen Messwerte, z. B. bei Fahrzeugen mit Fahrtenschreiber (um Entdeckung der Manipulation vorzubeugen), und in diesem Fall Neuverschlüsselung aller Dateien

Speichermedium

Die Bauartzulassung des ▭ erlaubt optional seine Ausstattung mit einer **Memory-Card**, mit der die Messdaten (**nicht die Bilddaten**) für die Auswertung gespeichert werden. Diese Aufzeichnung der Daten auf der Memory-Card ist nicht Gegenstand der Eichung. Bemerkungen:
1) Wenn wir die Aussage von MdKrV X_3 richtig verstanden haben, dann werden i. Ggs. zu dieser Festlegung dem Messgerät die vollständigen Falldateien auf einer Speicherkarte entnommen, also **einschließlich Bilddaten**.
2) Wenn die Aufzeichnung der Daten auf der Memory-Card nicht Gegenstand der Eichung ist, können **unbemerkt manipulierte Daten geschrieben** werden.

Zweitkamera

Es kann eine **nicht eichpflichtige** zweite Kamera an das Geschwindigkeitsüberwachungsgerät angeschlossen werden. Diese Kamera dient zur Erstellung zusätzlicher Fallbilder der Verkehrssituationen bei Geschwindigkeitsübertretungen aus einer **anderen Aufnahmeperspektive**. Dabei ist zu beachten, dass bei der ▭ IV zwei identische Objektive verwendet werden müssen. Bemerkung: Ein zweite Kamera ist in die ▭ IV integriert. Das 2. Objektiv sitzt allerdings unmittelbar neben dem 1. Objektiv, so dass beide Fotos die **gleiche Aufnahmeperspektive** zeigen.

Beschränkungen

Die Zulassung für zwei Softwareversionen einer Dokumentationseinheit der Messeinrichtung ist bis zum 31.12.2013 befristet, weil **RSA 1024** nur bis zu diesem Termin zulässig ist.

Technische Unterlagen

Alle Geräte müssen dem bei den Zulassungsprüfungen vorgestellten Mustergerät und den in der PTB hinterlegten Unterlagen entsprechen. Die relevanten Unterlagen sind den entsprechenden **Vorgangsordnern** und den **Dokumenten-CDs** der PTB zu entnehmen.

EichCD

Mit der EichCD kann die Software geprüft werden. Die CD kann über den Zulassungsinhaber bezogen werden.

Abstand und Geradlinigkeit der Sensoren

Die Abstände zwischen Sensor 1 und Sensor 2 sowie zwischen Sensor 2 und Sensor 3 dürfen nur um –5 mm bis +10 mm von 1 m abweichen.

Archivieren des öffentlichen Schlüssels

Der öffentliche Schlüssel muss mit seinem Dateinamen im Prüfprotokoll vermerkt und dauerhaft archiviert werden (in ausgedruckter Form und/oder als Datei).

Kontrolle der Annullationsrate an der Messstelle

Die Häufigkeit von Messwert-Annullationen ist mit mindestens 200 Überfahrten im Messwertspeicher des IPV zu prüfen. Die Annullationsrate darf bei normalen Verkehrsverhältnissen (eine Hintertür!) höchstens 20 % betragen.

Prüfung des IPV mit simulierten Signalen

Mithilfe eines ‚**Geschwindigkeitssimulators**' werden vorgegebene Geschwindigkeiten simuliert. Die im Prüfprogramm ‚*IPVEich*' angezeigten Geschwindigkeitsmesswerte dürfen von den simulierten Werten höchstens abweichen: ± 1 $^{km}/_h$ bis 150 $^{km}/_h$ und ± 2 $^{km}/_h$ ab 150 $^{km}/_h$.

Prüfung der Programmbausteine

Eine Prüfung ist nicht erforderlich, wenn nach der letzten Eichung keine Veränderungen am Gerät vorgenommen wurden.

Software des Auswerte-PC

Falldateien im sbf-Format können nach Meinung der PTB nur mit dem zugelassenen Referenz-Auswerteprogramm [   ] oder einem vom Zulassungsinhaber dafür freigegebenen Anwender-Auswerteprogramm geöffnet und bearbeitet werden. Das ist nicht richtig. Nach Trennung der Bildinformationen von den Metadaten können beide mit gängiger Software dargestellt werden.[44]

1.3.2.5 Piezorichtlinie

4. Ausgabe vom 1. Nov. 2009, 1. Revision vom 15. Juni 2010:

S. 1f: *1. Anwendungsbereich der Richtlinie, letzter Abs.*

Nach einer eichamtlichen Erstprüfung muss die Wartung [...] spätestens nach 6 Monaten erfolgen. Die Frist beginnt mit Ablauf des Monats der Eichung. (Beispiel: Eichung am 8. August 2008, Wartung spätestens Ende Februar 2009). Für die nachfolgenden Wartungen gilt die gleiche Frist. Anstelle einer Wartung kann aber auch eine eichamtliche Prüfung erfolgen.

1.3.3 Schriftliche Anfrage

Mit meiner E-Mail vom 26.08.2016 bat ich

> um die Falldatei oder ihren Ausdruck einer Kalibrierung
> des bei der PTB vorliegenden **Bauartmusters** des [   ].

Ich konnte dies mit der falschen Selbstidentifikation des Messgerätes begründen. Außerdem wollte ich Erkenntnisse darüber sammeln, weshalb in meiner Falldatei völlig unterschiedliche Tatzeiten (17.01.**2001** 23:12:00 Uhr, 18.01.**2001** 00:12:00 Uhr und 01.03.**2015** 10:29:12 Uhr) angegeben sind.

Am 29.09.2016 erhielt ich die Antwort:

[...] Es handelt sich bei diesem Eintrag nicht um die offiziell beantragte und vergebene Bauartbezeichnung des Messgerätes, sondern vielmehr um eine von der Firma [...] intern gewählte Versionsbezeichnung. [...]

Die Abweichungen in den Zeitangaben der beiden messgeräteinternen Uhren wäre man bereit mit einer genaueren Funktionsbeschreibung zu erklären, allerdings gegen eine **Gebühr von 117 €/h** (zzgl. MwSt.) bei voraussichtlichem Aufwand von **2 Stunden**.

Diese [   ] Forderung erhob die PTB, obwohl ich in meiner Anfrage bereits die Vermutung geäußert hatte, dass die Abweichungen auf einen **Gerätebedienungsfehler** zurückzuführen seien, ich also lediglich um eine schriftliche Bestätigung für meine Einschätzung bat. Meine Vermutung hat sich beim Ortstermin am 29.09.2016 bewahrheitet, denn die Uhren differierten bei dieser Messung nur fünf Minuten. Selbst diese sehr viel geringere Abweichung kann in einem Beweismittel nach unserer Meinung nicht toleriert werden.

---

44 Die sbf-Datei kann z. B. mit dem *Windows*-Editor geöffnet werden. Die Metadaten befinden sich an deren Ende, zunächst die Einträge im Messbalken, eingeleitet mit der Zeichenfolge *ASCII*, danach die eigentlichen Metadaten, ebenfalls eingeleitet durch die Zeichenfolge *ASCII*.
Der Bildbetrachter *Irfanview* stellt das erste der beiden im sbf-Format enthaltenen Beweisfotos dar.

1.3.4 Kritik an der PTB

Meine Kritikpunkte zu den Entscheidungen der PTB sind:

1) Die **PTB** lässt die beim heutigen Stand der Technik **nicht mehr sichere Verschlüsselung mit RSA 1024** bei der mich betreffenden Dokumentationseinheit zu, obwohl diese Schlüssel-länge nach ihren eigenen Regeln nur bis zum 31.12.2013 zulässig war.[45] Nach den Vorgaben der **Bundesnetzagentur** und des **BSI** endete die Übergangsfrist für RSA 1024 sogar schon am **31.03.2008**!

   Die Logik, mit der die PTB Verschlüsselung mit RSA 1024 weiterhin zulässt, ist für uns nicht nachvollziehbar, es sei denn, das **neuere Gerät wäre sicherheitstechnisch ein Rück-schritt**! Und eben das wollen wir nicht glauben.[46]

2) Die PTB hat der in meinem Fall benutzten Geschwindigkeitsmesseinrichtung eine Bauartzu-lassung erteilt, obwohl die von dieser erstellte **Falldatei folgende Widersprüche**[47] enthält:

   – **Selbstidentifikation als** [   ]**III-SR**, ein Messgerät, das **keine Zulassung** hat

   – **Zwei absurd widersprüchliche Tatzeiten**[48] (17.01.2001 – 23:12 Uhr, **18.01.2001** – 00:12 Uhr und **01.03.2015** – 10:29 Uhr)

   – Die Seriennummer des Messgerätes wird nicht dokumentiert, lediglich die der Dokumen-tationseinheit, die aber gar nicht misst, nur eben dokumentiert. Eine **zweifelsfreie Identi-fizierung des <u>Mess</u>gerätes ist deshalb nicht möglich**[49]!

   – Die Falldatei wird bei der Messung mit einem **falschen Datumsstempel** versehen (in meinem Fall: 17.01.2001 – **23:12:02** Uhr, richtig: 01.03.2015 – **10:29:12**).

   – Jedes Beweisfoto enthält **120 Pixel des Fotos der vorherigen Messung**. Man kann viel-leicht entschuldigen, dass dies bei der Zulassung nicht aufgefallen ist, aber deshalb ist es trotzdem ein Mangel, der — nachdem er bekannt ist — nicht akzeptiert werden darf.

3) Mein **Auskunftsersuchen** bzgl. der falschen Selbstidentifikation und der unterschiedlichen Tatzeiten hat die PTB mit einer unbefriedigenden Erklärung und einer absurd hohen Gebüh-renforderung quasi **verweigert**.

   Selbst dem Gericht hat die PTB die Auskunft zur falschen Selbstidentifikation verweigert[50] und an den Hersteller verwiesen. Tatsächlich aber hätte die PTB die Möglichkeit gehabt, mit dem dort vorliegenden **Bauartmuster** eine Testmessung durchzuführen. Sie hätte danach in der dabei erstellten Falldatei die **Selbstidentifikation kontrollieren** können. Selbst nach meinem Hinweis auf diese Möglichkeit hat die PTB dies unterlassen.

Die PTB, eine **Verbraucherschutzbehörde**?

---

45 ⊅ *1.3.2.4 Bauartzulassungen für Messeinrichtungen im Straßenverkehr*: *Beschränkungen.*

46 ⊅ *1.3.2.2 Stellungnahme zur Frage der Manipulierbarkeit signierter Falldateien*: *Schlüssellängen.*

47 Lt. PTB-*Stellungnahme zur Frage der Manipulierbarkeit signierter Falldateien* ist die ,*unveränderte signierte Falldatei das **einzige gültige Beweismittel**'*. In der Hauptverhandlung hat der PTB-SV S_2 dieser Kategorisie-rung lt. Gerichtsprotokoll mit den Worten widersprochen: *„Die Meta-Daten* {der Falldatei} *interessieren mich überhaupt nicht."*

48 Der Unterschied der ersten beiden lässt sich erklären: Die erste Tatzeit ist als Universalzeit angegeben, die zweite als lokale Sommerzeit.

49 Vor diesem Hintergrund wird die Feststellung, dass das Ortstermin-Gerät nicht identisch sein kann mit dem bei der Messung eingesetzten Gerät, besonders überzeugend, ⊅ *5.5.3 Geräteidentität*.
   Dieser Mangel der Messeinrichtung ermöglicht unter den gegebenen weiteren Umständen Messbetrug, ⊅ *1.3.2.2 Stellungnahme zur Frage der Manipulierbarkeit signierter Falldateien*: *Auswertung signierter Falldateien*, Kommentar.

50 Unseres Wissens mit der Erklärung, dass dort keine Informationen hierzu vorlägen.

1.4 LBME

In NRW ist der **LBME**, Kürzel für ‚*Landesbetrieb Mess- und Eichwesen*', die Eichbehörde.

1.4.1 Gliederung der Aufsicht und Verantwortlichkeit

Das Mess- und Eichrecht wird in Deutschland durch die Bundesländer vollzogen. Zuständig ist in NRW das **Referat III B 3** beim Ministerium für Wirtschaft, Energie, Industrie, Mittelstand und Handwerk des Landes NRW. Die Eichämter stehen unter der Aufsicht von **Eichdirektionen**.

1.4.2 Aufgabe

Der LBME prüft mit der Eichung die Identität des Messgerätes und die Einhaltung der in seiner Bauartzulassung festgelegten Anforderungen. Er wurde als **Verbraucherschutzbehörde** eingerichtet. Dieser Aufgabe wird er nach unserer Erkenntnis im Bereich der Geschwindigkeitsmessungen nicht gerecht. Im Gegenteil, wir haben den Eindruck gewonnen, dass er in erster Linie die **Interessen des Geräteherstellers und der Messstellenbetreiber schützt**, wie sich im weiteren Text zeigen wird.

1.4.3 Dokumente des LBME

1.4.3.1 Eichschein zum Piezovorverstärker

Bei meinem Besuch des LBME [▬▬▬▬] im Juni 2015 hat mir der zuständige MdLBME Y_1 bedenkenlos und ausgesprochen zuvorkommend einen Blick auf das dort archivierte Exemplar des Eichscheines gewährt. Dabei stellte sich heraus, das die beiden Dokumente nicht völlig identisch sind, denn die Formen der Unterschriften weichen voneinander ab, was mir der Eichbeamte aber plausibel erklären konnte. In einem späteren Telefonat erfuhren wir, dass der LBME [▬▬▬▬] die Eichscheine elektronisch versendet.

Dok. 1:   Eichschein der Sensoren

1.4.3.2 Eichschein zum Messgerät

Seite 1 der Anlage zum Eichschein Nr.   5 - 1.3.1592/14
Page 1 of the addendum to verification certificate number

Zusätzliche Angaben zum Gegenstand
Additional comments concerning the object

Geschwindigkeits-Messbereich: 20 km/h bis 255 km/h

Weitere Komponenten des geeichten Messgerätes:

Digitalkamera   IM: 625-006/62781
Interface: 804 970/60494

Prüfverfahren
Test procedure

Die Prüfung erfolgte gemäß der PTB-Bauartzulassung und der jeweils gültigen Fassung der entsprechenden Richtlinie zur Eichung.

Ergebnis
Result

Die Anforderungen der Eichordnung (Anlage 18), der PTB-Bauartzulassung und der Richtlinie zur Eichung wurden erfüllt.

Die Eichfehlergrenzen wurden eingehalten.

Hinweise
Notes

Durch die Eichung ist gewährleistet, dass die für den Betrieb der Messanlage notwendigen Voraussetzungen erfüllt sind, wenn die Messanlage entsprechend der zugehörigen Bedienungsanleitung verwendet wird.

Die Eichung bezieht sich nicht auf die Messbasis, die in den Straßenbelag eingegossenen Drucksensoren. Hierzu ist eine Eichung von dem für den Aufstellungsort zuständigen Eichamt erforderlich.

Die Gültigkeit der Eichung erlischt vorzeitig, wenn eine der in §13 Absatz 1 der Eichordnung beschriebenen Veränderungen eingetreten ist.

Ende der Anlage
End of the addendum

Dok. 2:   Eichschein der Dokumentationseinheit

LBME

Landesbetrieb Mess- und Eichwesen Nordrhein-Westfalen
Office of Legal Metrology of the state of Nordrhein-Westfalen (Germany)

DIE BEI DEN MESSUNGEN VERWENDETEN NORMALE SIND AUF DIE NATIONALEN NORMALE BEI DER PHYSIKALISCH-TECHNISCHEN BUNDESANSTALT RÜCKGEFÜHRT.
THE STANDARDS USED FOR THE MEASUREMENTS ARE TRACEABLE TO THE NATIONAL STANDARDS AT THE PHYSIKALISCH-TECHNISCHE BUNDESANSTALT ("PTB)

Eichschein
Verification certificate

Nummer   5 – 1.3.1592/14
Number

Gegenstand   Geschwindigkeitsüberwachungsgerät
Object
Zulassungszeichen 18.11/90.29
Typ

Identifikation   Gerätenummer: 593-031/60630
Identification

Hersteller
Manufacturer

Antragsteller   Kreis
Applicant   Straßenwesen Verkehrsordnungswidrigkeiten

Anzahl der Seiten der Anlage   - 1 -
Number of pages of the addendum

Ort und Datum der Eichung   , den 11.11.2014
Place and date of verification

Gültigkeit der Eichung bis   31.12.2015   Stempelzeichen   15
This verification is valid until   *Marking*

Eichscheine ohne Unterschrift und Dienstsiegel haben keine Gültigkeit. Dieser Eichschein darf nur unverändert weiterverbreitet werden.
Verification certificates without signature and official stamp are not valid. This verification certificate may only be reproduced in unchanged form.

Ort und Datum   Dienstsiegel   Im Auftrag
Place and date   *Official stamp*   *On behalf of*

, den 12.11.2014   **[Unterschrift der LBME-Leitung]**

Betriebsstelle Eichamt   Telefon   E-Mail: poststelle@lbme-d.nrw.de
Telefax   Dienststelle 02-1

Dok. 3:   Eichschein des Messgerätes

Der Eichbeamte hat den vorgedruckten Eintrag *,IM'* (⇗Pfeil o.), abweichend vom Eichprotokoll (Rückseite, Dok. 4 o.), nicht geändert.

1.4.3.3 Eichprotokoll

Dok. 4:   Eichprotokoll der Messeinrichtung

Der Eichbeamte hat das Protokoll unvollständig ausgefüllt ($\mathscr{S}$ kurze Pfeile u.) und den vorgedruckten Eintrag ‚*IM*' an zwei Stellen handschriftlich in ‚*IV*' geändert ($\mathscr{S}$ lange Pfeile o.), abweichend vom Eichschein ($\mathscr{S}$ langer Pfeil, Dok. 2).

Am 22.08.2016 besuchten wir den LBME [▓▓▓▓▓▓] und baten um Einblick in das dort archivierte Eichscheinexemplar um dieses mit der uns vom Kreis ausgehändigten Kopie vergleichen zu können. Der zuständige MdLBME Y_2 **verweigerte dies unter Verstoß gegen das IFG**. Er verlangte hierzu einen schriftlichen Antrag unseres Anwaltes.

Uns fiel seine [▓▓▓▓▓▓] Sachunkenntnis auf, denn *‚Metadaten der Falldatei'* sagte ihm nichts. Auch der MdLBME Y_3 lehnte einen Einblick in das Original des Eichscheines ab, und zwar mit der **wahrheitswidrigen** Erklärung, dass der LBME keine Eichscheine archivieren würde.

In einem späteren Telefonat am gleichen Tag erklärte Y_3 [▓▓▓▓▓▓] (fast wörtlich), dass Eichscheine *‚Urkunden seien, die man dem Messstellenbetreiber zuschickt, so dass sie gar nicht mehr im Hause sein können.'*

Der MdLBME Y_5 räumt in einem späteren Telefonat am selben Tag ein, dass die Eichungen beim Gerätehersteller erfolgen, was wir bereits aus dem Eichort erkannt hatten.

Ich bat MR Y_7, [▓▓▓▓▓▓], Ministerium für Wirtschaft und Energie [▓▓▓], um Unterstützung. MR Y_7 informierte die Eichdirektion [▓▓▓]. Der zuständige MdLBME Y_6 schickte mir schließlich

1) das Eichprotokoll vom 11.11.2014,
2) Eichschein Nr. 5 – 1.3.1592/14 vom 11.11.2014
   (Archivexemplar ohne Unterschrift und Dienstsiegel),
3) den öffentlichen Schlüssel auf CD.

Die durch Pfeile markierten Widersprüche zwischen ✐Eichschein (Dok. 2) und ✐Eichprotokoll (Dok. 4) erklärten den Weigerungsversuch des LBME [▓▓▓▓▓▓]. Man beachte:

1) An zwei Stellen korrigiert MdLBME Y_4 handschriftlich die Angaben im Eichprotokoll-Vordruck.
2) Er erstellt aufgrund des Eichprotokolls einen Eichschein.
3) Die Leitung des LBME [▓▓▓▓▓▓] unterschreibt den Eichschein (4-Augen-Prinzip!)

Trotzdem fällt die **Diskrepanz zwischen Eichprotokoll und Eichschein** nicht auf? Und das Gericht hält dies alles letztlich für unbedenklich und wertet die Erklärung des MdLBME Y_4, *‚ihm sei ein* [bedauerlicher Flüchtigkeits-]*Fehler unterlaufen'*, als glaubwürdig und insofern ausreichend.[51]

1.4.4   Kritik am LBME

Den Eichämtern ist folgendes vorzuwerfen:

1) Nicht akzeptabel (etwas präziser: gesetzwidrig) ist eine **Eichung**
   - **an einem nicht zertifizierten Eichort beim Gerätehersteller**[52]
   - **nach einem Eichplan des Geräteherstellers**
   - **in Anwesenheit eines vom Gerätehersteller beigeordneten** *‚Eichunterstützers'*
   - **unter unangemessenem Zeitdruck** (Vorbereitung durch Vorabeinträge in das Eichprotokoll)
   - insbesondere, wenn die zu eichenden Geräte dort bis zu zwei Wochen (im Ausnahmefall auch länger, Eichfristspielraum) **unbeaufsichtigt** lagern.
2) Nicht akzeptabel ist ein Eichschein, der vom Eichprotokoll abweicht. Dies hätte spätestens bei der Unterschrift (Vier-Augen-Prinzip) auffallen müssen.
3) Speziell dem LBME [▓▓▓▓▓▓] werfen wir **rechtswidriges Verhalten** vor:
   - MdLBME Y_2 **verweigerte** uns eine tel. Auskunft zum Datum des öffentlichen Schlüssels.
   - MdLBME Y_2 und Y_3 **verweigerten** uns den Vergleich des im LBME archivierten Eichschein-Exemplars mit der uns vorgelegten Kopie. Y_3 erklärte **wahrheitswidrig**, dass vom LBME keine Eichscheine archiviert würden.

Der LBME, eine **Verbraucherschutzbehörde**?

---

51 Ein Zeuge, der bei <u>einer</u> Falschaussage ertappt wird, hat normalerweise seine Glaubwürdigkeit komplett verspielt. Eine Eichung, die aufgrund des Zeitdrucks fehlerhaft durchgeführt wurde, hätte vom Gericht nicht akzeptiert werden dürfen.

52 Staatliche Anerkennungen von Prüfstellen sind im Gesetz zur Neuregelung des gesetzlichen Messwesens vom 25. Juli 2013, Artikel 1 (MessEG), § 40, Abs. (3) vorgesehen, allerdings **nur für Verbrauchsmessgeräte**.

2 REGIERUNG

2.1 Bezirksregierung

Mit Schr. an das Regierungspräsidium [▮▮▮▮▮] vom 04.09.2016 mache ich auf mehrere Missstände im Zusammenhang mit der Geschwindigkeitsüberwachung durch den Kreis [▮▮] aufmerksam. Mit Datum vom 22.09.2016 erhielt ich von der Sonderaufsicht über die Ordnungsbehörden/Bußgeldstellen eine sehr umfassende (4 Seiten!) vorläufige Antwort, in der nachvollziehbar begründet wurde, dass das Ergebnis der Hauptverhandlung abgewartet werden müsse. Mit Schr. vom 14.06.2017 erhielt ich schließlich einen sehr detailliert begründeten Bescheid, wonach die Wahrnehmung der Fachaufsicht nicht erforderlich sei.

2.2 Offener Brief an Regierungsmitglieder

Das Wahljahr 2017 bietet sich an um den Verantwortlichen unserer Regierungen Missstände bei der Geschwindigkeitsmessung bekannt zu machen. Ich habe ein Informationsschreiben an verschiedene Regierungsmitglieder gesandt.[53] Sein sachlicher Inhalt ist übereinstimmend der folgende:

Betr.: Offener Brief
    Dokumentation zur Praxis der Geschwindigkeitsmessungen

Sehr geehrte…

Eine Geschwindigkeitsmessung, bei der ich in einer 70er-Zone mit 94 km/h gemessen wurde, ließ bei mir den Verdacht der Manipulation aufkommen, denn ich war tatsächlich etwa 5 km/h langsamer gefahren. Mein Widerspruch gegen den Vorwurf führte natürlich zur Anklage. Durch achtmalige Terminverschiebung der Hauptverhandlung beim AG [▮▮▮▮] vergingen eineinhalb Jahre, die ich für Recherchen nutzte — mit erschütterndem Erfolg, denn ich konnte beweisen:

1) *Mehrere Messwerte sind mit einer **Wahrscheinlichkeit von 99,2 % manipuliert**. Dieser Beweis ist möglich, weil laut Messprotokoll (85 Messungen) an drei Bußgeldgrenzen (84, 89, 94 km/h) nicht plausible Messwerthäufungen aufgetreten sind, und zwar immer mehr als doppelt so viele Übertretungen wie unmittelbar darunter (83, 88, 93 km/h) und in zwei Fällen auch mehr als doppelt so viele wie bei der nächsthöheren Geschwindigkeit (85, 95 km/h, ✑ Graph in der Anlage).*

*RichterIn J₁ verwarf meinen Beweis, den ich vor der Hauptverhandlung vorgelegt hatte, mit der hilflos-lapidaren Bemerkung: „**Die Mathematik lassen wir mal weg.**" Dazu möchte ich anmerken: Der Beweis ist auch für Nichtabiturienten verständlich, denn ich konnte mich darin auf Prozentrechnung und die Grundrechenarten sowie den gesunden Menschenverstand beschränken.*

*Die **Häufungen an den Bußgeldgrenzen** zeigten sich zwei weitere Male:*

– *Der Techniker des Ordnungsamtes sollte meinem Sohn und mir die beiden Originale des Beweisfotos zeigen, das über- und das unterbelichtete. Dabei sahen wir nacheinander mindestens **drei fremde Fahrzeuge, die übereinstimmend mit 94 km/h gemessen** worden waren, bevor er uns mein Beweisfoto zeigen konnte, allerdings nur eine bearbeitete Datei im jpg-Format. Die Originale (Dateien im firmeneigenen sbf-Format) lagen ihm anscheinend nicht vor.*

– *Bei einem Ortstermin war mit dem Sachverständigen abgesprochen worden, dass der Techniker des Ordnungsamtes zwei Messungen bei 90 km/h auslöst. Der Sachverständige händigte mir die unbearbeiteten(!) Falldateien hierzu unmittelbar vor Ort auf CD aus. Die tatsächlich gefahrenen Geschwindigkeiten sind unklar geblieben, aber dokumentiert wurden **84 km/h und 89 km/h, exakt zwei Bußgeldgrenzen!***

---

[53] ✑ **ANHANG:** A1 *Aus meinem Schriftverkehr:* Tab. 13.

2) Das einzige gerichtsverwertbare Beweismittel ist die ‚unveränderte signierte Falldatei' der Messung (lt. PTB in ihrer ‚Stellungnahme zur Frage der Manipulierbarkeit signierter Falldateien'). Diese ist aber **widersprüchlich**:

- Das Messgerät identifiziert sich in den Metadaten der Falldatei (= Messwertbereich) als ‚▢ **III-SR**' und damit **abweichend** von der Einblendung ▢' im Messbalken des Beweisfotos. ‚▢ III-SR' ist ein Kürzel für ein Messgerät, das in Deutschland **keine Zulassung** hat.

- Die Metadaten weisen **zwei absurd widersprüchliche Tatzeiten** aus, nämlich 01.03.**2015** 10:29:12   und   18.01.**2001** 00:12:00.

  Nebenbei: Eine der beiden eingebauten Uhren ist **Elektronikschrott**, denn sie geht im Messzeitraum von acht Tagen um 1:11 Minuten falsch! Das ergibt sich aus einem Uhrenvergleich zum Beginn und Ende der Messreihe.

Die Manipulation von Messwerten ist aufgrund der Anforderungen, die an Geschwindigkeitsmesseinrichtungen und die beteiligten Behörden gestellt werden müssen, eigentlich ausgeschlossen. Trotzdem wird sie durch das Handeln der zuständigen Behörden möglich:

1) Das **Ordnungsamt überträgt hoheitsrechtliche Aufgaben** (Auswertung der Messreihen) **an private Dienstleister**.

   Dies hat der Zeuge des Ordnungsamtes vor Gericht geleugnet, aber

   - Der Techniker des Ordnungsamtes konnte uns die beiden unbearbeiteten Originale des Beweisfotos nicht zeigen, obwohl die Auswertesoftware dazu in der Lage sein muss (PTB-Anforderung an die Auswertesoftware). Er war vielmehr im Glauben, dass das bearbeitete Beweisfoto (abgedeckter Beifahrer in einer Datei im jpg-Format) das Original sei. Dieser Techniker hat die beiden Originale des Beweisfotos (wir hatten sie als ‚über- und unterbelichtetes' unmissverständlich beschrieben) noch nie gesehen!

   Er erklärte uns den Ablauf sinngemäß so: Er entnimmt die Messdaten dem Messgerät auf einer Speicherkarte und leitet sie an den Scandienstleister. Dieser macht die Halterfeststellung, schickt dem Ordnungsamt eine CD [mit den ausgewerteten Messungen], verschickt die Anhörungsbögen und nimmt deren Rücklauf entgegen. Diese Aussage bestätigt, dass die eigentliche **Auswertung der Messreihen beim Dienstleister** erfolgt.

   Das Ordnungsamt übernimmt also erst danach wieder seine Zuständigkeit.

   Eine Bestätigung dafür, dass die Zeugenaussage falsch ist, ergibt sich auch indirekt durch die Anzahl der vom Ordnungsamt ▢ eingesetzten Messeinrichtungen. Öffentlich bekannt gemacht hat der Kreis ▢ 2015 den Einsatz von drei stationär betriebenen Messeinrichtungen plus eine mobile. Unsere Recherchen ergaben dementgegen den Einsatz von mindestens sechs stationär betriebenen Messeinrichtungen (fünf durch Fotos dokumentiert, zwei von ▢ betrieben). Der **Kreisdirektor hat seine Auskunft hierzu verweigert und seine Pflicht zur Offenlegung der haushaltsrechtlichen Grundlagen ignoriert**.[54] In der HV beim AG ▢ am 24.11.2016 fragte ich deshalb einen Zeugen, wie viele Messeinrichtungen das Ordnungsamt im Einsatz hat. Seine **Antwort hat {das Gericht} nicht zugelassen**!

   Die im Haushalt 2016 ausgewiesenen Einnahmen ‚07 Sonstige ordentliche Erträge 2015', dies sind im Wesentlichen OWi-Bußgelder, sind **10 mal höher** als die Bußgelder des mir

---

[54] Gesetz zur Neuregelung des gesetzlichen Messwesens vom 25. Juli 2013, Artikel 1: Gesetz über das Inverkehrbringen und die Bereitstellung von Messgeräten auf dem Markt, ihre Verwendung und Eichung sowie über Fertigpackungen (Mess- und Eichgesetz – MessEG), §41: Verordnungsermächtigung, 3a): [...] **Anzeigepflichten** *des Verwenders eines öffentlichen Messgerätes.*

vorliegenden Messprotokolls über acht Tage nach Hochrechnung (unter vorsichtigen Annahmen) auf ein ganzes Jahr und vier Messeinrichtungen.

Aktuell (05.03.2017) habe ich durch Fotos den Einsatz von drei Starenkästen und fünf neueren Messsäulen, die beidseitig blitzen können, nachgewiesen. Öffentlich bekannt gemacht sind zusätzlich zwei mobil eingesetzte Geräte.

Das Ordnungsamt ☐ _hat nach wie vor nur die beiden Techniker_ ☐ _zur Verfügung, die für die technische Betreuung der Geschwindigkeitsmesseinrichtungen zuständig sind. Nach unserer Einschätzung konnte das Personal des Ordnungsamtes vier Messeinrichtungen technisch und verwaltungstechnisch nicht verantwortungsvoll betreuen und die eingehenden Messreihen auch noch selbst auszuwerten, geschweige denn dies für die aktuelle Anzahl von Messeinrichtungen bewältigen._

Dies wurde auch bei einem Ortstermin deutlich. **Der Techniker des Ordnungsamtes war nicht in der Lage, den öffentlichen Schlüssel des Messgerätes auszulesen.** Dazu hatte er den Servicetechniker des Geräteherstellers hinzugezogen. Dadurch bot sich diesem die Möglichkeit, das Auslesen des Schlüssels vorzutäuschen, also den Schlüssel zu übergeben, der bei den von uns vermuteten Messwertmanipulationen benutzt wird, anstatt den des Messgerätes.

Nochmal zur Qualität der Messeinrichtung: 8 von 85 Beweisfotos enthalten derart **seltsame Einblendungen**, dass sie als Beweismittel eigentlich nicht verwendet werden dürften! Dem Messprotokoll ist aber zu entnehmen, dass nur zwei von ihnen nicht für die Ausstellung von Bußgeldbescheiden herangezogen wurden — zwangsläufig, weil das Kennzeichen nicht lesbar ist.

2) _Die **PTB** lässt die beim heutigen Stand der Technik **nicht mehr sichere Verschlüsselung mit RSA 1024** bei dem betreffenden Messgerät zu, obwohl diese Schlüssellänge nach ihren eigenen Regeln nur bis zum 31.12.2013 zulässig war. Nach den Vorgaben der **Bundesnetzagentur** und des **BSI** endete die Übergangsfrist für RSA 1024 sogar schon am **31.03.2008**!_

Sie benutzt dabei eine **Purzelbaumlogik**: Die Technik der betreffenden Dokumentationseinheit ist so sicher, dass die PTB ‚keine Bedenken gegen RSA-1024-Verschlüsselung‘ hat. Beim neueren Gerät, dem Nachfolgemodell(!), war die RSA-1024-Verschlüsselung nur bis zum 31.12.2013 zugelassen. Diese Logik erfordert eine außergewöhnliche ☐.

3) _Die **Eichung** der Geschwindigkeitsmesseinrichtungen erfolgt nicht im Eichamt oder einem zertifizierten Eichort,[55] wie dies die gültige EU-Verordnung hierzu vorschreibt, sondern beim Gerätehersteller, und zwar **unter haarsträubenden Bedingungen**, wie den Zeugenaussagen des Eichbeamten zu entnehmen ist._

Der Zeuge wurde vernommen, weil in seinem Eichprotokoll eine andere Gerätekombination angegeben war (**an zwei Stellen handschriftlich korrigierter Vordruck!**) als im Eichschein.

Bei seiner Erklärung der Diskrepanz trat zu Tage:

- _Er arbeitet **unter großem Zeitdruck**, der ihn nötigt Messprotokolle schon ‚vorzubereiten‘, also teilweise auszufüllen, ohne das zu eichende Gerät vor Augen zu haben._

- _Er arbeitet nach den **Weisungen des Geräteherstellers** (‚Auftragsliste‘)._

- _Dieser stellt ihm ‚zur Entlastung‘ einen ‚**Eichunterstützer**‘ an die Seite._

- _Die zu eichenden Geräte stehen bis zu zwei Wochen (normale Eichfrist), u. U. auch länger, **unbeaufsichtigt** beim Gerätehersteller._

---

55 Staatliche Anerkennung von Prüfstellen sind im Gesetz zur Neuregelung des gesetzlichen Messwesens vom 25. Juli 2013, Artikel 1 (MessEG), § 40, Abs. (3) vorgesehen, allerdings **nur für Verbrauchszähler**.

Zwei Mitarbeiter des LBME ▮▮▮▮▮▮ **verweigerten uns unter Verstoß gegen das IFG Einblick in das archivierte Exemplar des Eichscheines**, der **Büroleiter leugnete** sogar ganz dreist die Archivierung der Eichscheine mit einer Argumentation, die er für pfiffig hielt, deren Unwahrheit uns aber zu diesem Zeitpunkt bereits bekannt war: „Wir verschicken die Eichscheine, dann sind sie weg, also nicht mehr bei uns im Haus." Tatsächlich werden die Dokumente elektronisch versandt.

Der gewünscht Einblick wurde uns letztlich durch eine Weisung aus dem Wirtschaftsministerium NRW gewährt.

Offensichtlich gibt es ein Missverständnis: PTB und Eichämter sind als **Verbraucherschutzbehörden** eingerichtet worden, nicht aber als Behörden, die **Gerätehersteller vor dem Verbraucher schützen** sollen.

Vielleicht interessant: Nach unserer Einschätzung ist die Dokumentationseinheit ▮▮▮ IM, die in meinem Fall mit dem ▮▮▮ kombiniert war, mit einer sehr einfachen **Eichmoduserkennung** ausgestattet:

Zum Beginn einer Messreihe wird dreimal kalibriert und damit in den Realmodus geschaltet (d. h. Messwert erhöhen). Am Ende einer jeden Messreihe wird einmal kalibriert und damit in den Eichmodus gewechselt. Das ist sehr simpel im Vergleich zur Testmoduserkennung, die aus der Autoindustrie bekannt wurde.

Wenn dies richtig ist, dann besteht die Aufgabe des Auswerters darin, bei allen Fahrzeugen mit Fahrtenschreiber den von der Dokumentationseinheit des Messgerätes heraufgesetzten Messwert auf den tatsächlich vom Messgerät gemessenen Wert zurückzusetzen, denn sonst könnte der **Schwindel vielleicht doch mal auffallen**.

Ich wurde der Geschwindigkeitsübertretung für **schuldig** befunden und habe entschieden, den juristischen Weg nicht weiter zu verfolgen. Stattdessen habe ich meine Erkenntnisse in einem kleinen Büchlein dokumentiert, das ich — mit Rücksicht auf das Wahljahr 2017 — in nur einem Monat druckfertig gemacht habe. Ich warte derzeit nur noch auf die Antworten einzelner Beteiligter, die ich wegen dieser Dokumentation angeschrieben habe.

Die Staatanwaltschaft ▮▮▮▮ hat die Ermittlungen eingestellt, weil das Gericht mich für schuldig befunden hat und ich keine Rechtsmittel eingelegt habe. **Sie ignoriert meinen nicht widerlegten Manipulationsbeweis** und die zahlreichen Widersprüche der Zeugenaussagen, deren Offenlegung mir in der HV leider wiederholt untersagt wurde. Den **Tatbestand der Manipulation festzustellen ist ein Leichtes**:

Eine Vorbeifahrt an einer Messstelle mit unzulässiger Geschwindigkeit ohne Wissen des Ordnungsamtes und die Messreihe unmittelbar sichern, bevor sie zum Auswerter gelangt. Der Vergleich von angeblich gemessener und tatsächlich gefahrener Geschwindigkeit würde zunächst einmal den **Tatbestand beweisen**. Anders als ich zum Zeitpunkt meiner Anzeige die Schuldfrage gesehen habe, wäre bei einer deutlichen Diskrepanz zwischen beiden Geschwindigkeiten — die Manipulation der tatsächlichen Messwerte durch die Dokumentationseinheit erscheint mir inzwischen unzweifelhaft — schon der Gerätehersteller **als Mittäter in gewerbsmäßigem Betrug entlarvt**. Bliebe dann lediglich noch nachzuweisen, dass der Auswerter ‚Messwerte' zugunsten(!) Beschuldigter, die ein Fahrzeug mit Fahrtenschreiber besitzen, manipuliert, also **ebenfalls Mittäter** ist. Alles kein Problem, wenn das Ordnungsamt die **Originale der Falldateien archiviert**, wie es seine Pflicht ist. Lt. Aussage des Zeugen X_4 werden die Urdaten archiviert.

Wir glauben einen **jahrelangen gewerbsmäßigen Betrug** erkannt zu haben — vermutlich deutschlandweit. Das Fehlen jeder Bereitschaft, Widersprüche angemessen zu würdigen und dem unbestreitbaren Anfangsverdacht für die Manipulation von Messwerten nachzugehen, haben mich dazu bewogen unsere Erkenntnisse zu veröffentlichen. **Redaktionsschluss ist der 31.03.2017.** Sofern Sie eine Stellungnahme Ihrerseits für sinnvoll halten, hätte ich die Gelegenheit Ihre Sichtweise — ganz oder auszugsweise — in meine Dokumentation mit aufzunehmen.

Fazit

Es wird wohl niemand widersprechen, wenn ich ein geflügeltes Wort zweckentfremde: Falsche Bußgeldbescheide, ‚**das geht gar nicht**‘!

Wenn die Kommunen auf die hohen Einnahmen aus Bußgeldern nicht verzichten können, dann müssen die **Bußgelder so weit erhöht** werden, dass Manipulationen überflüssig werden.

Das ist keine gute Lösung, weil sie **Geringverdiener unvergleichlich viel härter trifft** als Besserverdienende. Die besser vertretbare Lösung ist nach meiner Meinung:

Steuervergünstigungen im Luxusbereich reduzieren. Ich bin nicht kompetent, hierzu Empfehlungen auszusprechen, aber ein paar Beispiele könnte ich trotzdem nennen:

1) Die vor wenigen Jahren beschlossene **Steuersenkung für die Hotelbranche** dürfte Mindereinnahmen verursacht haben, die in der Größenordnung der Mehreinnahmen durch Manipulation der Geschwindigkeitsmessungen liegt.

2) Die 2016 beschlossene **Streichung der Lohnsteuer für Reedereien** bewirkt, dass Kreuzfahrer von Personal versorgt werden, für das keine Lohnsteuer abgeführt wird.

3) **Flugbenzin** mit einer ‚**Bagatellsteuer für Kerosin**‘ zu belegen, während der normale Autofahrer eine besonders hohe Steuerlast trägt, ist ebenfalls eine Art Steuerentlastung im Luxusbereich.

Das Umleiten der Mehreinnahmen an die bedürftigen Kommunen ließe sich doch problemlos über entsprechende Mittelzuweisungen regeln.

Hochachtungsvoll
[Unterschrift Lothar Selle]
Bad Berleburg, 11.03.2017

Freiwillige Verpflichtungserklärung

Es ist nicht auszuschließen, dass meine Dokumentation im Wahljahr politischen Schaden anrichtet. Um diesen zu begrenzen erkläre ich mich mit dem Folgenden einverstanden:

Im Falle, dass eine Strafverfolgungsbehörde oder eine andere amtlich feststellen sollte, dass Geschwindigkeitsmesswerte manipuliert wurden und eine vielversprechende Maßnahme ergriffen wird, dies künftig verlässlich zu unterbinden, erkläre ich mich damit einverstanden, dass mit meinem Verlag eine Vereinbarung getroffen wird, die die Verbreitung meiner Dokumentation beendet, ohne einen Schadensausgleich für mich als Autor. Der Schadensausgleich mit dem Verlag ist ausschließlich Verhandlungssache mit diesem.

Diese Verpflichtungserklärung beinhaltet nicht, dass ich die entsprechenden Verhandlungen selbst führen werde, weil ich dann — neben den Kosten, die ich bereits im Rahmen meiner Recherchen getragen habe — auch noch den entgangenen Gewinn meines Verlages ausgleichen müsste.

2.3   Zweiter Offener Brief an Regierungsmitglieder

Mit Datum 02.01.2017 erhielt ich von der Staatsanwaltschaft ▢ die Gerichtsrechnung zu dem Verfahren. Darin wurden **2.668,44 € Sachverständigenvergütung** ausgewiesen — befremdend hoch für ein **70-€-Bußgeldverfahren!** Nach unserer Überzeugung war in meinem Fall ein politisch beeinflusstes Urteil gefällt worden, aber wir hatten trotzdem das Vertrauen, dass die Abrechnung korrekt erfolgte und die Begleichung angewiesen.

Zwei Monate später(!) erhielt ich abermals eine Gerichtsrechnung. Darin war eine **weitere Position Sachverständigenvergütung über 6.156,08 €** enthalten. Ich hatte aber nur ein einziges schriftliches Gutachten von dem vom Gericht bestellten Sachverständigen S_1 erhalten. Seine zweite Leistung war ein Ortstermin, dessen Ergebnisse er aber nach eigener Aussage in der Hauptverhandlung nicht dokumentiert hat.

Dies war für mich nicht nachvollziehbar. Deshalb habe ich die Abrechnung der beiden Sachverständigenvergütungen im Rahmen meiner Möglichkeiten überpüft. Unter großen Schwierigkeiten gelang mir der Einblick in die entsprechenden Dokumente. Meine damit verbundenen Erlebnisse und Erkenntnisse habe ich in einem zweiten ‚Offenen Brief' festgehalten und an verschiedene Regierungsmitglieder versandt.[56] Sein sachlicher Inhalt ist übereinstimmend der folgende:

Betr.:   **Offener Brief** Unzulässige Rechnungsstellung
         Fehlende Transparenz einer exorbitanten Gerichtsrechnung

Sehr geehrte…

Am 11.03.2017 hatte ich Ihren Amtsvorgänger mit einem ‚Offenen Brief' über die seltsamen Gegebenheiten in meinem ‚70-€-Bußgeldverfahren informiert. Nun haben sich die ‚**mysteriösen'
Vorgänge** gesteigert fortgesetzt. Drei Wochen lang hat sich die Staatsanwaltschaft ▢
— **mit widersprüchlichen Vertröstungen** (s. u.) — geweigert, die in den beiden vorgelegten Rechnungen enthaltenen Sachverständigenvergütungen zu belegen. Diese sind sowohl in der **Höhe** als auch bzgl. der **Terminierung der Rechnungen nicht plausibel.** Nach Durchsicht der Belege, die am 19.04.2017 übersandt wurden (es fehlten zunächst drei betreffende Seiten der Gerichtsakte) habe ich mehrere nicht gerechtfertigte Positionen und **strafwürdige Tatbestände** erkannt. Meine Erinnerung vom 25.04.2017 wurde abgelehnt, seltsamerweise vom AG ▢ selbst(!), und nun auch mein Widerspruch vom 13.06.17 gegen die Ablehnung durch das LG ▢ (derzeit nur tel. Auskunft nach Eingang der Vollstreckungsankündigung vom 31.08.17 am 07.09.17). Meine Beschwerden sowie Ermittlungen zu meinen Anzeigen verliefen bislang im Sande.

Bei dieser Gelegenheit möchte ich Ihnen auch weitere Erkenntnisse mitteilen, die meine Einlassung in der HV am 24.11.2016 bestätigen und rechtswidriges Verhalten von Behörden beweisen.

Die sehr detailreichen Erläuterungen zu den Vorgängen bitte ich zu entschuldigen. Eine Beschränkung auf die vorangestellte Aufzählung von Fakten erschien mir nicht sinnvoll, weil dadurch sicherlich Klärungsbedarf entstehen würde.

Mein erster Offener Brief noch einmal in Kürze

In meinem ersten ‚Offenen Brief' habe ich eine Vielzahl von Missständen angeprangert:

- **Unsichere Signierung des Beweismittels** mit seit Jahren nicht mehr zulässiger Schlüssellänge
- **Rechtswidrige Eichung beim Gerätehersteller** nach dessen Weisungen
- Beteiligung eines ‚Eichhelfers' (= Mitarbeiter des Geräteherstellers) ist nicht gesetzeskonform

---

56 ↪ **ANHANG:** A1 Aus meinem Schriftverkehr: Tab. 19.

- Abweichungen zwischen Eichprotokoll und Eichschein
- Gesetzwidrige **Übertragung hoheitsrechtlicher Aufgaben an private Dienstleister**, die durch Anonymität geschützt werden
- **Auskunftsverweigerung** mehrerer Behörden (Verstoß gegen das Informationsfreiheitsgesetz)
- Weigerung der Staatsanwaltschaft Ermittlungen aufzunehmen, trotz hinreichend nachgewiesenem Tatverdacht
- Motivation zur Vorverurteilung (Vorwurf begründet mit der Verhandlungsführung)
- **Wahrscheinlichkeit der Messwertmanipulation abgeschätzt auf >99,2 %**
- **Widersprüchliche Angaben im Beweismittel** ‚Falldatei':
  - absurd widersprüchliche Tatzeiten (**01.03.2015 und 18.01.2001!**),
  - widersprüchliche Selbstidentifikation des Messgeräts (ausgewiesener Gerätetyp ist in Deutschland nicht zugelassen)

Mein zweiter Offener Brief in Kürze vorweg

- Gutachten eines vom Gericht bestellten Sachverständigen, dem ich **Befangenheit** vorwerfe:
  - **exorbitant hohe SV-Vergütung**, von Gericht und Staatsanwaltschaft unter Missachtung der §§ 2 und 8a JVEG akzeptiert,
  - insbesondere **Beweismittelunterschlagung** durch den Gutachter, angezeigt, aber von Gericht und Staatsanwaltschaft ignoriert, *Betr. Abrechnung*
  - in Verbindung damit **Abrechnungsbetrug** durch den Gutachter, angezeigt, aber von Gericht und Staatsanwaltschaft gedeckt (‚Reparatur' in Rechnung gestellt).

- Meinen Beweis für **Messwertmanipulation** habe ich durch Simulation von 171.000.000 Messreihen bestätigt und präzisiert: Die Wahrscheinlichkeit ist **99,90 % ± 0,02 %**. *Betr. Urteil*
- Fehlende Dokumentation der Seriennummer des Messgerätes festgestellt,
- Nach Untersuchung der mir übergebenen Falldatei-CD mit forensischer Software, mussten die Verantwortlichen nun einräumen, dass diese nicht beim Kreis ▭ gebrannt worden war. Der Datenschutzbeauftragte war aber nicht zur weiteren Klärung in der Lage. Wir sehen darin einen erneuten Beweis für die unzulässige **Beteiligung Dritter an hoheitsrechtlichen Aufgaben**.
- Ich habe fünf Indizien für die **Existenz eines Messgerätezwillings mit gleicher Seriennummer** gefunden.

Die Fakten zur Abrechnung

Von der StA ▭ wurden mir zwei Gerichtsrechnungen zugestellt, in denen jeweils eine Pos. ‚Sachverständigenvergütung' (Singular!) enthalten ist. In beiden Fällen wurden keine Belege beigefügt. Wir betrachten letzteres als **Verstoß gegen das Transparenzgebot**.

Das Gericht hat den ▭-SV S_1 mit einem Gutachten beauftragt.

24.11.2016 Hauptverhandlung beim AG ▭

02.01.2017 1. Rechnung ($\mathscr{I}$ Anlage 1, beglichen):   3.108,69 €
          darin enthalten: SV-Vergütung (singular!)   **2.668,44 €**

27.03.2017 2. Rechnung (☞ Anlage 2, bis dato nicht beglichen):   9.264,77 €
incl. Vergütung für den vom Gericht beauftragten SV S_1,
Bl. 334f, 07.12.2016 (☞ Anlage 3):   **6.156,08 €**

Ich verweise hierzu auf das Gesetz:

A § 2 JVEG, (1): Der Anspruch auf Vergütung [...] erlischt, wenn er nicht binnen **drei Monaten** [...] geltend gemacht wird; [...].

B § 8a JVEG, (3): Steht die geltend gemachte Vergütung erheblich außer Verhältnis zum Wert des Streitgegenstandes [...], bestimmt das Gericht nach **Anhörung der Beteiligten** nach billigem Ermessen eine Vergütung, die in **angemessenem Verhältnis zum Wert des Streitgegenstandes** steht.

Die SV-Vergütungen sind insgesamt **126 mal** so hoch wie das Bußgeld! Die vom Gesetz geforderte **Anhörung ist nicht erfolgt**!

Die Leistungen des SV S_1 umfassen neben seiner Aufgabe als sachverständiger Zeuge in der HV:

22seitiges Gutachten vom 25.02.2016. Im Zusammenhang damit hat er

1) seine Hauptgeschäftsstelle[   ]aufgesucht um die Falldatei auswerten zu können,

2) ergänzend für den Anhang: 7 Fotos der Messstelle erstellt,
                              11 Dokumente kopiert und
                                 das Beweisfoto ausgewertet sowie

3) einen Ortstermin an der Messstelle anberaumt. Bei diesem hat er

   die Gerätekombination der Messeinrichtung durch den Ordnungsamt-Techniker X_5 ein- und ausbauen lassen, diese durch 12 Fotos dokumentiert (lt. Rechnung), zwei Messungen auslösen lassen, den öffentlichen Schlüssel des Messgerätes vom [   ]-Servicetechniker Z_1 auslesen lassen[57] und eine CD mit den Falldateien gebrannt und mir übergeben.

   Sein zeitlicher Aufwand (Anwesenheit von ca. 10:50 Uhr – 11:15 Uhr):
12 Fotos	ca. 3 Min.
2 Testmessungen (nur Absprache)	ca. 2 Min.
1 CD brennen und an mich übergeben	ca. <u>1 Min.</u>
Summe:	ca. <u>6 Min.</u>

   Der Rest war Wartezeit, überbrückt mit Smalltalk zur Sache.

   Die Rechnungen belegen, dass Servicetechniker Z_1 vom SV S_1 mit Arbeiten während des Ortstermins beauftragt wurde — deklariert als ,**Reparaturarbeiten**'. Dies werten wir als **erneuten Nachweis der Befangenheit** des SV S_1, denn er musste aufgrund seines intensiven Studiums der Gerichtsakte (1:30 h + 2:00 h lt. ausgewiesenem Arbeitsaufwand seiner beiden Rechnungen) wissen, dass wir die Manipulation von mehreren Messwerten bewiesen hatten. Damit hatten wir möglicherweise auch den Gerätehersteller [   ] des Betrugs ver- dächtigt. In der Gerichtsverhandlung hat meine Verteidigung in diesem Zusam- menhang auch von dem Verdacht der in die Messeinrichtung implementierten **Eichmoduserkennung** gesprochen.

---

57 Der Gerätehersteller [   ] erklärt in einer Stellungnahme vom 24.05.2017, dass **sowohl der Anwender als auch der Sachverständige** die Möglichkeit hätten, den öffentlichen Schlüssel herunterzuladen. Die Be- auftragung des Servicetechnikers war also **unnötig kostentreibend**.

Anforderung der Belege

Die StA ▉▉▉▉▉ hatte sich geweigert, die angeforderten Rechnungen vorzulegen — fast drei Wochen lang **mit widersprüchlichen Vertröstungen**!

29.03.2017 Eingang der 2. Rechnung

> Noch am gleichen Tag haben wir bei der Rechnungsstelle der Staatsanwaltschaft ▉▉▉▉▉ tel. Auskunft bzgl. der SV-Vergütungen erbeten. Informationen zur 2. SV-Rechnung wären jedoch nicht möglich, hieß es, weil sich die Akte bereits im Keller befinden würde und ‚diese Rechnung nicht im System eingegeben' sei.

> Daraufhin haben wir um Vorlage beider SV-Rechnungen gebeten. Dies wurde abgelehnt, die Vorlage müsse von meinem Anwalt angefordert werden (eine **unrechtmäßige Forderung**, denn das **IFG** hat keine solche Hürden aufgestellt!).

> Wir haben deshalb einen **Sperrvermerk** für die Rechnung vom 27.03.2017 eintragen lassen.

31.03.2017 Vorlage beider Rechnungen von meinem Anwalt per Fax erbeten.

10.04.2017 Entschuldigung nach tel. Nachfrage: „Das Fax ist nicht eingegangen". Dementgegen wird im Schr. vom 18.04.2017 auf das Fax meines Anwalts vom 31.03.2017 Bezug genommen. Die Entschuldigung war also offenkundig **wahrheitswidrig**.

> Erneutes Fax zusätzlich mit Nachweis durch **angehängtes Fax-Protokoll**, dass das 1. Fax ordnungsgemäß versandt und empfangen wurde!!! Entschuldigung nach tel. Nachfrage: „Die **Akte befindet sich im Keller**."

12.04.2017 Entschuldigung nach tel. Nachfrage: „Die **Akte liegt jetzt vor und muss geprüft**[?] werden".

13.04.2017 Entschuldigung nach tel. Nachfrage (ca. 9 Uhr): „Die **Akte befindet sich im Keller**[???]." Justizangestellte J_6 will sich darum kümmern. Der Anwalt soll sie nach 11 Uhr anrufen.

> Mittags tel. Nachfrage. StA J_3 ist etwas ungehalten (einzige Information zu diesem Gespräch von meinem Anwalt).

> Nachmittags liegen die Rechnungen aber immer noch nicht vor. Wir erklären unserem Anwalt, dass wir diese selbst bei der StA ▉▉▉▉▉ abholen werden und bitten um Ausstellung einer Vollmacht.

18.04.2017 Entschuldigung der Sachbearbeiterin nach tel. Nachfrage um 9:15 Uhr: „Die **Akte ist nicht auffindbar**!" Verweis an den zuständigen StA J_3. Eine halbe Stunde lang vergebliche Versuche, diesen zu erreichen. Dann Auskunft von seinem Stellvertreter OSA J_4: ‚OSA J_3 ist im Urlaub'.[58]

> Dienstaufsichtsbeschwerde wegen Verschleppung der Vorlage der Belege.

19.04.2017 Die Rechnungen wurden per E-Mail vorgelegt, es fehlen jedoch drei Seiten. Der angegebene zeitliche Aufwand in der Rechnung vom 27.03.2017 — er kann sich ja eigentlich nur auf den Ortstermin beziehen — erscheinen uns **utopisch**, insbesondere unter Berücksichtigung des bereits abgerechneten zeitlichen Auwands in der Rechnung vom 02.01.2017.

04.07.2017 Beschwerde abgelehnt, keine ‚bewusst zögerliche Sachbehandlung' erkennbar.

---

58 Wie uns im Sept. 2017 zufällig zu Ohren kam ist OSA J_4 ersatzlos ausgeschieden. Im Zusammenhang mit meinem Fall hatte OSA J_4 die Herausgabe von Abrechnungsbelegen behindert und die Ermittlungen gegen alle Verfahrensbeteiligte lt. Schr. vom 31.05.2017 eingestellt, Begründung ↗7.2.2 *Gerichtsrechnungen*, ↘8.3.4.2 *Anforderung der SV-Rechnungen*.

Prüfung der Rechnungen

Durch die Rechnungen haben wir mehrere **strafwürdige Tatbestände** erkannt.

1) Die Sachverständigenvergütung (☞ Anlage 1) setzt sich zusammen aus:
Vergütung für den SV S_1, Bl. 115f, 26.02.2016:   1.596,74 €
Sachverständigenvergütung für ▮▮▮▮▮▮▮▮-Mitarbeiter Z_2, der jedoch nur als **Zeuge** geladen war und nicht als SV(!), Anweisung erfolgt durch handschriftlichen Vermerk von RichterIn J_1 (Bl. 319, geändert in Bl. 326, ☞ Anlage 4), hierzu Akte am 06.02.2017 von RichterIn J_1 zurückgefordert (Bl. 333).
Bl. ursprünglich 320, geändert in Bl. 327, 19.04.2017, erledigt als Bl. 314:   1.071,70 €

Die Zeugen-Rechnung enthält folgende Angaben:

Antritt der Reise	06:30 Uhr
Beendigung der Reise	15:00 Uhr
Aufwand	11:30 h
Richtig	08:30 h

2) Die Pos. Sachverständigenvergütung in Anlage 2 ist ausgewiesen als Vergütung für den SV S_1. Anweisung durch handschriftlichen Vermerk von RichterIn J_1 vom 14.03., Bl. 339. Darin enthalten ist eine **Reparatur am Ortstermin** (☞ Anlage 5) durch den vom SV S_1 beauftragten ▮▮▮▮▮▮-Servicetechniker Z_1, Bl. 342, 24.10.2016:   **511,50 €**

Wir waren während der gesamten Zeit anwesend, in der beim Ortstermin Ordnungsamt-Techniker X_5 und SV S_1 am Messort zugegen waren. Servicetechniker Z_1 hat in dieser Zeit keine Reparaturen ausgeführt.[59] Seine einzige Tätigkeit bestand darin, die Falldateien samt öffentlichen Schlüssel aus dem Messgerät herunterzuladen und dem SV S_1 auf einer Speicherkarte zu übergeben.

Das Auslesen des öffentlichen Schlüssels ist allein Aufgabe des Sachverständigen, falls erforderlich mit Unterstützung des anwesenden Ordnungsamt-Technikers X_5. Wenn er dazu nicht in der Lage ist, hätte er dies dem Gericht mitteilen und die Aufgabe ablehnen müssen. Mit seiner Vorgehensweise hat er Sachverständigenvergütungen in Höhe von fast **9.000 €** verursacht — **unverantwortlich bei einem 70-€-Bußgeldverfahren.**[60]

Auffällig ist, dass die Fremdrechnung, die der SV S_1 in seiner Rechnung aufführt, dem Gericht erst am 23.03.2017, und zwar **vom Gerätehersteller** ▮▮▮▮▮▮▮ **vorgelegt** wurde und nicht aus seinen eigenen Unterlagen! Wir haben deshalb Zweifel, dass am 07.12.2016 (= Rechnungsdatum) beim SV S_1 eine abrechnungsfähige Fremdrechnung des Geräteherstellers ▮▮▮▮▮▮▮ der Leistung seines Servicetechnikers Z_1 vorgelegen hat. Wir vermuten deshalb **Abrechnungsbetrug.**

3) Die Ergebnisse des Ortstermins hat der SV S_1 — trotz seines gigantischen Vorbereitungsaufwandes (siehe 4)— nicht schriftlich festgehalten, wie er vor Gericht auf meine diesbezügliche Frage erklärt hat. Das war eine **Falschaussage in der HV**, denn er hat lt. Rechnung Bl. 334f folgende Arbeiten getätigt:

1.	Computergestützte Bildauswertung	3:00 h
2.	Auswertung von Messergebnissen	1:00 h
3.	Grafische Darstellungen	0:30 h
4.	Ausarbeitung	5:00 h
5.	12 Digitalfotos erstellt	
6.	10 CDs für Gutachten Verkehrsüberwachung erstellt	

SV S_1 hat sich bei seiner Argumentation vor Gericht — unausgesprochen — auch auf seine Erkenntnisse vom Ortstermin gestützt. Trotzdem hat er meinem Anwalt keines der genannten sechs Beweismittel ausgehändigt. Ich habe vor Ort lediglich eine CD mit den sechs Falldateien der vier Kalibrierungen und der beiden Messungen erhalten. Welche Schlüsse er

---

59 Der Gerätehersteller ▮▮▮▮▮▮▮ hat dies mit Schr. vom 24.05.2017 bestätigt.
60 Hinweise zur Gesetzeslage ☞ *Die Fakten zur Abrechnung*: 27.03.2017, A und B.

*tatsächlich gezogen hat und auf welcher Grundlage, ist mir verborgen geblieben.[61] Ich werte diese Vorgehensweise als **Beweismittelunterschlagung** und somit als Verstoß gegen die Verfahrensordnung.*

4) *In Anlage 2 werden utopische Vorbereitungszeiten für die beiden Testmessungen des Orts-termins in Rechnung gestellt:*

Fachgespräch zur Problemlage des Auftrags	3:30 h
Ferngespräche	2:30 h
Literatur-/Datenrecherche	4:30 h
Untersuchungen	3:30 h
Anwendung von Computerprogrammen	3:00 h
Summe:	**17:00 h**

*SV S_1 hat sich also — quasi in einem **Zweimonatskurs** mit 2 Stunden/Woche — fit gemacht für die beiden Testmessungen. Dazu muss man kein Sachverständiger sein! Er war am Orts-termin sogar weitgehend unbeteiligt.[62]*

Nach seiner Aussage war der Ortstermin seine eigene Entscheidung, die er mit dem Auftrag für das bereits erstellte Gutachten begründete. Dass er nun 17 h für erforderlich hielt sich sachkundig zu machen, obwohl sein Gutachten bereits fertiggestellt ist, lässt wohl nur den Schluss zu: Entwarder es gab einen **neuen Untersuchungsauftrag** *(**mündlich** erteilt am 30.08.2016?, $\mathscr{D}$Bl. 334, $\mathscr{D}$Bl. 339, $\mathscr{D}$Bl. 340) oder diese 17 h sind* **unbegründet abgerechnet** *worden.*

*Den SV die Gerichtsakte persönlich abholen zu lassen verursachte bei einem Stundensatz von 85 €/h Kosten in Höhe von 170 €. Das ist — unabhängig davon, wie die Entscheidung in der späteren HV ausfällt — **unverantwortlich kostentreibend.** Die⬛ begründet diese Entscheidung mit Schr. vom 28.12.2016, Bl. 340, so: „Dieses Vorgehen war aufgrund der komplizierten und zeitlich relevanten Sachlage am effektivsten." Diese Einschätzung bedeu-tet zugleich: Wir haben es nicht mit einem **standardisierten Messverfahren** zu tun.[63]*

5) *Ebenfalls unverständlich ist die Angabe Leistungsdatum/-ort: 30.11.2016⬛. Welche Leistungen wurden denn in den sechs Tagen **nach** der HV in der ⬛-Geschäftsstelle erbracht?*

25.04.2017 Erinnerung (= Einspruch gegen die SV-Vergütungen)

24.05.2017 Erinnerung zurückgewiesen durch RichterIn J_1 **in eigener Sache!**
,Reparatur'-Rechnung wird umdeklariert zu einer ,Serviceleistung'.[64] Mein Vorwurf der Beweismittelunterschlagung wird ignoriert. Das beigefügte Schr. des Geräteher-stellers vom 24.05.2017 enthält den Hinweis, dass der Einsatz seines Servicetech-nikers nicht erforderlich gewesen wäre. Auch dieser wird ignoriert.

30.05.2017 Ergänzung: RichterIn J_1 deklariert die nicht belegten **3 h nachträglich als Vorberei-tungszeit.**[65] Der vom Zeugen Z_2 vorgelegte amtliche Beleg für die Auszahlung von Zeugenentschädigung enthält jedoch keinen Hinweis auf eine ,Vorbereitungszeit'.

13.06.2017 Einspruch gegen Zurückweisung der Erinnerung.

---

61 Der *Qualitätszirkel Sachverständigenwesen NRW* empfiehlt in *Neugestaltung der gerichtlichen Vordrucke mit Bezug zum Sachverständigenbeweis* vom 01.11.2015 bei mündlichen Gutachten eine kurze schriftliche Zu-sammenfassung ($\mathscr{D}$S. 10: IV Beweisbeschluss). Weiterhin empfiehlt er, die Grundlagen des mündlichen Gut-achtens schriftlich abzufassen ($\mathscr{D}$S. 11: Bsp.: Vordruck „Beweisbeschluss mit Termin"). Dies nicht ohne Grund. Weil sich beim Ortstermin die von mir vermutete **Eichmoduserkennung der Messeinrichtung bestätigte**, hat der SV S_1 jede Niederschrift vermieden. Meinen entprechenden Hinweis in der HV hat er **ignoriert**. Im Gerichtsprotokoll wird dieser **nicht erwähnt**.

62 Aufschlüsselung seines Aufwandes $\mathscr{D}$*Die Fakten zur Abrechnung*: 27.03.2017, 3).

63 Aus diesem Grund hätte RichterIn J_1 das Urteil ausführlich schriftlich begründen müssen.

64 SV S_1 sagte vor der StA⬛ aus, dass Servicetechniker Z_1 an Tests beteiligt gewesen wäre. Dies ist eine von **mehreren Falschaussagen**, denen ich bei der StA schriftlich widersprochen habe.

65 Wäre ich ⬛-Mitarbeiter, dann hätte ich **drei Minuten** für diese Information benötigt, indem ich mir die Metadaten der letzten Testmessung des Gerätes angesehen hätte, das für die Bauartzulassung vorgestellt wurde. Nun, wenn man nichts mit diesen Geräten zu tun hat, dann erkennt man solche eine Möglichkeit natür-lich eher.

Existenz eines Gerätezwillings mit gleicher Seriennummer

Wir haben fünf(!) Indizien entdeckt, dass das Gerät des Ortstermins **nicht identisch** *ist mit dem Gerät, das bei der mich betreffenden Messung eingesetzt war:*

1. *Der korrekte* **Messstellen-Code** *ist* **210** *001.*
   Vom Ortstermin-Gerät wurde der Messstellen-Code **320** *001 ausgegeben.*

   Offensichtlich wurde vergessen, vor Messbeginn den korrekten Code einzugeben. Die ersten drei Ziffern stehen für unterschiedliche Messstellenbetreiber. Daraus schließen wir, dass das Ortstermin-Gerät zuletzt bei einem anderen Betreiber eingesetzt war, also kein Gerät des Kreises ▢ sein kann. Mit Schr. vom 09.03.2017 habe ich dem SV S_1 u. a. diesen nicht plausiblen Code mitgeteilt. In seiner Antwort erklärte er, dass er sich hierzu nicht äußern werde.

2. *Die* **Beweisfoto-Nr.** *ist in den Metadaten der Falldatei angegeben mit*
   IMG_FILE=6278110**000100**_046.sbf *bei der mich betreffenden Messung.*
   IMG_FILE=6278110**000042**_004.sbf *beim Ortstermin.*

   Darin ist 0000100 die Film-Nr. am 01.03.2015
   0000042 die Film-Nr. am 29.09.2016, also 1½ Jahre später.

   Eine niedrigere Film-Nr. zu späterem Zeitpunkt ist nicht plausibel, hier auch dann nicht, wenn z. B. am Jahresanfang stets auf Nr. 1 zurückgestellt würde.

3. *Das Typenschild der Ortstermin-Dokumentationseinheit zeigte den Gerätetyp* **M1.4**. *In den Metadaten der Falldateien steht dagegen CAM_SYSN=***M1.3**. *M1.3 steht für die Kameraauflösung 1,3 Megapixel. Der Hersteller ▢ bietet beide Auflösungsvarianten an.*

4. *Auffällig war auch, dass das Gerät nach Beendigung des Tests wieder ausgebaut wurde. Ökonomischer wäre es doch gewesen, das Gerät für die nächste Messreihe eingebaut zu lassen. Wir vermuten deshalb: Das Ortstermin-Gerät* **gehört dem Hersteller ▢**.

5. *Auf dem Ortstermin-Gerät waren Eichsiegel von* **5-2011** *geklebt (durch eigene Fotos dokumentiert). Der uns vom Ordnungsamt übergebene öffentliche Schlüssel stammt jedoch von* **2009** *(Baujahr des Gerätes lt. Eichprotokoll). Wenn die Gerätekombination später geändert wurde (also Eichsiegel gebrochen werden mussten), dann musste der öffentliche Schlüssel des Gerätes bei der nachfolgenden Eichung im Eichamt neu registriert werden. Das Datum des Eichsiegels und das Datum des öffentlichen Schlüssels sind insofern* **widersprüchlich**.[66]

*Eine Möglichkeit, die Existenz eines '***Messgerätezwillings***' mit gleicher Seriennummer* **593-031/60630** *mit minimalem Aufwand (ca. 5 Minuten) zweifelsfrei zu beweisen, habe ich der Staatsanwaltschaft ▢ mitgeteilt.*

---

[66] Dass das Ortstermin-Messgerät mit dem bei der Messung benutzten Gerät identisch wäre, können wir nur aus der Seriennummer des Typenschildes ableiten. Die befremdende und **mit EU-Recht unvereinbare Eichpraxis** (Eichung beim Gerätehersteller) ist nicht geeignet, Fälschungen von Geräteidentitäten zweifelsfrei auszuschließen. Unter den gegebenen Umständen könnte der '*Eichunterstützer*' unbemerkt eine falsche Seriennummern auf ein Gerät kleben und Eichsiegel '*erneuern*'.

Prüfung der Falldatei-CD des Ortstermins

Befremdend war für uns, dass nicht der Ordnungsamt-Techniker X_5 den Schlüssel ausgelesen hat, sondern der Servicetechniker Z_1 des Geräteherstellers ░░░░░░.[67] Deshalb glauben wir, dass Z_1 das Auslesen des öffentlichen Schlüssels vorgetäuscht und einen ‚üblicherweise' nach Manipulationen benutzten **Schlüssel untergeschoben** hat. Dies erforderte natürlich auch Neuverschlüsselung der Falldateien, damit die Täuschung nicht auffällt,[68] denn er musste damit rechnen, dass wir dies prüfen. Und das haben wir tatsächlich auch getan. Die Möglichkeit zur Neuverschlüsselung bestand, weil Z_1 zum Auslesen der Daten seinen Laptop benutzt hat.

Verdächtig erschien uns, dass dies statt weniger Sekunden deutlich mehr als eine Minute dauerte! Vertrauenswürdiger wäre es ohnehin gewesen, wenn die Falldateien dem Gerät — wie sonst üblich — mit der Speicherkarte entnommen worden wären.

Noch vor Ort haben wir den SV S_1 auf die **Manipulationsmöglichkeit** hingewiesen. Die Beweismittelunterschlagung (siehe Prüfung der Rechnungen, Nr. 3) und gleichzeitige Beweismittelabrechnung (Anlage 2) lässt für uns den Schluss zu, dass er den Betrug auch selbst erkannt oder gar mit vorbereitet hat. Auf das zugesagte (von wem auch immer) exorbitante Honorar für sein (‚Gefälligkeits'-?)Gutachen wollte er aber wohl nicht verzichten.

Forensische Prüfung der Falldatei-CD

Die Prüfung der CD mit den Falldateien und dem öffentlichen Schlüssel, die meinem Anwalt am 26.05.2016 zugeschickt wurde, mithilfe forensischer Software hat ergeben:

1) Die CD wurde mit ‚Starburn' gebrannt. ‚Starburn' war zu keinem Zeitpunkt auf einem Computer beim Kreis ░░░░ installiert. Das bedeutet: Die CD wurde nicht beim Kreis ░░░░ gebrannt, sondern vermutlich bei dem Dienstleister, der — wider aller Beteuerungen vor Gericht — die Auswertung vornimmt. Der zuständige Datenschutzbeauftragte des Kreises ░░░░ war nicht in der Lage zu klären, wer die CD gebrannt hat. Gesichert ist damit aber: Die CD wurde von jemand gebrannt, der **nicht im Besitz der Daten hätte sein dürfen**!

2) Die CD enthält den öffentlichen Schlüssel ggEgjjkFiikm.pk. Sie enthielt aber zunächst den unter MS-DOS-Einschränkungen (nur Großbuchstaben, max. acht Zeichen) erstellten Schlüssel GGEGJJKF.PK, der später gelöscht wurde und vermutlich der tatsächliche öffentliche Schlüssel des Messgerätes ist.

Unsere Bitte, damit man uns nicht mit dem Regime ‚Erdoğan' in einen Topf wirft

Bitte veranlassen Sie die Prüfung dieser haarsträubenden Vorgänge, die in vielerlei Hinsicht **eines Rechtsstaates unwürdig** sind, soweit diese Ihre Kompetenz berühren. Die StA░░░░ sah auch nach unseren jüngsten Erkenntnissen keinen Handlungsbedarf.

Hochachtungsvoll
[Unterschrift Lothar Selle]
Bad Berleburg, [Datum]

Anlagen: 1) 1. Gerichtsrechnung vom 02.01.2017
2) 2. Gerichtsrechnung vom 27.03.2017
3) 2. SV-Rechnung vom 07.12.2016 [Dok. 10]
4) Beleg für Zeugenentschädigung ░░░░-Mitarbeiter Z_2 [Dok. 8]
5) ░░░░-Rechnung zum Ortstermin ‚Reparatur am 29.09.2016' [Dok. 9]

---

67 Der Gerätehersteller ░░░░ erklärt in der erwähnten Stellungnahme vom 24.05.2017, dass **der Anwender** die Möglichkeit hätte, den öffentlichen Schlüssel herunterzuladen. Für die Beauftragung des Servicetechnikers haben wir die im folgenden gegebene Deutung.
68 ↻5.5 Ortstermin.

3 KREISVERWALTUNG

3.1 Kreisdirektor

(1) Mit Schr. vom 25.11.2015 bat ich u. a. um **Einblick in den Vertrag mit dem Dienstleister**, weil wir vermuten, dass darin eine Beteiligung an der Bußgeldhöhe enthalten ist.

Am 03.12.2015 rief mich MdKrV X_6 dreimal an um mich davon zu überzeugen, dass die Zusammenarbeit mit dem Dienstleister gesetzeskonform wäre. Diese Gespräche dauerten insgesamt eine knappe dreiviertel Stunde.

Mit Datum 14.12.2015 antwortete der Kreisdirektor. Er verzichtete auf eine schriftliche Stellungnahme zu meinen Fragen bezüglich des Ordnungswidrigkeitenverfahrens und vertrat die irrige Meinung, dass diese in den Telefonaten mit X_6 geklärt worden seien.

Meinen Wunsch auf Einblick in die Verträge mit dem Dienstleister lehnte er ab. Er erklärte diese für **geheim.**

(2) Mit Schr. vom 09.09.2016 (per Einschreiben mit Rückschein!) hielt ich dem Kreisdirektor vor, dass die Ausschreibung der Scandienste öffentlich sein muss. Daraus entstehende Verträge dann zur Geheimsache zu erklären macht die **öffentliche Ausschreibung zur Farce**, weil dies Absprachen mit einem Wunschanbieter ermöglicht.

Weiterhin hielt ich ihm eine **falsche öffentliche Dokumentation der Anzahl der stationären Geschwindigkeitsmesseinrichtungen** vor, nämlich drei Geräte für stationären Einsatz plus eines für mobilen Einsatz, und bat um Berichtigung.[69]

Mit Schr. vom **07.12.2016** erklärte der Kreisdirektor wörtlich: *„Da es mittlerweile zu einer gerichtlichen Klärung gekommen ist, sehe ich die Angelegenheit als erledigt an. In der Sache verweise ich auf die Ausführungen meiner Mitarbeiterin und der Sachverständigen in der Gerichtsverhandlung vor dem Amtsgericht [...].“*

MdKrV X_6 hat die Hauptverhandlung am 24.11.2016 beim AG ▭ als Besucher und auch als nichtgeladener Zeuge verfolgt und weiß also, dass das **Gericht die Beantwortung meiner Frage nach der Anzahl der vom Kreis eingesetzten Geschwindigkeitsmesseinrichtungen nicht zugelassen** hat. Der Kreisdirektor beruft sich aber auf die HV. Er hat also nach seiner eigenen Einschätzung umfassende Kenntnis hierzu. Deshalb beruft er sich **wider besseren Wissens** auf eine angeblich erfolgte Klärung![70]

Er ignoriert unbeirrt seine **Pflicht zur lückenlosen Offenlegung des Haushalts und seiner Grundlagen.**[71] Warum? Für die tatsächlich eingesetzten Messeinrichtungen **fehlt das technische und verwaltungstechnische Personal** um diese Geräte verantwortungsvoll zu betreuen und ihre Messwerte im Ordnungsamt auszuwerten, wie dies wiederholt und sogar auch von MdKrV X_4 und X_6 in ihren Zeugenaussagen erklärt wurde.

---

69 Die Anzahl der tatsächlich vom Kreis betriebenen Geschwindigkeitsmesseinrichtungen (belegt durch Fotos, ⌀ 5.6 *Eingesetzte Messeinrichtungen*) lässt den Schluss zu, dass die hoheitsrechtliche Aufgabe ‚*Messreihenauswertung*‘ von den Technikern des Kreises nur durch Delegation an private Dienstleister bewältigt werden kann. ⌀ 8.1 *Zeugenaussagen,* Zeuge X_6, Widersprüche 1) – 3).
70 ⌀ 8.3.1 *Führung der Hauptverhandlung.*
71 Gesetz zur Neuregelung des gesetzlichen Messwesens vom 25. Juli 2013, Artikel 1: (MessEG), § 41: Verordnungsermächtigung, 3a): [...] *Anzeigepflichten des Verwenders eines öffentlichen Messgerätes.* Weisung des Innenministers NRW zur Veröffentlichung aller Messstellen.

3.2 Scandienst Oldenburg/Hamburg

Dok. 5: Empfänger anonym

Den ✑ Anhörungsbogen zum Tatvorwurf erhielt ich von

Kreis ▭, Scandienstleistungen 66, **Postf. 6109, 26061 Oldenburg,**

und zwar mit **Briefkopf vom Kreis.** Der Rücklauf war auch dorthin erbeten worden. Das war für mich äußerst dubios. Deshalb schickte ich den Anhörungsbogen **per Einschreiben mit Rückschein** zum Postfach 6109 in Oldenburg und erklärte zum Tatvorwurf, dass ich mich in der Gerichtsverhandlung, die in dieser Angelegenheit zu führen sein wird, äußern werde. Den Rückschein erhielt ich **ohne die vorgeschriebene Druckschrift-Namensangabe** (✑ Dok. 5, Pfeil).

Im Juni 2015 hatte ich dann erstmalig einen spektakulären Prozess angekündigt.

Am 03.12.2015 teilte mir der Sachgebietsleiter des Ordnungsamtes X_6 telefonisch mit, dass dieser Dienstleister nicht mehr existiert. Hat da jemand kalte Füße bekommen[72]?

Aktuelle Anschrift:**Kreis** ▭, c/o Scandienstleistungen 66, **Postf. 80 10 19, 21010 Hamburg.**

Dort bestätigte im März 2017 eine Mitarbeiterin des Scandienstleisters auf einem Rückschein den Eingang eines Schreibens in einem anderen Bußgeldverfahren, in dem ich dem Betroffenen empfohlen hatte, eine ladungsfähige Adresse des Empfängers anzufordern. Ergebnis:

1) Die Antwort kam vom Sachgebietsleiter der Kreisverwaltung. Er lehnt die Herausgabe ab, weil

   – die Post über mich lief und

   – der/die zuständige MdKrV X_1 im Briefkopf genannt wäre.

   Was kann denn diese/r MdKrV über die Vorgänge in dem hunderte km entfernten Hamburg aussagen? Natürlich geht es um die ladungsfähige Anschrift der Person, die vor Gericht etwas zu den Vorgängen in Hamburg aussagen kann.

   Die Anonymisierung der tatsächlich verantwortlich Handelnden widerspricht rechtsstaatlichem Transparenzgrundsatz. Schließlich geht es hier nicht um Staatsgeheimnisse — **oder doch?**

2) Die betreffende Mitarbeiterin des Scandienstleisters ist natürlich keine MdKrV, das haben wir geprüft. Wenn trotzdem der Briefkopf des Kreises benutzt wird, ist das eine **Täuschung der Betroffenen.**

3) Das Postf. 80 10 19 in Hamburg ist nicht von der Post vergeben, sondern von einem privaten Dienstleister!

Wenn ein Dienstleister — mit Wissen des Kreises — als Adresse **Kreis** ▭ angibt, ohne dass unter dieser Adresse auch nur ein einziger Mitarbeiter des Kreises beschäftigt ist (davon kann man wohl ausgehen)

und die **Identifizierung des Sachbearbeiters des Dienstleisters verhindert** wird,

dann passt diese Verschleierung perfekt zu unseren Erkenntnissen, dass dem **Dienstleister hoheitsrechtliche Aufgaben in unzulässigem Umfang übertragen wurden.**

---

72 In einem Schr. an den Kreisdirektor erklärte ich am 25.11.2015, dass mir vier starke Indizien für Beweismittelfälschung vorliegen.

3.3   Ordnungsamt

3.3.1   Besuch beim Ordnungsamt

Unsere erste Aktion war der Besuch der Bußgeldstelle des Ordnungsamtes des Kreises ☐ mit dem Ziel, die **beiden Originale des abgebildeten Beweisfotos einzusehen** um vielleicht Anhaltspunkte dafür zu finden, dass die im Messbalken doppelt eingeblendete Geschwindigkeit 94 $^{km}/_h$ manipuliert wurde.[73]

Ich vereinbarte am 23.03.2015 mit MdKrV X_1 einen Termin für den Nachmittag. MdKrV X_1 war bei meinem Besuch in Begleitung meines ältesten Sohnes nicht anwesend. Deshalb zeigte uns MdKrV X_2 am Computer das uns bereits bekannte bearbeitete Beweisfoto mit abgedecktem Beifahrer (☞ Abb. 1). Wir wiederholten unseren Wunsch, die **beiden Originale** einzusehen, **das über- und das unterbelichtete**. X_2 verwies uns deshalb an MdKrV X_3. Wir müssten uns nur ein paar Minuten gedulden, damit dieser die Originale heraussuchen kann. Schließlich bat uns X_3 zu sich. Wir wiederholten auch ihm gegenüber unseren unmissverständlich formulierten Wunsch. Er zeigte uns ein Beweisfoto.

Abb. 1:   Vorgelegtes Beweisfoto

---

[73] Tatsächlich bin ich ziemlich genau 5 km/h langsamer gewesen. Nach Einschätzung des Gesetzgebers ist der Messfehler in diesem Geschwindigkeitsbereich kleiner als 3 km/h und ohne außergewöhnliche störende Einflüsse wird diese Toleranz sicherlich eingehalten, denn beim Eichen werden im Geschwindigkeitsbereich bis 150 km/h nur Abweichungen bis ±1 km/h akzeptiert.

Die **94 $^{km}/_h$** stimmten, es war aber nicht mein Auto. Er zeigte uns das nächste Beweisfoto, wieder **94 $^{km}/_h$**, aber nicht mein Auto, das dritte mit **94 $^{km}/_h$**, ...

Wir machten darauf aufmerksam, dass dies ein Verstoß gegen den Datenschutz ist und einigten uns darauf, den Raum zu verlassen bis er mein Beweisfoto gefunden hat.

Was er uns dann zeigen konnte, war aber wiederum nur das bearbeitete Beweisfoto im jpg-Format. Wir wiederholten abermals unseren Wunsch, die beiden Originale einzusehen, das über- und das unterbelichtete. Er sagte, so etwas gäbe es nicht, es gäbe nur dieses Beweisfoto, das er uns gezeigt hat.

Er hatte meine Beweisfoto-Originale also noch nie gesehen und ihm war nicht bewusst, dass die Beifahrerabdeckung nicht von der Messeinrichtung eingeblendet werden kann. Dies lässt den weiteren Schluss zu, dass X_3 noch nie mit der Auswertesoftware gearbeitet hat, denn für diese ist von der PTB vorgeschrieben: *„Anzeige des unveränderten Bildes und der weiteren Daten der Falldatei.“*

X_3 war offensichtlich beeindruckt von der Sachkenntnis meines Sohnes und fragte beiläufig, **ob er Messstellenbetreiber sei**. Er erklärte uns den technischen und bürokratischen Ablauf sinngemäß so:

Er entnimmt die Daten dem Messgerät auf einer Speicherkarte und leitet sie zum Scandienstleister. Dieser prüft die Daten, macht die Halterfeststellung, verschickt die Anhörungsbogen, bearbeitet deren Rücklauf, verschickt die Bußgeldbescheide und schickt eine CD mit den Daten [Falldateien?] *zurück zum Ordnungsamt, das dann das Weitere übernimmt.*

3.3.2 Kritik am Ordnungsamt

Was uns bereits bekannt war und durch unseren Besuch eindrucksvoll bestätigt wurde: **Die Auswertung liegt weitgehend in der Hand des privaten Dienstleisters**.[74] Das ist rechtswidrig:

1) Verstoß gegen den Datenschutz

2) Übertragung hoheitlicher Aufgaben an private Dienstleister

Die Kreisverwaltung war nach unserer Überzeugung personell nicht in der Lage, fünf stationär eingesetzte Geschwindigkeitsmesseinrichtungen (oder mehr) plus ein mobiles Gerät technisch und verwaltungstechnisch verantwortungsvoll zu betreuen und die Messreihen selbst auszuwerten.[75]

Einen eindeutigen Beweis, dass die Auswertung nicht beim Kreis⬚erfolgt, lieferte eine spätere Untersuchung der Falldatei-CD mit forensischer Software: Die CD ist mit der Software ‚*Starburn*' gebrannt, die beim Kreis⬚nicht installiert ist! Der zuständige Datenschutzbeauftragte des Kreises⬚X_8 war nicht in der Lage zu klären, wer sie gebrannt hat,[76] weil die Verantwortlichen des Kreises hierzu die **Auskunft rechtswidrig verweigerten**.

---

74 Vor Gericht erklärten MdKrV X_4 und X_6 im Widerspruch dazu, die Auswertung der Messungen würde vollständig vom Ordnungsamt durchgeführt.

75 Aus diesem Grund war der Kreisdirektor auch nicht bereit mein Auskunftsersuchen zu erfüllen und die 2015 falsch veröffentlichte Anzahl der vom Kreis eingesetzten Geschwindigkeitsmesseinrichtungen zu korrigieren. Dies verstößt gegen das **IFG** und das Gesetz zur Neuregelung des gesetzlichen Messwesens vom 25. Juli 2013, Artikel 1: (MessEG), §41: Verordnungsermächtigung, 3a): [...] **Anzeigepflichten** *des Verwenders eines öffentlichen Messgerätes.*
Aktuell wird die Anzahl der stationär eingesetzten Messgeräte nicht mehr veröffentlicht, lediglich eine Liste der Messstellen, wie mir vom Landratsamt des Kreises⬚mit Schr. vom 31.05.2017 mitgeteilt wurde. Grund: Den Verantwortlichen ist wohl bewusst, dass die große Anzahl der Messgeräte ein Beweis dafür ist, dass der Kreis die Messreihen mit dem ihm zur Verfügung stehenden Personal nicht verantwortungsvoll auswerten kann, dass diese hoheitliche Aufgabe also in mehr oder minder großem Umfang an private Dienstleister delegiert werden muss, wie dies bereits durch die Aussage des Technikers X_3 belegt ist. $\searrow$8.1 *Zeugenaussagen:* Zeuge X_6, Widersprüche 1) – 3).

76 Kommen denn **mehr als ein Dienstleister** in Frage?

4 WEITERE BETEILIGTE

4.1 KDVZ[77]

Die Citkomm, das sind der Zweckverband **KDVZ Citkomm** *und seine Tochtergesellschaft* **Citkomm services GmbH**.

Die Muttergesellschaft KDVZ Citkomm ist eine Körperschaft des öffentlichen Rechts in der Rechtsform eines Zweckverbandes. Sie wird von den drei Kreisen ▭*,* ▭ *und* ▭ *sowie von den 41 in diesen Kreisen liegenden Städten und Gemeinden getragen.*

Die Citkomm services GmbH ist eine 100%ige Tochter des Zweckverbandes KDVZ Citkomm. Sie wickelt die Geschäfte außerhalb des Zweckverbandes ab. Aus der Werbung:

Unser Shared Service sorgt für Flexibilität in Kommunen: Sie können uns die Aufgabengebiete **komplett übertragen** *und Ihre Ressourcen für die Bearbeitung Ihrer Kernaufgaben nutzen.*

4.2 Weiterer kommunaler Dienstleister

Ein weiterer kommunaler Dienstleister neben *Scandienstleistungen 66* in Oldenburg/Hamburg: **PDV-Systeme** GmbH, Erfurt.

Sein Angebot *eGovernment*: *VIS-Akte, VIS-Vorgangsbearbeitung, VIS-Poststelle, …*

Die *PDV-Systeme* ist nach eigenen Angaben Dienstleister des Kreises ▭.

4.3 Der Gerätehersteller

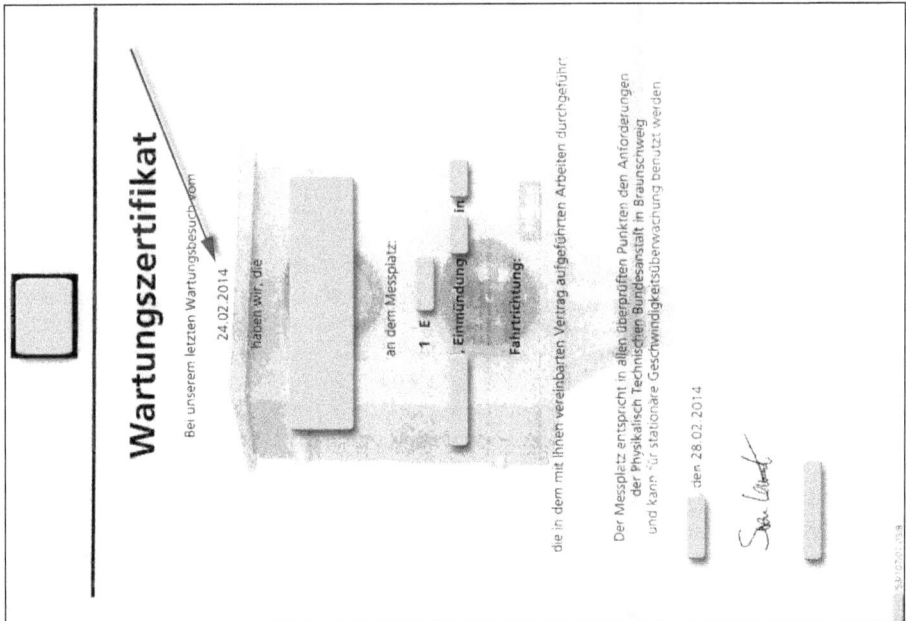

Dok. 6: Wartungszertifikat Sensoren

Diskrepanz zwischen Wartungstermin 24.02.2014 (☞Pfeil) und Wartungstermin 14.02.2014 in Abb. 6 (☞Pfeil)! Das Wartungszertifikat wurde nicht vom Wartungstechniker unterschrieben.

---

77 Alle *kursiv* gesetzten Erläuterungen sind Zitate der Webseite der *KDVZ Citkomm*.
Die Suche nach ‚**Scan 66**' oder ‚**Scandienstleistungen 66**' blieb auf der Webseite der *KDVZ* erfolglos.

4.4 Gutachter

4.4.1 Vom Gericht bestellter Sachverständiger

Das Gericht hat den ▨▨▨-SV S_1 mit einem Gutachten beauftragt. Ich habe das Gericht mit Schr. vom 10.08.2016 Zweifel an der Unbefangenheit des Gutachters begründet[78]:

1) **Geschäftsbeziehung** zwischen der ▨▨▨, für die der Gutachter tätig ist, und dem Gerätehersteller (ISO-9001:2008-Zertifikat des Verbandes am 27.08.2016 nachgereicht)

2) Die Echtheit des Beweisfotos hat der SV S_1 mit dem **Sicherheitsschloss** begründet, das von der Anzeigesoftware eingeblendet wird. Das ist **kein sachverständiges Urteil**, wie aus einer Stellungnahme der PTB zur *Manipulierbarkeit von signierten Falldateien* hervorgeht.

Man beachte:

– Abgerechnet wird in einem **70-€-Bußgeldverfahren** ein (hier Zahlwort ‚*1*‘!) schriftliches Gutachten und ein (‚*1*‘!) nicht schriftlich dokumentierter Ortstermin.

– **24.11.2016**: Termin der HV
  02.01.2017: 1. Gerichtsrechnung mit Sachverständigenvergütung[79]   2.668,44 €
  27.03.2017: 2. Gerichtsrechnung mit Sachverständigenvergütung (☞Dok. 10) <u>6.156,08 €</u>
           8.824,52 €

4.4.2 Eigene SV

4.4.2.1 Drei Gutachten

Wir haben auch einen eigenen Gutachter eingeschaltet. Zwei seiner Gutachten hat meine Versicherung bezahlt. Das dritte, ein ergänzendes Gutachten (teurer als die beiden vorherigen zusammen!) hat er **mir** mit 612,91 € in Rechnung gestellt.

Unsere Erkenntnisse zur falschen Selbstidentifikation des Messgerätes und den nicht plausiblen Häufungen von Messwerten an den Bußgeldgrenzen ließ er unbeachtet. Als wir ihm schließlich vorhielten, dass er bei der Prüfung der Authentizität der Falldatei eine **Diskrepanz zwischen den öffentlichen Schlüsseln** hätte feststellen müssen, hat er uns die Kosten von 612,91 € innerhalb von drei Stunden(!) erstattet.

4.4.2.2 Bemühung um neuen SV

Wegen unserer Erkenntnisse zu den Widersprüchen in den Metadaten der Falldatei und den nicht plausiblen Häufungen von Messwerten an den Bußgeldgrenzen hatten wir uns telefonisch mit einem weiteren Gutachter in Verbindung gesetzt. Dieser zeigte sich überrascht von unseren Beobachtungen und interessiert. Nach Zusendung aller Informationen erklärte er dann aber zu unserer Überraschung, er würde zum gleichen Ergebnis kommen wie die bisherigen Gutachten.

Wir deuten diesen Sinneswandel als die Erkenntnis seines Chefs, dass sein **Geschäftsfeld schmaler** wird, wenn es uns gelingen sollte, das Gericht davon zu überzeugen, dass Messwerte gewerbsmäßig manipuliert werden, denn die zwangsläufig <u>folgenden</u> Ermittlungen müssten deutschlandweit zur **Beschlagnahme tausender Messgeräte**▨▨▨ führen.

Die wiederholte Erfahrung, dass **Gutachter die eklatanten Widersprüche und Fehler beschönigen und Beweismittel kleinreden**, hat uns dazu bewegt auf ein Gegengutachten zu dem vom Gericht vorgelegten Gutachten zu verzichten. Wir waren in dem Glauben, dass unsere Beweismittel für deutsche Rechtsprechung zwingend genug sind — ein Irrglaube, wie wir in der Hauptverhandlung erkennen mussten.

---

78 Diese Zweifel bestätigten sich in der HV: SV S_1 nahm meine Bemerkung, dass beim Ortstermin 84 und 89 km/h gemessen wurden, also exakt zwei Bußgeldgrenzen, kommentarlos zur Kenntnis. Dass uns bei unserem Ordnungsamtbesuch dreimal nacheinander Fahrzeuge mit 94 km/h gezeigt wurden, hat er ebenfalls nicht gewürdigt. Die Peaks im Messprotokoll an den Bußgeldgrenzen, die Manipulationen an den Messwerten belegen, deutete er als **menschlichen Faktor, obwohl gerade dieser Peaks verhindert**.

79 Die Prüfung der beiden Sachverständigenvergütungen erforderte große Beharrlichkeit und sehr viel Aufwand. ☞*7.2.2 Gerichtsrechnungen.*

5   DIE MESSUNG
5.1   Anhörungsbogen

KREIS

Die Landrätin

Kreis ▨ c/o Scan 66 · Postfach 6109 · 26061 Oldenburg

DV 03 0,62 Deutsche Post ▨

*91510011*00056986*7867*0000126*1603*
Herrn
Lothar Erwin Rudolf Selle
Oberes Loh 28
57319 Bad Berleburg

Straßenwesen Verkehrsordnungswidrigkeiten

Gebäude	
Name	
Durchwahl	-2686
Zentrale	0
Telefax	-2490
Zimmer	1.035
Geschäftszeichen	66.02.0419
E-Mail	▨@kreis-▨.de
Internet	www.kreis-▨.de
	13.03.2015

Bei Schriftwechsel und Rückfragen bitte stets angeben:
Aktenzeichen   a2k/056858920-11
Antwort an: Kreis ▨ c/o Scandienstleistungen 66,
Postfach 6109, 26061 Oldenburg

Geburtsdatum: 04.10.1944

Anhörung zur Ordnungswidrigkeit

Sehr geehrter Herr Selle,

Ihnen wird zur Last gelegt, am 01.03.2015 um 10:29 Uhr in ▨ Einmündung ▨ FR
▨ als Führer und Halter des PKW mit dem Kennzeichen SI-SI605, Fabrikat TOYOTA EUROPE (, folgende
Ordnungswidrigkeit(en) begangen zu haben:

Ordnungswidrigkeit	Verletzte Vorschriften
Sie überschritten die zulässige Höchstgeschwindigkeit außerhalb geschlossener Ortschaften um 21 km/h. Zulässige Geschwindigkeit: 70 km/h. Festgestellte Geschwindigkeit (nach Toleranzabzug): 91 km/h.	§ 41 Abs. 1 iVm Anlage 2, § 49 StVO; § 24 StVG; 11.3.4 BKat

Beweismittel: Foto, Film-/Bildnummer 1500085/113.

Zeuge(n):   Kreis ▨ 21 Herr ▨

Mit freundlichen Grüßen
Im Auftrag

Kontoverbindungen

IBAN   DE▨
BIC   WELADEDISOS
Ust.-ID   DE▨

südwestfalen
ALLES ECHT!

Für sehbehinderte und blinde Menschen kann dieses
amtliche Schriftstück in barrierefreier Form zur Verfügung
gestellt werden. Wenden Sie sich bitte an den Absender.

Schreiben wird maschinell erstellt und ist ohne Unterschrift gültig.

Dok. 7:   Anhörungsbogen

5.2 Messstelle

Am 14.06.2015 haben wir die Messstelle 1 in Augenschein genommen und — im Rahmen unserer Möglichkeiten — sehr sorgfältig geprüft. Wir haben festgestellt, das vor kurzem neue Sensoren in der Fahrbahn verlegt wurden. Etwas problematisch erschien uns, dass die neuen Leitungskanäle mit den alten zusammengeführt wurden, die starke Risse aufweisen. Wir nahmen aber an, dass die Abdichtung gegen die alten Kanäle ausreichend sorgfältig erfolgt ist.

5.3 Messprotokoll

Archivname:1500085
Filmnummer:1500085
Tatort:
Messcode:210001
(Messstelle 1)

Bildnr	Auswerter	Tattag	Tatzeit	Tatbet	eG	gG	KZ	LG
0068	XS	25.02.15	11:09:02			0100		
0069	XS	25.02.15	11:09:09			0100		
0070	XS	25.02.15	11:09:24			0100		
0071	XS	25.02.15		1D	70	0087		
0072	XS	25.02.15		1D	70	0083		
0073	XS	25.02.15		1D	70	0081		
0074	XS	25.02.15		1D	70	0081		
0075	XS	25.02.15		1D	70	0090		
0076	XS	26.02.15		1D	70	0086		
0077	XS	26.02.15		1D	70	0087		
0078	XS	26.02.15		1D	70	0143	KRD	
0079	XS	26.02.15		1D	70	0086		
0080	XS	26.02.15		1D	70	**0094**		
0081	XS	26.02.15		1D	70	0106	AK	
0082	XS	26.02.15		1D	70	0081		
0083	XS	26.02.15		1D	70	0086		
0084	XS	26.02.15		1D	70	0097		
0085	XS	26.02.15		1D	70	**0089**	AK	
0086	XS	26.02.15		1D	70	0086		
0087	XS	27.02.15		1D	70	0081		
0088	XS	27.02.15		1D	70	**0089**		
0089	XS	27.02.15		1D	70	0088		
0090	XS	27.02.15		1D	70	0091		
0091	XS	27.02.15		1D	70	0081		
0092	XS	27.02.15		1D	70	0086		
0093	XS	27.02.15		1D	70	0091		
0094	XS	28.02.15		1D	70	**0094**		
0095	XS	28.02.15		1D	70	0091		
0096	XS	28.02.15		1D	70	0091		
0097	XS	28.02.15		1D	70	0115		
0098	XS	28.02.15		1D	70	**0089**		
0099	XS	28.02.15		1D	70	0092		
0100	XS	28.02.15		1D	70	**0084**		
0101	XS	28.02.15		1D	70	0086		
0102	XS	28.02.15		1D	70	0083		
0103	XS	28.02.15		1D	70	0086		
0104	XS	28.02.15		1D	70	**0084**		
0105	XS	28.02.15		1D	70	**0084**		
0106	XS	28.02.15		1D	70	0081		
0107	XS	28.02.15		1D	70	0082		
0108	XS	28.02.15		1D	70	0085		
0109	XS	28.02.15		1D	70	0091		
0110	XS	28.02.15		1D	70	0088		
0111	XS	01.03.15		1D	70	0107		
0112	XS	01.03.15		1D	70	0090		

CAL = Kalibrierung
KRD = Krad
AK = AuslandsKennzeichen

LG = Löschgrund
KZ = Kennzeichen

Messwerte an den Bußgeldgrenzen fett

Bildnr	Auswerter	Tattag	Tatzeit	Tatbet	erl. Gsw: eG	gem. Gsw: gG	KZ	LG
0113	XS	01.03.15	10:29:12	1D	70	**0094**	SI-SI 605	
0114	XS	01.03.15		1D	70	0082		
0115	XS	01.03.15		1D	70	0096		
0116	XS	01.03.15		1D	70	0082		
0117	XS	01.03.15		1D	70	0081		
0118	XS	01.03.15		1D	70	0083		
0119	XS	01.03.15		1D	70	0083		
0120	XS	01.03.15		1D	70	0095		
0121	XS	01.03.15		1D	70	**0084**		
0122	XS	01.03.15		1D	70	0100		
0123	XS	01.03.15		1D	70	**0089**		
0124	XS	01.03.15		1D	70	0081		
0125	XS	01.03.15		1D	70	0082		
0126	XS	01.03.15		1D	70	**0084**		
0127	XS	01.03.15		1E	70	**0094**		
0128	XS	01.03.15		1D	70	0093		
0129	XS	01.03.15		1D	70	0092		
0130	XS	01.03.15		1D	70	**0084**		
0131	XS	01.03.15		1D	70	**0089**		
0132	XS	02.03.15		1D	70	0082		
0133	XS	02.03.15		1D	70	0082		
0134	XS	02.03.15		1D	70	0085		
0135	XS	02.03.15		1D	70	**0094**		KNL
0136	XS	03.03.15		1D	70	0090		
0137	XS	03.03.15		1D	70	0081		
0138	XS	03.03.15		1D	70	0081		
0139	XS	03.03.15		1D	70	0092		
0140	XS	03.03.15		1D	70	**0084**		
0141	XS	03.03.15		1F	70	0081		
0142	XS	03.03.15		1D	70	0081		
0143	XS	03.03.15		1D	70	0081		Anh
0144	XS	03.03.15		1D	70	**0084**		KNL
0145	XS	04.03.15		1D	70	0082		
0146	XS	04.03.15		1D	70	0090		
0147	XS	04.03.15		1D	70	0091		
0148	XS	04.03.15		1D	70	0086		
0149	XS	04.03.15		1D	70	0082		
0150	XS	04.03.15		1D	70	0087		
0151	XS	04.03.15		1D	70	0083		KNL
0152	XS	04.03.15		1D	70	**0084**		
0153	XS	04.03.15		1D	70	0085		
0154	XS	04.03.15		1D	70	0100	CAL	CAL
0155	XS	05.03.15		1D	70	0081	CAL	CAL
0156	XS	05.03.15		1D	70	0100		

Kein Nummernschild lesbar:KNL
Anhänger: Anh

[Unterschrift des Auswerters]

Tab. 2: Messprotokoll

5.4　Falldatei

In der PTB-A 18.11 vom Dezember 2014 ist festgelegt:[1]

S. 5:　*Geschwindigkeitsüberwachungsgeräte müssen* [abgesehen von Laserhandmessgeräten] *grundsätzlich mit einer **Dokumentationseinheit** versehen werden.*

S. 6:　*Die erstellten Bilddokumente müssen in Form von digitalen Bilddaten **zusammen mit den Messdaten untrennbar in einer gemeinsamen Falldatei** abgelegt werden.*

5.4.1　Digitale Signierung der Falldatei

Die PTB-A 18.11 vom Dezember 2014 verlangt *eine **digitale Signatur** der Falldatei nach einem asymmetrischen Verschlüsselungsverfahren.*[2]

Das bedeutet: Die Geschwindigkeitsüberwachungsgeräte sind mit **zwei Schlüsseln** ausgestattet, einem **privaten** (**geheimen**), der nicht auslesbar in das Gerät geschrieben ist (und auch dem Hersteller nicht bekannt sein darf), und einem **öffentlichen Schlüssel**, der jedem Gerät eindeutig zugeordnet ist und ausgelesen werden kann. Das Auslesen und Registrieren dieses öffentlichen Schlüssels erfolgt bei jeder Ersteichung oder bei Eichungen nach einer Konfigurationsänderung des Gerätes beim Eichamt. *Den Auswertestellen sind die öffentlichen Schlüssel aller verwendeten Messgeräte bekannt.*[3]

Gemeinsam mit Falldateien wird i. a. ein Link zu dem zugehörigen öffentlichen Schlüssel gespeichert. Beim Öffnen von Falldateien wird über diesen Link der öffentliche Schlüssel in die Auswertesoftware mit eingelesen.[4] Diese errechnet einen sogenannten Hashwert der Falldatei und verschlüsselt diesen mit dem öffentlichen Schlüssel. Danach erfolgt ein Vergleich dieses verschlüsselten Hashwertes mit der in der Datei gespeicherten digitalen Signatur. Eventuelle Abweichungen zwischen beiden beweisen eine Veränderungen der Original-Falldatei, was dann symbolisch auf dem Bildschirm angezeigt wird.

Absichtliche Manipulationen erfordern im Prinzip die Entschlüsselung des geheimen Schlüssels, denn es ist notwendig, bei der Verschlüsselung sowohl den geheimen als auch den öffentlichen Schlüssel zu benutzen, damit eine Manipulation nicht erkannt wird.

So ist das in der Theorie. In der Praxis ist es auch erforderlich, dass beim Einlesen des öffentlichen Schlüssels jedesmal geprüft wird, ob dieser auch zu dem betreffenden Gerät gehört. Genau diese manuelle Kontrolle wird nicht durchgeführt, weil sie zu aufwendig ist.

Wenn der Auswerter selbst die Falldatei verändert und neu verschlüsselt hat, kann er sich diesen Vergleich sparen. Er weiß ja, dass beide nicht überein stimmen. Ein Gutachter, der die Unversehrtheit einer Falldatei prüfen soll, muss darauf vertrauen, dass ihm der öffentliche Schlüssel übergeben wurde, der zum Messgerät gehört.[5]

5.4.2　Beweisfotos
5.4.2.1　Beweisfotos der zugrunde liegenden Messung

Die Einblendungen im Messbalken des Beweisfotos weichen von den Einträgen in den Metadaten ab. Der Eintrag der Gerätetyps ▢ ganz rechts ist unverständlich, denn die Einblendungen werden aus den Metadaten generiert und die Messgerätebezeichnung ▢ kommt dort nicht vor. Die Firmware, die die Übertragung durchführt, muss also das eingeblendete Kürzel ‚*erfinden*'.

1　⌐1.3.2.1 *Messgeräte im Straßenverkehr*.
2　⌐1.3.2.1 *Messgeräte im Straßenverkehr*, S. 7f.
3　⌐Fußnote in 1.3.2.2 *Stellungnahme zur Frage der Manipulierbarkeit von Falldateien, Details der Signaturprüfung*. Diese Aussage dürfte sich auf die einzelnen Messstellenbetreiber beziehen und nicht etwa deutschlandweit gelten.
4　Wenn der Link zum öffentliche Schlüssel ungültig ist, kann dieser in einem beliebigen Ordner und mit beliebigem Dateinamen geöffnet werden. Der Dateiname wird von ▢ 2.3, der aktuellen Version der zugelassenen Referenz-Auswertesoftware, nicht geprüft! Das erleichtert Manipulationen der Falldateien.
5　⌐1.3.2.2 *Stellungnahme zur Frage der Manipulierbarkeit signierter Falldateien*.

Das Kennzeichen erscheint häufig unlesbar hell überstrahlt. Deshalb wird bei dieser Dokumentationseinheit ein schwächer belichtetes zweites Kennzeichen mit einem *Seidelfilter*, der auf das Objektiv der Kamera gesteckt wird, in den Bereich der Stoßstange versetzt eingeblendet.

Abb. 2: Beweisfoto-Original 1, normal belichtet

Abb. 3: Beweisfoto-Original 2, überbelichtet

Wir haben das Beweisfoto bei sehr starker Vergrößerung betrachtet mit dem Ziel, eine zunächst vermutete manuelle Änderung der Geschwindigkeitseinblendung nachweisen zu können. Diese naive Vorstellung erwies sich als irrig.

Stattdessen fiel uns eine seltsame Unregelmäßigkeit unterhalb des Messbalkens auf. Unsere Recherche hat ergeben: Aufgrund eines Firmwarefehlers stammen **120 Bildpunkte eines jeden Beweisfotos aus dem Foto der vorherigen Messung**! Auch wenn diese 120 Pixel wenig aussagekräftig sind: Nach unserer Meinung darf solch eine Dokumentationseinheit, die ein Beweismittel für einen Bußgeldbescheid erstellt, keine Zulassung haben.

Zusätzlich fiel uns auf, dass die Markierungslinie des dritten Sensors in den Kalibrierfotos vom Fahrzeug des Ordnungsamt-Technikers verdeckt wird. Diese sollte aber für Beweisfoto-Auswertungen sichtbar sein.

5.4.2.2 Messfehlerprüfung

Abb. 4:　Sowohl Zugmaschine als auch Auflieger haben eine Messung ausgelöst

Weil in den Metadaten Tatzeiten auch mit einer Genauigkeit von tausendstel Sekunden registriert werden, ermöglichen die Maße des Sattelzuges die exakte Bestimmung seiner Geschwindigkeit:

$$81{,}35\ \tfrac{km}{h}$$

Wenn das Messgerät seinen Messwert automatisch heraufsetzt, dann muss dies vom Dienstleister korrigiert werden, weil der LKW einen Fahrtenschreiber besitzt und deshalb die **Gefahr der Entdeckung der Manipulation** groß wäre.

Bei der Eichung tritt kein Problem auf, wenn das Messgerät eine **Eichmoduserkennung** besitzt (ähnliches ist ja aus der Autoindustrie bekannt). In diesem Fall vermuten wir eine ganz simple Lösung. **Drei** Kalibrierungen zum Beginn einer Messreihe bedeuten **Realmodus**, also Geschwindigkeit heraufsetzen, **eine** Kalibrierung am Messreihenende bedeutet **Eichmodus**, also exakt messen. Wenn diese Vermutung richtig ist, dann besteht die Aufgabe des Dienstleisters lediglich darin, z. B. bei allen Fahrzeugen mit Fahrtenschreiber die Geschwindigkeit auf den tatsächlich gemessenen Wert zu korrigieren. Diese Automatik ist dem MdKrV X_5 jedenfalls nicht bekannt, sonst hätte er beim ✍ Ortstermin zum Beginn der Testfahrten nur einmal kalibriert!

5.4.2.3 Beweisfotos von inakzeptabler Qualität

Abb. 5:　8 von 85 Beweisfotos der Messreihe

Diese Fotos sollen die verwendete Technik bei Beschuldigten und Verantwortlichen ins rechte Licht rücken — auch im Interesse des Steuerzahlers —, denn nur der Auswerter kennt solche Ergebnisse.

5.4.3 Metadaten

Metadaten zur Falldatei 6278110000100_046.sbf, Beweisfoto 113 vom 01.03.2015 10:29:12

CAM_NUMB=1	
CAM_SHU1=0004	[= 1/1.000 s (Kürzel zur Kamera-Verschlusszeit)]
CAM_GAI1=0120	
CAM_OFF1=0100	[Abstand der Sensoren in der Straße?]
CAM_SYSN=**M1.3**	[bedeutet 1,3 Megapixel]
EXP_DIF1=0000	
FIL_NUMB=**0000100**	[= Datei-Nr.]
FRA_INDE=0	
FRA_NUMB=0113	[= Bild-Nr.]
INC_DATE=**010315**	[im Beweisfoto eingeblendetes Datum 01.03.15]
INC_TIME=**102912**	[im Beweisfoto eingeblendete Uhrzeit 10:29:12]
INC_CODE=**210** 001	[im Beweisfoto eingeblendeter Code der Messstelle]
INC_INDE=0	
INC_LANE=1	[im Beweisfoto eingeblendete Fahrspur]
INC_SPEE=094	[im Beweisfoto 2x eingeblendete gemessene Geschw.]
INC_LIMI=070	[im Beweisfoto eingeblendete zulässige Geschw.]
INC_CVEH=--	
IMG_NUMB=00000046	[= Nr. der sbf-Datei]
IMG_DATI=**18.01.2001 00:12:00.729**	[= IMG_DATE exakt]
LOC_TEX0=	
LOC_TEX1=	
LOC_TEX2=	
LOC_TEX3=	
MEA_SYSN=▢▢▢ **III-SR**	[im Beweisfoto abweichender Gerätetyp ▢▢▢]
PLA_CONF=0.000000	
PLA_STRI=---	
PLA_RECT=0000007200000000	
PLA_BEGI=000	
PLA_NATI=---	
PRO_COMM=no comment	
PRO_KIND=D	
CAM_NWID=00E0334F2246	
CAM_SERN=625-006/62781	[Dokumentationseinheit lt.Anlage zum Eichschein S. 1]
	[**Messgeräte-Nr**. 593-031/60630 wird **nicht ausgewiesen**]
	[🔖PTB-Bauartzulassung 18.11/▢▢▢ vom 14.12.2012, S.28]
CAM_SERV=0x32C1387E	
CAM_PROC=0x60C89E50	
CAM_SBUI=B1.85.061212 rel	[vollständig: SC.1.85.N.061212 (CRC-b7148544)]
	[🔖PTB-Bauartzulassung 18.11/▢▢▢ vom 14.12.2012, S.14]
CAM_PBUI=B1.85.061212 rel	[≡ Software-Version vom 12.12.2006, s. o.]
CAM_CUSR=62781	[= Geräte-Nr. lt. CAM_SERN, s. o.]
CAM_NUSR=	
CAM_NUS2=	
IMG_FILE=6278110000100_046.sbf	[=CAM_CUSR + 1 FIL_NUMB + IMG_NUMB]
IMG_DATE=20010118_001200	[= 18.01.2001 00:12:00, lokale Sommerzeit]
IMG_UTCD=20010117_231200	[= 17.01.2001 23:12:00, Universalzeit]
	[UTCD steht vermutlich für Universal Time CoDe]
	[IMG_DATE = IMG_UTCD (1 h Sommerzeit-Unterschied)]
IMG_JPEG=095	
OCR_VERS=	[Keine Texterkennung für das automatische Kennzeichenlesen]
RSA1024	[Länge des RSA-Schlüssels, aktuell nicht mehr zulässig]
ggEgjjkFiikm.pk	[public key, Datei des öffentlichem Schlüssels vom 08.10.09]

À—[Ô[øBfaÆÇ Ã¯e¯•"úFknJÕ`%0Ûo…¢¯Ñ)É#ÅãÇý×]Ö âÂ ûRøÎëäö êO\?BZòÏÂ/
Æï.jp™8~ôåÜ±> âÕ¿…ZŠÜÖu¦ M.j %ofx*Ëš¿‚.±ß„ ð¦ªCÖ|tš3h5
[= verschlüsselter Hashwert der Falldatei zu Messung Nr. 113, sbf-Datei Nr. 46]

Die **Metadaten enthalten folgende widersprüchliche Angaben**:

1) **Tatzeit**   Zeile 10: INC_DATE=010315   = Eingangsdatum **01.03.15**
                Zeile 11: INC_TIME=102912   = Eingangsuhrzeit **10:29:12**
                Zeile 19: IMG_DATI=**18.01.2001 00:12:00.729** [exakte lokale Sommerzeit]
                Zeile 42: IMG_DATE=20010118_001200 = 18.01.2001 00:12:00, lokale Sommerzeit
                Zeile 43: IMG_UTCD=20010117_231200 = 17.01.2001 23:12:00, Universalzeit

2) **Gerät**   Zeile 24: MEA_SYSN=▢ **III-SR**
          Dies ist ein Kombigerät für Geschwindigkeits- und Rotlichtverstöße, das in Deutschland keine Zulassung hat! Zugelassen ist das Rotlichtüberwachungsgerät ▢ *III*.[6]

3) **Kamera** Zeile 5:   CAM_SYSN=**M1.3**   = 1,3 Megapixel
                  aber lt. Abb. 9:   Typ **M1,4** (für 1,4 Megapixel)

Widersprüchliche Angaben in einem Beweismittel sind nach unserem Rechtsverständnis **absolut inakzeptabel**. Unzulässig ist auch

4)   Zeile 46: **RSA1024**   Schlüssellänge darf seit spätestens 2013 eigentlich nicht mehr zugelassen werden.

Datumsstempel der Falldatei

Die Dokumentationseinheit versieht die Falldateien mit einem **falschen Datumsstempel**, der aus der Universalzeit IMG_UTCD=20010117_231200 = 17.01.2001 23:12:00 übernommen wird.

Bemerkung zur Hardware

Die beiden Uhren laufen in 8 Tagen um mehr als 1 Minute auseinander. Das ist nach unserem Urteil **unverkäuflicher Elektronikschrott!**

	IMG_DATI	INC_DATE – INC_TIME
Erste Kalibrierung der Messreihe:	14.01.2001 – 00:52:29,678	25.02.2015 – 11:09:02
letzte Kalibrierung der Messreihe:	22.01.2001 – 01:03:51:750	05.03.2015 – 11:21:35
Dauer [T – hh:mm:ss,ddd]:	8 – 00:**11:22**,072	8 – 00:**12:33**

Die Uhrendifferenz beträgt in 8 Tagen   1:11 Minuten ±1 Sekunde.
Die Toleranz ±1 s muss berücksichtigt werden, weil INC-TIME auf ganze Sekunden gerundet ist.

Daraus ergibt sich:
Beide Uhren laufen also um mindestens   **0,364** Sekunden pro Stunde auseinander,
und zwar IMG_DATI **langsamer** als INC_DATE – INC_TIME!

---

[6]   Am 14.06.2006 wurde die Dokumentationseinheit „*IM*' für das in meinem Fall eingesetzte Geschwindigkeitsmessgerät zugelassen, aber erst am 01.07.2011 für das Rotlichtüberwachungsgerät▢ *III*. Trotzdem schreibt die „*IM*' in die Metadaten jeder Falldatei das Kürzel MEA_SYSN=▢ **III-SR**. Diese **hochintelligente Dokumentationseinheit** wusste also bereits 2006, dass sie 2011 eine Zulassung für das ▢ *III* bekommen würde. Nun ja, mit Intelligenz hat das eigentlich nichts zu tun, dies sind **hellseherische Fähigkeiten**. Ein kleiner Irrtum ist dem „*IM*' aber doch unterlaufen, denn eine **Zulassung für das** ▢ **III-SR hat es in Deutschland nie gegeben**!
Der PTB-**SV S₂** präsentierte in der Hauptverhandlung hierzu die Erklärung, der Metadaten-Eintrag MEA_SYSN=▢ III-SR würde auch in der zugelassenen Ergänzung zur Gebrauchsanweisung für die Bediensoftware (Stand: 10.04.2006) aufgeführt.
Dies reichte dem Gericht aus, konnte die Widersprüche der zeitlichen Abfolge aber nicht wirklich erklären, denn S₂ bezog sich dabei auf die Bediensoftware einer **Nassfilm-Dokumentationseinheit**, während hier die neuere Digitalfilm-Dokumentationseinheit eingesetzt worden war. Wir können aus dieser Argumentation allenfalls Nachlässigkeit der PTB bei der Gerätezulassung ableiten.

5.5 Ortstermin

Am 29.09.2016 wurde vom **SV S_1** ein Ortstermin durchgeführt, bei dem mein ältester Sohn und ich anwesend waren. SV S_1 dokumentierte bei dieser Gelegenheit die Unversehrtheit aller Eichplomben und die Typenschilder durch Fotos. Vor allem aber vereinbarte er mit dem MdKrV X_5 zwei Testfahrten.

Ebenfalls anwesend war der Servicetechniker Z_1 des Geräteherstellers, der am 14.11.2014 auch die Wartung durchgeführt hatte. Dieser hat seinen Laptop nach den Testfahrten an das Messgerät angeschlossen und die Falldateien sowie den öffentlichen Schlüssel des Messgerätes ausgelesen. Für uns war es befremdend, dass diese Aufgabe nicht von ihm selbst oder dem zuständigen MdKrV X_5 durchgeführt wurde,[7] so dass für uns Zweifel entstanden, ob Z_1 nicht etwa einen bei Manipulationen benutzten Schlüssel untergeschoben hat.[8]

Zu unserer Überraschung zeigte sich SV S_1 ausgesprochen kooperativ und stellte uns noch vor Ort sowohl die Falldateien der beiden Testfahrten als auch den öffentlichen Schlüssel, den Z_1 angeblich aus dem Messgerät ausgelesen hat, auf CD zur Verfügung. Dadurch waren wir sicher, dass die beiden Messwerte nicht nachträglich verändert wurden.

5.5.1 Wartungstermine

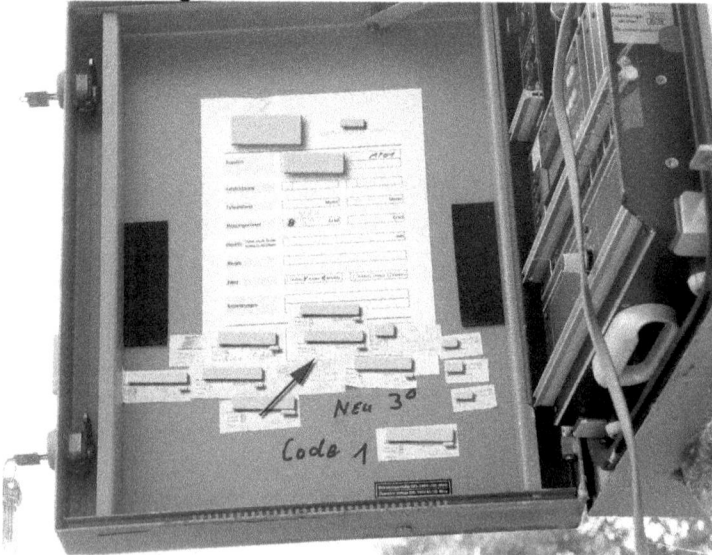

Abb. 6:   Wartungstermine

Das Wartungszertifikat und das Messprotokoll weisen den Termin **24**.02.14 aus,[9] hier ist der **14**.02.14 angegeben ($\looparrowright$ Pfeil)!?

---

7   Der Gerätehersteller ▭▭▭▭ erklärt in einer Stellungnahme vom 24.05.2017, dass **sowohl der Anwender als auch der Sachverständige** die Möglichkeit hätten, den öffentlichen Schlüssel herunterzuladen.

8   Details $\looparrowright$ 2.3 *Zweiter Offener Brief an Regierungsmitglieder*: Prüfung der Falldatei-CD des Ortstermins.
Wenn Messwerte manipuliert werden und die Falldatei neu verschlüsselt wird, kann dies die Anzeige-/Auswertesoftware nur erkennen, wenn sich der öffentliche Schlüssel, der bei der Anzeige eingegeben wird, und der öffentliche Schlüssel, der bei der Verschlüsselung benutzt wurde, unterscheiden. Wenn der öffentliche Schlüssel des Schlüsselpaars, das für die Neuverschlüsselung benutzt wird, als öffentlicher Schlüssel des Messgerätes angegeben wird, obwohl das Gerät ein anderes Schlüsselpaar benutzt, dann wird das niemals auffallen, weil eine entsprechende Prüfung nicht erfolgt!

9   $\looparrowright$ 4.3 *Der Gerätehersteller*, Dok. 6: Wartungszertifikat Sensoren, Pfeil.

5.5.2 Testfahrten

5.5.2.1 Messung

Das Messgerät wurde in unserer Gegenwart von MdKrV X_5 in das stationäre Gehäuse eingesetzt. SV S_1 und X_5 vereinbarten vor den Testfahrten 3 Kalibrierungen — ‚*wie* [bei jeder Messreihe] *üblich*'. Die Testfahrten sollten mit 90 $^{km}/_h$ durchgeführt werden. Gemessen wurden seltsamerweise **84** $^{km}/_h$ und **89** $^{km}/_h$ und somit zwei **Bußgeldgrenzen sogar 100%ig getroffen.**[10]

5.5.2.2 Beweisfotos

MdKrV X_5 machte die Testfahrt natürlich mit einem normalen Straßenfahrzeug ohne Fahrtenschreiber und ohne geeichten Tachometer, d. h. ein Vergleich zwischen gemessener und tatsächlich gefahrener Geschwindigkeit ist nur durch Schätzen möglich. Und er machte sie alleine, so dass für uns unklar geblieben ist, was sein Tachometer beim Auslösen der Messungen angezeigt hat.

Eine Aussage hierzu liegt uns nicht vor.

Abb. 7:   1. Testfahrt, 84 km/h

Allerdings kann MdKrV X_5 nach seiner Testfahrt abschätzen, in welchem Umfang die im realen Messbetrieb registrierten Geschwindigkeitsmesswerte falsch sind. Sollte mein Vorwurf irgendwann einmal juristisch bestätigt werden, dann hieße dies für ihn:

Spätestens seit dem 29.11.2016 kann sich Techniker X_5 nicht darauf berufen, dass er von den Manipulationen nichts wusste, d. h. er macht sich seitdem bei seiner täglichen Arbeit der Mittäterschaft schuldig.

Abb. 8:   2. Testfahrt, 89 km/h

10 Wir gehen davon aus, dass SV S_1 irritiert war, als er später die beiden deutlich voneinander abweichenden Messwerte feststellte. Wir nehmen deshalb an, dass er MdKrV X_5 wegen der Tachoanzeige bei den Testfahrten nachträglich befragt hat. In diesem Fall hätte auch er Kenntnis von den Manipulationen und mit seiner Stellungnahme in der HV seinen **Gutachter-Eid gebrochen**.

5.5.2.3 Metadaten

Testfahrt 1	Testfahrt 2
CAM_NUMB=1	CAM_NUMB=1
CAM_SHU1=0004	CAM_SHU1=0004
CAM_GAI1=0120	CAM_GAI1=0120
CAM_OFF1=0100	CAM_OFF1=0100
CAM_SYSN=**M1.3**	CAM_SYSN=**M1.3**
EXP_DIF1=0000	EXP_DIF1=0000
FIL_NUMB=**0000042**	FIL_NUMB=**0000042**
FRA_INDE=0	FRA_INDE=0
FRA_NUMB=0004	FRA_NUMB=0005
INC_DATE=290916	INC_DATE=290916
INC_TIME=110108	INC_TIME=110352
INC_CODE=**320** 001	INC_CODE=**320** 001
INC_INDE=0	INC_INDE=0
INC_LANE=1	INC_LANE=1
INC_SPEE=**084**	INC_SPEE=**089**
INC_LIMI=070	INC_LIMI=070
INC_CVEH=--	INC_CVEH=--
IMG_NUMB=00000004	IMG_NUMB=00000005
IMG_DATI=29.09.2016 10:56:19.433	IMG_DATI=29.09.2016 10:59:02.812
LOC_TEX0=	LOC_TEX0=
LOC_TEX1=	LOC_TEX1=
LOC_TEX2=	LOC_TEX2=
LOC_TEX3=	LOC_TEX3=
MEA_SYSN=☐ III-SR	MEA_SYSN=☐ III-SR
PLA_CONF=0.000000	PLA_CONF=0.000000
PLA_STRI=---	PLA_STRI=---
PLA_RECT=0000007200000000	PLA_RECT=0000007200000000
PLA_BEGI=000	PLA_BEGI=000
PLA_NATI=---	PLA_NATI=---
PRO_COMM=no comment	PRO_COMM=no comment
PRO_KIND=D	PRO_KIND=D
CAM_NWID=00E0334F2246	CAM_NWID=00E0334F2246
CAM_SERN=625-006/62781	CAM_SERN=625-006/62781
CAM_SERV=0x32C1387E	CAM_SERV=0x32C1387E
CAM_PROC=0x60C89E50	CAM_PROC=0x60C89E50
CAM_SBUI=B1.85.061212 rel	CAM_SBUI=B1.85.061212 rel
CAM_PBUI=B1.85.061212 rel	CAM_PBUI=B1.85.061212 rel
CAM_CUSR=62781	CAM_CUSR=62781
CAM_NUSR=	CAM_NUSR=
CAM_NUS2=	CAM_NUS2=
IMG_FILE=6278110000042_004.sbf	IMG_FILE=6278110000042_005.sbf
IMG_DATE=20160929_105619	IMG_DATE=20160929_105902
IMG_UTCD=20160929_085619	IMG_UTCD=20160929_085902
IMG_JPEG=095	IMG_JPEG=095
OCR_VERS=	OCR_VERS=
RSA1024	RSA1024
ggEgjjkFiikm.pk	ggEgjjkFiikm.pk

5.5.3 Geräteidentifikation

Im **Widerspruch** zu Typ **M1.4** (⤳ unterer Pfeil) wird in der 5. Zeile der Metadaten angegeben:

Typ CAM_SYSN=**M1.3**

Abb. 9: Dokumentationseinheit IM, Typ M1.4

Die **Einstellung der beiden internen Uhren** differierte nur noch knapp 5 Minuten. Diese Feststellung ist aber bedeutungslos, weil das beim Ortstermin benutzte Geräte nicht identisch ist mit dem bei der Messung eingesetzten Gerät.[11]

Befremdend ist der **Messstellen-Code 320** 001 im Beweisfoto. Er hätte eigentlich **210** 001 lauten müssen oder (da offensichtlich vergessen wurde, vor der Messung die aktuelle Messstelle in das Messgerät einzugeben) allgemein 210 0nn, denn die letzten drei Ziffern stehen für die Messstelle. Die ersten 3 Ziffern stehen für den Messstellenbetreiber, also den Kreis. Wie kann es sein, dass dieses Gerät von einem anderen Messstellenbetreiber benutzt wurde? Wir sind überzeugt davon, dass das **Ortstermin-Gerät nicht das bei der Messung eingesetzte Gerät** war — trotz identischer Seriennummer! Ein Uhrenvergleich ist wegen der kurzen Dauer der Messreihe nicht aussagekräftig[12]:

	IMG_DATI	INC_DATE – INC_TIME
Erste Kalibrierung der Messreihe:	29.09.2016 – 10:51:39,822	29.09.2016 – 10:56:25
letzte Kalibrierung der Messreihe:	29.09.2016 – 11:01:57:000	29.09.2016 – 11:06:42
Dauer [hh:mm:ss,ddd]:	00:10:17,**178**	00:10:17

Die Uhrendifferenz beträgt in 10:17 Minuten	–0,178 Sekunden ±1 Sekunde
höchstens:	–1,178 Sekunden (IMG_DATI schneller)
mindestens:	0,822 Sekunden (IMG_DATI langsamer)

IMG_DATI dieser Dokumentationseinheit läuft also im Vergleich zu INC_DATE – INC_TIME höchstens **6,9** Sekunden pro Stunde **schneller** und **4,8** Sekunden pro Stunde **langsamer**

5.5.4 Ergänzendes Gutachten

SV S_1 hat die Ergebnisse des Ortstermins **nicht schriftlich** niedergelegt, aber **in Rechnung gestellt.**[13] Für uns liegt heute die Vermutung nahe, dass der Ortstermin von vornherein als eine Show geplant war, mit der wir davon überzeugt werden sollten, dass alles seine Richtigkeit hat. Das ist gründlich misslungen.

11 ⤳ 2.3 *Zweiter Offener Brief an Regierungsmitglieder*: Existenz eines Gerätezwillings mit gleicher Seriennummer.
12 Datenvergleich der ersten und der letzten Kalibrierung beim Ortstermin.
13 ⤳ 7.2.2 *Gerichtsrechnungen*.

5.6 Eingesetzte Messeinrichtungen

Die folgenden Fotos belegen, dass die Anzahl der vom Kreis [▮▮▮] eingesetzten stationär betriebenen Geschwindigkeitsmesseinrichtungen größer ist als die 2015 veröffentlichte Anzahl (3 stationär, 1 mobil; am 30.08.2015 fotografiert: 5 stationär. Stand 05.03.2017: mindestens 8 stationär + 2 mobil betriebene Geräte, darunter jedoch 2 Geräte, die nicht vom Kreis [▮▮▮] betrieben werden).

Der Aufwand für die technische Betreuung ist bei den neuen Blitzsäulen geringer, weil die Messwerte bei letzteren online abgerufen werden können und keine Sensoren in der Straße erforderlich sind. Dafür kann jede Säule in beiden Richtungen messen, so dass pro Säule annähernd doppelt so viele Geschwindigkeitsübertretungen gemessen werden können wie beim Starenkasten. Die Fotos von 2017 zeigen also gewissermaßen 11 vom Kreis [▮▮▮] betriebene ‚*Starenkästen*'. Es ist deshalb ausgeschlossen, dass die Techniker des Ordnungsamtes deren Messreihen ohne rechtswidrige Beteiligung von Dienstleistern auswerten, wie dies zwei Verantwortliche des Ordnungsamtes in der HV am 24.11.2016 ausgesagt haben.[14]

Bemerkung: Bei unseren Recherchen fiel uns eine ‚*kuriose*' Messstelle in [▮▮▮▮▮▮], Stadt [▮▮▮▮▮▮], auf, $\mathscr{S}$Abb. 23: Der Starenkasten steht auf der linken Straßenseite (kein Messgerät eingesetzt) mit **unzulässiger Führung des Messleitungskanals quer über beide Fahrbahnen**; ursprüngliche Einrichtung der Messstelle für die Gegenfahrbahn, Leitungskanal mit deutlich sichtbaren Rissen ($\mathscr{S}$Peil), derzeit vermutlich außer Betrieb.

Abb. 10: MS 4, Eichsiegel sichtbar, $\mathscr{S}$Pfeile; 30.08.2016 – 11:14 Uhr

Abb. 11: MS 14, Eichsiegel sichtbar, $\mathscr{S}$Pfeil; 30.08.2016 – 12:04 Uhr

Abb. 12: MS 3, kein Eichsiegel; 30.08.2016 – 13:27 Uhr

Abb. 13: MS 12, kein Eichsiegel; 30.08.2016 – 18:59 Uhr

Abb. 14: MS –; 30.08.2016 – 12:32 Uhr

---

14 $\mathscr{S}$8.1 *Zeugenaussagen*: Zeuge X_4, $\mathscr{S}$8.1 *Zeugenaussagen*: Zeuge X_6, Widersprüche 1) – 3). Das Landratsamt des Kreises [▮▮▮] hat mit Schr. vom 31.05.2017 meine Zählung vom 05.03.2017 bestätigt.

Abb. 15: MS 1, Eichsiegel ✐Pfeil; 05.03.2017 – 13:11 Uhr

Abb. 16: MS 8, kein Eichsiegel; 05.03.2017 – 13:37 Uhr

Abb. 17: MS 3, kein Eichsiegel; 05.03.2017 – 13:37 Uhr

Abb. 18: MS –; 05.03.2017 – 13:55 Uhr

Abb. 19: MS 13; 05.03.2017 – 17:10 Uhr

Abb. 20: MS 9; 05.03.2017 – 18:08 Uhr

Abb. 21: Neue MS; 05.03.2017 – 20:33 Uhr

Abb. 22: MS 2, 07.03.2017 – 13:24 Uhr

Abb. 23: Kuriose MS, 05.03.2017 – 13:37 Uhr

6 Expertise zur Messreihe

Nicht plausible Häufungen von Messwerten an drei Bußgeldgrenzen[15] ermöglichen den Beweis der **Manipulation mehrerer Messwerte des Messprotokolls** vom 12.03.2015, Messstellen-Code 210 001. Zur Berechnung der Wahrscheinlichkeit der Peaks[16] habe ich für die vorliegende Messreihe eine potenzielle **Ausgleichskurve**[17] bestimmt. Zum Vergleich habe ich zwei weitere potenzielle Ausgleichskurven bestimmt,[18] die ich als Alternativen optimiert habe.

6.1 Messwerte

Häufigkeitsverteilung der Geschwindigkeitsübertretungen in einer 70er-Zone lt. **Messprotokoll**

Geschwindigkeit v in km/h	Anzahl n der Übertretungen	Kategori-sierung	Darstellung in Abb. 24	Starenkästen auf Cover-Vorderseite	Bemerkung
79	0				Bußgeldverzicht für Übertretungen
80	0				< 70 + 11 km/h unverständlich!
81	13				
82	9				
83	4	Ausreißer	hellgrau	grün	
84	9	Peak	dunkelgrau	rot	
85	2	Ausreißer	grau	grün	
86	7				
87	19 ⎰ 3				
88	2	Ausreißer	hellgrau	grün	
89	5	Peak	dunkelgrau	rot	
90	4			grün	
91	6				
92	20 ⎰ 3				
93	2	Ausreißer	hellgrau	grün	
94	5	Peak	dunkelgrau	rot	
95	1			grün	
96	2				
97	1				
...	0				
100	2				
...	0				
106	1				
107	1				
...	0				
115	1				
...	0				
143	1	Ausreißer	Nicht berücksichtigt in Ausgleichskurve (C)		
Summe:	84				✎ Cover-Rückseite

Tab. 3: Protokollierte Anzahl der Geschwindigkeitsübertretungen

Auffälligkeiten im Messprotokoll

Die im Messprotokoll dokumentierten Anzahlen von Geschwindigkeitsübertretungen zeigen — trotz i. A. fallender Tendenz — Peaks mit mehr als doppelten Anzahlen an drei **Bußgeldgrenzen**[19]:

$$4 \times 83\,\text{km}/_\text{h} \quad - \quad 9 \times 84\,\text{km}/_\text{h} \quad - \quad 2 \times 85\,\text{km}/_\text{h}$$
$$2 \times 88\,\text{km}/_\text{h} \quad - \quad 5 \times 89\,\text{km}/_\text{h} \quad - \quad 4 \times 90\,\text{km}/_\text{h}$$
$$2 \times 93\,\text{km}/_\text{h} \quad - \quad 5 \times 94\,\text{km}/_\text{h} \quad - \quad 1 \times 95\,\text{km}/_\text{h}$$

Es kann nicht vollständig ausgeschlossen werden, dass dies reiner Zufall ist. Die Wahrscheinlichkeit dafür ist aber so gering, dass sich mit genügender Sicherheit[20] sagen lässt:

Es ist kein Zufall!

---

15 ✎ 6.1 *Messwerte: Auffälligkeiten im Messprotokoll.*

16 ‚Peaks' sind in der Sprache der Messtechnik Spitzen in einer Messreihe, hier Häufungen von Messwerten.

17 Als Ausgleichskurve einer Messreihe bezeichnet man die Kurve, die so wenig wie möglich von den Messwerten abweicht. Berechnung einer potenziellen Ausgleichskurve ✎ *Anhang: A2 Ausgleichskurve in Excel 2007.*

18 ✎ Tab. 8: *Parameter der Ausgleichskurven.*

19 Auch bei anderen Messungen traten Peaks an den Bußgeldgrenzen auf, ✎ *3.3.1 Besuch beim Ordnungsamt,* ✎ *5.5.2.1 Messung.*

20 ✎ *6.6 Auf diesen Fall zugeschnittene Wahrscheinlichkeitsberechnung.*
✎ *6.7 Simulation der Messreihe.*

Auffällig ist auch:

1) Bei den Geschwindigkeiten 79 $km/_h$ und 80 $km/_h$ wurden keine Übertretungen registriert.

2) Im Geschwindigkeitsbereich 85 – 89 $km/_h$ wurden 19 Übertretungen registriert, im Geschwindigkeitsbereich 90 - 94 $km/_h$ dagegen **20**, obwohl eine fallende Tendenz zu erwarten gewesen wäre. Dabei ist der angedeutete ‚*Sattel*' im Bereich 91 $km/_h$ – 94 $km/_h$ vermutlich als Einfluss eines **menschlichen Faktors** (welcher andererseits Peaks ausschließt, s. u.) zu interpretieren. Dass diese Deutung richtig ist, ließe sich wohl nur mit einem umfangreichen Feldversuch bestätigen.

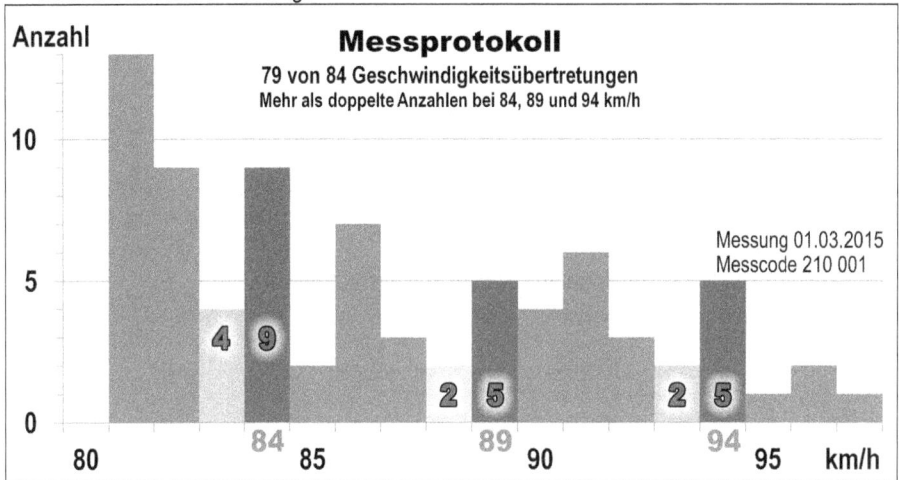

Abb. 24: Histogramm zum Messprotokoll   ⸰Cover-Rückseite

6.2   Zur Problematik wissenschaftlich fundierter Beweisführung

Ich benutze drei der Methoden,[21] die die Mathematiker speziell dafür entwickelt haben zu entscheiden, ob Daten mit statistischem Charakter rein zufällig oder mit einer gewissen Wahrscheinlichkeit irgendwie beeinflusst sind:

– Der *t*-**Test** ist für den vorliegenden Fall ungeeignet, weil er letztlich nur Mittelwerte vergleicht.
– Der *F*-**Test** ist geeignet, aber nicht sehr sensibel.
– Als noch akzeptabel erweist sich der χ^2-**Test**.

Für den Statistiker ist die vorliegende geringe Fallzahl von 84 Geschwindigkeitsübertretungen ohnehin problematisch. Diese stellen im vorliegenden Fall nur den **äußersten Zipfel der Häufigkeitsverteilung einer Messreihe von 29.278 Messungen** dar. Weniger problematisch wäre eine Prüfung vor allem dann, wenn so viele Daten vorlägen, dass eine gesicherte Aussage über die ihnen zugrunde liegende (Gesamt-)Häufigkeitsverteilung gemacht werden könnte. Für die Bestimmung dieser Verteilung wäre die Kenntnis eines großen Teils der Geschwindigkeiten aller 29.278 Messungen hilfreich.

Die generelle Schwäche der statistischen Prüfverfahren bezüglich der hier gegebenen Situation besteht aber darin, dass nur die Häufigkeitsverteilung analysiert wird, also ohne Rücksicht auf die evtl. unterschiedliche Bedeutung der einzelnen Daten. **Die Statistik betrachtet lediglich einen Brei von Daten**, die als gleichwertig angesehen werden.

---

21 Die statistischen Prüfverfahren *F*-Test, *t*-Test und χ^2-Test, ⸰Selle: Mathematik für technische Assistenten, Kapitel 8.3.6 Statistische Prüfverfahren, 17.1.4.3 *t*-Verteilung, 17.1.4.4 χ^2-Verteilung und 17.1.4.5 *F*-Verteilung.

Hier aber haben wir den Fall, dass die **Bußgeldgrenzen offensichtlich von besonderer Bedeutung** sind. Eben dies bleibt bei den bekannten Signifikanztests außen vor. Deshalb wäre hier eine Art ‚*Prädikaten-Statistik*' erforderlich, mit der unter Berücksichtigung von sinnvoll definierten Gewichtungsprädikaten präzisere Aussagen über den Zufallscharakter einer gegebenen Häufigkeitsverteilung möglich würden. Auch Prüfungen mit **bedingten Wahrscheinlichkeiten** habe ich nicht durchgeführt, weil ich keine Möglichkeit für eine sachgerechte Analyse auf dieser Basis sah. Stattdessen habe ich mich konsequent **auf die Betrachtung der nicht plausiblen Daten beschränkt**.

Erwartet werden darf, dass bei höherer Geschwindigkeit tendenziell weniger Überschreitungen festgestellt werden. Außerhalb der Bußgeldgrenzen wird diese Erwartung im Messprotokoll auch bei Geschwindigkeiten <98 $^{km}/_h$ grob erfüllt (abgesehen von der erwähnten Auffälligkeit beim Vergleich der beiden Geschwindigkeitsbereiche $85 - 89$ $^{km}/_h$ und **90 – 94** $^{km}/_h$). Bei höheren Geschwindigkeiten gibt es wegen der geringen protokollierten Anzahlen i. A. keine Überschreitungen, lediglich einzelne (bei 100 $^{km}/_h$ sogar zwei).

Jeder der drei deutlich ausgeprägten Bußgeldgrenzen-Peaks widerspricht so sehr den Erwartungen, dass Zweifel an der reinen Zufälligkeit dieser Sprünge unmittelbar begründet erscheinen.

Diskussionswürdig mag vielleicht sein, ob nicht etwa ein **menschlicher Faktor** diese Charakteristik bewirkt. Das kann ich mit folgender Überlegung ausschließen:

Die Geschwindigkeit, mit der ein Autofahrer fährt, hängt von sehr vielen sicherlich einleuchtenden Faktoren ab:

- – Geschwindigkeitsbeschränkung erkannt / nicht wahrgenommen
- – Streckenführung
- – Verkehrssituation
- – Sichtverhältnisse
- – Tages-/Jahreszeit
- – Witterung
- – Strecke dem Autofahrer bekannt / unbekannt
- – Mentalität des Autofahrers
- – Gesundheitszustand der Autofahrers
- – Termindruck
- – allgemeiner Stresszustand / Stimmung des Autofahrers
- – Ablenkung[22]
- – Alter des Autofahrers
- – Geschlecht des Autofahrers
- – Einschätzung des Tachometerfehlers durch den Autofahrer
- – Nutzung eines Warnsystems
- – ...

Aus der Sicht der Statistik generiert **jeder dieser Einflussfaktoren und seiner Kombinationen** eine eigene Gruppe mit einer spezifischen Häufigkeitsverteilung von Geschwindigkeiten und daraus resultierenden Geschwindigkeitsübertretungen. Es ist also genau umgekehrt: Der **menschliche Faktor** bewirkt, dass die Verteilung, mit wachsender Anzahl von Messwerten immer gleichmäßiger wird. Im vorliegenden Messprotokoll mit nur 84 Messungen sind aus jeder Gruppe nicht einmal eine Hand voll Übertretungen enthalten. Welche dies gerade sind, ist wirklich **reiner Zufall**.

Das vorliegende Messprotokoll entstand also unter mehr oder weniger großem Einfluss all dieser Faktoren. Wie groß deren Einfluss auf ein konkretes Messprotokoll ist, wechselt mit der Geschwindigkeitsbeschränkung, dem Messort, der Jahreszeit, ... und auch rein zufällig.

Beeinflusst wird dabei aber nicht der Charakter der Geschwindigkeitsverteilung. Lediglich die Parameter der Häufigkeitsverteilung werden verändert. Deshalb können wir — trotz der mannigfachen ‚*natürlichen*' Beeinflussung der Messreihe — eine in diesem Sinne ‚*zufällige*' Verteilung erwarten.

---

22 Z. B. durch Navi, Handy, Gespräch mit Fahrzeuginsassen, geistige Vorbereitung auf Aktivitäten am Zielort, ...

6.3   Elementare Grundlagen der Statistik

Meine Untersuchungen zeigen sehr eindrucksvoll, wie unwahrscheinlich es ist, dass die Häufigkeitsverteilung der Geschwindigkeitsübertretungen des Messprotokolls rein zufällig ist. In dieser Betrachtung beschränke ich mich auf fünf elementare Grundlagen der Wahrscheinlichkeitsrechnung[23]:

(1) Wenn ein zufälliges Ereignis (z.B. Würfeln einer Zahl) 6 verschiedene Ergebnisse haben kann (Zahlen ‚1' bis ‚6'), dann ist die **Wahrscheinlichkeit** w eine ganz bestimmte Zahl zu würfeln (etwa die ‚6') genau $\frac{1}{6}$ = 16,67 %. Allgemein:

$$w = \frac{\text{Anzahl der \textbf{günstigen} Ereignisse}}{\text{Anzahl aller \textbf{möglichen} Ereignisse}}$$

(2) Die Wahrscheinlichkeit, dass dieses Ergebnis zweimal unmittelbar nacheinander eintritt, ist das Produkt der Einzelwahrscheinlichkeiten (jede der 6 Möglichkeiten beim 1. Wurf kann von 6 Möglichkeiten im 2. Wurf gefolgt werden, also gibt es bei zwei Würfen nacheinander

insgesamt $6 \cdot 6 = 36$ mögliche Ergebnisse.

Bei drei Würfen gibt es entsprechend $6 \cdot 6 \cdot 6 = 216$ mögliche Ergebnisse
mit $16,67\,\% \cdot 16,67\,\% \cdot 16,67\,\% = 0,46\,\%$ Wahrscheinlichkeit.

Allgemein: Die Wahrscheinlichkeit w, dass m **voneinander völlig unabhängige Ereignisse gemeinsam eintreten,** ist gleich dem **Produkt der Einzelwahrscheinlichkeiten**.

$$w = w_1 \cdot w_2 \cdot \ldots \cdot w_m$$

(3) Wenn die m Ereignisse sämtlich die gleiche Wahrscheinlichkeit w_1 haben (z.B. beim Wunsch, nacheinander m mal die ‚6' zu würfeln) , dann reduziert sich die Formel auf

$$w = w_1^{\,m}$$

(4) Die Wahrscheinlichkeit w für das **Eintreten eines von m Ereignissen**, die sich **gegenseitig ausschließen**, ist gleich der **Summe der Einzelwahrscheinlichkeiten**:

$$w = w_1 + w_2 + \ldots + w_m$$

Beispiel: Die Wahrscheinlichkeit entweder eine ‚6' oder eine ‚1' zu würfeln ist $w = \frac{1}{6} + \frac{1}{6}$

(5) Um zu berechnen, wie wahrscheinlich ein Ereignis 1 **im Vergleich** zu einem wahrscheinlicheren Ereignis 2 ist, also $w_1 \leq w_2$, berechnet man den Quotienten:

$$w = \frac{w_1}{w_2}$$

Beispiel: Die Wahrscheinlichkeit eine ‚6' zu würfeln ist nur $\frac{1}{3}$ der Wahrscheinlichkeit mit einer Münze ‚*Kopf*' zu werfen: $w = \dfrac{\frac{1}{6}}{\frac{1}{2}} = \dfrac{1}{3}$

---

23 Näheres ⮑ Selle: *Mathematik für technische Assistenten*, Kapitel 8.2 *Wahrscheinlichkeitsrechnung*.

6.4 Korrektur des Messprotokolls

Wir korrigieren nun die Anzahlen der Geschwindigkeitsmessungen des Messprotokolls so, dass sie möglichst wenig von den Ausgleichskurven abweichen. Dieser Schritt ist sehr subjektiv. Wir legen ihm deshalb eine einfache Gesetzmäßigkeit zugrunde, die leicht in die Dokumentationseinheit eines Messgerätes zu implementieren ist oder bei manuellem Eingriff bequem zu handhaben wäre:

Annahme: Jede zweite Messung mit 83 $^{km}/_h$, 88 $^{km}/_h$ und 93 $^{km}/_h$ der (nicht manipulierten) Messreihe wurde um 1 $^{km}/_h$ erhöht. Die angenommene Manipulation rückgängig zu machen erfordert also folgende Korrekturen der im Messprotokoll angegebenen Messwert-Häufigkeiten[24]:

v [km/h]	Anzahl der Geschwindigkeitsübertretungen				Bemerkung	Erläuterung:
	n_P	n_D	$n_K = n_P + n_D$	$n_A{}^* - n_K$		
83	4	+3	7	0,789	Optimal	$n_A{}^*$ = Anzahl der normierten
84	9	−3	6	0,775		Ausgleichskurve, ☞ Tab. 9
88	2	+2	4	0,060	Optimal	n_D = Änderung der Anzahl
89	5	−2	3	0,454		(,Differenz')
93	2	+2	4	1,930	Optimal	n_K = Korrigierte Anzahl
94	5	−2	3	1,173		n_P = Anzahl lt. Messprotokoll

Tab. 4: Glättung der Peaks

Nach dieser Korrektur liegen die Messwerthäufigkeiten an allen drei Bußgeldgrenzen optimal zur Ausgleichskurve und die Annahme wurde bei dieser Korrektur erfüllt.

6.5 Prüftests

6.5.1 F-Test

Die geringe Sensibilität des F-Tests kann dadurch etwas ausgeglichen werden, dass man sich auf den Vergleich der nicht plausiblen Anzahlen von Geschwindigkeitsübertretungen des Messprotokolls an den Bußgeldgrenzen n_P mit den plausibleren korrigierten Anzahlen n_K von Tab. 4 beschränkt.

Nr. i	Geschwindigkeit v [km/h]	Protokoll n_P	Korrigiert n_K	$n_P{}^2$	$n_K{}^2$
1	83	4	7	16	49
2	84	9	6	81	36
3	88	2	4	4	16
4	89	5	3	25	9
5	93	2	4	4	16
6	94	5	3	25	9
$N = 6$	Summe:	27	27	155	135

Tab. 5: Berechnung F-Test   Mit: $N_P = N_K = N = 6$

$$s_P{}^2 = \frac{1}{N_P - 1} \cdot \left[\sum_{i=1}^{N_P} n_P{}^2 - \frac{1}{N_P} \cdot \left(\sum_{i=1}^{N_P} n_P \right)^2 \right] = \frac{1}{5} \cdot \left[155 - \frac{1}{6} \cdot 27^2 \right] = 6,7$$

$$s_K{}^2 = \frac{1}{N_K - 1} \cdot \left[\sum_{i=1}^{N_K} n_K{}^2 - \frac{1}{N_K} \cdot \left(\sum_{i=1}^{N_K} n_K \right)^2 \right] = \frac{1}{5} \cdot \left[135 - \frac{1}{6} \cdot 27^2 \right] = 2,7$$

$$F = \frac{s_P{}^2}{s_K{}^2} = \frac{6,7}{2,7} = 2,48$$

< 5,05 (Tabellenwert der F-Verteilung für $\alpha = 0,05$), d. h. kein signifikanter Unterschied für Irrtumswahrscheinlichkeit 5 %. Die Wahrscheinlichkeit, dass die Sprünge an den Bußgeldgrenzen nicht zufällig sind, beträgt **86,85 %**.

24 ☞ Graph auf der Cover-Rückseite

6.5.2 t-Test

Der t-**Test** ist für den vorliegenden Fall ungeeignet, weil er letztlich nur Mittelwerte vergleicht. Der Mittelwert der Häufigkeitsverteilung ändert sich aber nicht, wenn einzelne Messwerte einer anderen Geschwindigkeit zugeordnet werden.

6.5.3 χ^2-Test

Auch für den χ^2-**Unabhängigkeitstest** empfiehlt sich die Beschränkung auf den Vergleich zwischen den nicht plausiblen mit den korrigierten Anzahlen von Geschwindigkeitsübertretungen. Die betreffenden Anzahlen werden für eine Darstellung in einer Vier-Felder-Tafel zusammengefasst.[25]

	83 km/h 88 km/h 93 km/h	84 km/h 89 km/h 94 km/h	$\sum O$
Anzahlen lt. Messprotokoll:	8	19	**27**
Im Messprotokoll erwartete Anzahlen:	11,50	15,50	
Korrigierte Anzahlen:	15	12	**27**
Erwartete Anzahlen nach Korrektur:	11,50	15,50	
$\sum O$:	**23**	**31**	**54**

Tab. 6: Berechnung zum χ^2-Unabhängigkeitstest Abkürzung: O = Beobachtete Werte E_i und G_i

Dieser Tabelle liegt folgendes Berechnungsschema zugrunde:

	Ereignis	Gegenereignis	$\sum O$
Anzahlen lt. Messprotokoll:	E_1	G_1	$E_1 + G_1$
Im Messprotokoll erwartete Anzahlen:	e_1	g_1	
Korrigierte Anzahlen:	E_2	G_2	$E_2 + G_2$
Erwartete Anzahlen nach Korrektur:	e_2	g_2	
$\sum O$:	$E_1 + E_2$	$G_1 + G_2$	$E_1 + E_2 + G_1 + G_2$

Tab. 7: Berechnungsschema zum χ^2-Unabhängigkeitstest

$$N = E_1 + E_2 + G_1 + G_2$$

$$e_1 = \frac{(E_1 + G_1) \cdot (E_1 + E_2)}{N}$$

$$e_2 = \frac{(E_1 + E_2) \cdot (E_2 + G_2)}{N}$$

$$g_1 = \frac{(E_1 + G_1) \cdot (G_1 + G_2)}{N} \qquad \text{mit } e_1 + g_1 = E_1 + G_1$$

$$g_2 = \frac{(G_1 + G_2) \cdot (E_2 + G_2)}{N} \qquad \text{und } e_2 + g_2 = E_2 + G_2$$

$$\chi^2_{ber} = \frac{(E_1 - e_1)^2}{e_1} + \frac{(E_2 - e_2)^2}{e_2} + \frac{(G_1 - g_1)^2}{g_1} + \frac{(G_2 - g_2)^2}{g_2}$$

χ^2_{Tab} = 2,706   Tabellenwert der χ^2-Verteilung für 90%ige Wahrscheinlichkeit
(1 Freiheitsgrad),
dass die Sprünge an den Bußgeldgrenzen nicht zufällig sind

χ^2_{ber} = 3,71 $> \chi^2_{Tab}$,   d. h. der korrekturbedingte Unterschied ist nicht zufällig,
und zwar mit 95 % Wahrscheinlichkeit!

---

25 Meine Darstellung weicht von der in der Statistik üblichen Symbolik ab, um das Schema etwas leichter lesbar zu machen.

6.6 Fallspezifische Wahrscheinlichkeitsberechnung

6.6.1 Wahrscheinlichkeit der Peakposition

Meine Abschätzung beschränkt sich auf die Anwendung von zwei der oben[26] angegebenen elementaren Aussagen der Statistik, formal dargestellt in (1) und (2). Vorausgesetzt wird darüber hinaus lediglich die **subjektive Einschätzung**, dass mehr als doppelt so viele Messungen an drei Bußgeldgrenzen im Vergleich zu den Anzahlen unmittelbar darunter und (zumindest in zwei Fällen) auch unmittelbar darüber **auffällig genug** (in der Sprache der Statistik:_signifikant_) sind.

Eingangs habe ich die Schwäche der statistischen Prüfverfahren, die nur die Häufigkeitsverteilung analysieren, herausgestellt. Ich wähle nun **das andere Extrem**: Die protokollierten Anzahlen lasse ich gänzlich außer acht und betrachte nur die **Position der Peaks**. Dabei nehme ich zunächst an, dass die Peaks rein zufällig aufgetreten sind und beweise dann, dass die Annahme mit großer Sicherheit falsch ist. Dies ist eine übliche Vorgehensweise bei statistischen Prüfungen. Meine Betrachtung hat den großen Vorteil, dass sie sich **allein mit dem gesunden Menschenverstand und Grundrechenarten** nachvollziehen lässt.

Behauptung: Die Wahrscheinlichkeit, dass die im Messprotokoll vorliegende Verteilung **nicht zufällig** ist, beträgt **mehr als 99,2%**.

Beweis: Es hätte ein **zufälliger** Sprung bei 84 $km/_h$ genau so wahrscheinlich bei
             82, 83, 85 oder 86 $km/_h$ auftreten können,
       der bei 89 $km/_h$ genau so wahrscheinlich bei
             87, 88, 90 oder 91 $km/_h$ auftreten können,
       der bei 94 $km/_h$ genau so wahrscheinlich bei
             92, 93, 95 oder 96 $km/_h$.

Es gibt bei dieser vereinfachten Betrachtung jeweils 5 Möglichkeiten, wo der zufällige Sprung hätte auftreten können. Die Wahrscheinlichkeit, dass er genau an der jeweiligen Bußgeldgrenze auftritt, ist damit gemäß (1): $w_{1PP} = \frac{1}{5} = 20\,\%$

Die Wahrscheinlichkeit, dass der Sprung in allen drei Fällen zufällig genau an der Bußgeldgrenze auftritt, ist somit gemäß (2): $w_{3PP} = 20\% \cdot 20\% \cdot 20\% = 0{,}8\%$

Umgekehrt ausgedrückt kann also festgestellt werden:

     Die Wahrscheinlichkeit, dass diese Verteilung **nicht zufällig** ist, beträgt **99,2%**.
     Dies gilt in der Statistik als **hochsignifikant** und damit i. A. als ausreichend sicher.[27]

Tatsächlich gibt es mehr als 5 Möglichkeiten für jeden Sprung.[28] Die **Manipulationswahrscheinlichkeit ist deshalb größer als 99,2%**, wie behauptet.

6.6.2 Wahrscheinlichkeit der Peakhöhe

Meine Abschätzung stützt sich auf die vier oben angegebenen Formeln in (1) bis (3) und (5) sowie die Wahrscheinlichkeit der Geschwindigkeiten, die mit den **Ausgleichskurven (A), (B)** und **(C)** der allgemeinen Form $n = f \cdot v^e + K$ gegeben ist.

Para-meter	(A)	Variante der Ausgleichskurve (B)	(C)
_e_	−11,651 303 634 029 8	-12,026 909 624 322 5	−12,033 464 844 770 2
_f_	1,806 623 513 011 22 · 10^{23}	9,645 090 567 247 11 · 10^{23}	9,929 531 751 532 56 · 10^{23}
_K_	0	0	−0,000 203 032 335

Tab. 8:   Parameter der Ausgleichskurven

(A)   Kurve basiert auf der vorliegenden Messreihe. Für die anderen beiden Kurven gilt:
(B), (C)   optimiert für geglättete Peaks
(C)   optimiert für vernachlässigten Ausreißer bei _v_ = 143 km/h
(C)   optimiert für Nebenbedingung: $n \leq 0$ für $v \geq 200$ km/h

---

26 _↗6.3 Elementare Grundlagen der Statistik._
27 Bei statistischen Prüfungen begnügt man sich häufig mit einem **Signifikanzniveau von 95%**, nur bei hohen Anforderungen wählt man 99% oder gar 99,9%.
28 _↗6.7 Simulation der Messreihe_: 3. Abs. und folgende.

Die optimierten Ausgleichskurven $n(v)$[29] wurden normiert zu $n^*(v)$[30] und daraus die Wahrscheinlichkeit $w_x(v)$ der drei Ausgleichskurven für jede Geschwindigkeit v berechnet:

v [km/h]	Ausgleichskurve (A) mit $N_A = 84$			Ausgleichskurve (B) mit $N_B = 84$			Ausgleichskurve (C) mit $N_C = 83$		
	n_A	$n_A{}^*$	$w_A = n_A{}^*/N_A$	n_B	$n_B{}^*$	$w_B = n_B{}^*/N_B$	n_C	$n_C{}^*$	$w_C = n_C{}^*/N_C$
83	7,891	7,789	9,273%	8,012	7,972	9,491%	8,012	7,883	9,497%
84	6,863	6,775	8,065%	6,937	6,903	8,218%	6,937	6,825	8,222%
88	3,991	3,940	4,691%	3,965	3,945	4,696%	3,963	3,899	4,698%
89	3,499	3,454	4,112%	3,461	3,444	4,100%	3,459	3,403	4,100%
93	2,096	2,070	2,464%	2,040	2,030	2,416%	2,038	2,005	2,416%
94	1,851	1,827	2,175%	1,793	1,785	2,125%	1,792	1,763	2,124%

Tab. 9:   Häufigkeitswerte der Ausgleichskurven und Wahrscheinlichkeit der Geschwindigkeiten

Zur Vereinfachung der Rechnung beschränken wir uns auf die Betrachtung der Wahrscheinlichkeiten der Korrekturen.[31] Alle in korrigierter und nicht korrigierter Messreihe gemeinsam auftretenden Anzahlen bleiben also außer Betracht. Für die 1. Bußgeldgrenze 84 $^{km}/_h$ ergibt sich bei dieser Sichtweise: Für drei Messungen beschränken wir uns auf zwei Alternativen[32]:

Entweder Messwertzählung bei 83 $^{km}/_h$ mit w_{83} oder Messwertzählung bei 84 $^{km}/_h$ mit w_{84}

Bei Zählung von drei Messungen, z. B. mit der Wahrscheinlichkeit w_{83} ergibt sich mit (3):

$$w_{3 \cdot 83} = w_{83}{}^3$$

Die Vereinfachung der Betrachtungsweise führt zu folgenden Peakhöhe-Wahrscheinlichkeiten:

v [km/h]	$\lvert n_D \rvert$	Ausgleichskurve (A)		Ausgleichskurve (B)		Ausgleichskurve (C)		Änderung durch Peakglättung
		w_v	$w_v{}^{\lvert n_D \rvert}$	w_v	$w_v{}^{\lvert n_D \rvert}$	w_v	$w_v{}^{\lvert n_D \rvert}$	
83	3	9,273 %	0,079 739 %	9,491 %	0,085 489 %	9,497 %	0,085 657 %	$w_{83}{}^7 < w_{83}{}^4$
84		8,065 %	0,052 465 %	8,218 %	0,055 494 %	8,222 %	0,055 590 %	$w_{84}{}^6 > w_{84}{}^9$
Mit (5):		$w_{84PH(A)} =$ **65,795 765 %**		$w_{84PH(B)} =$ **64,913 816 %**		$w_{84PH(C)} =$ **64,897 752 %**		$= w_{84}{}^{\lvert n_D \rvert}/w_{83}{}^{\lvert n_D \rvert}$
88	2	4,691 %	0,220 017 %	4,696 %	0,220 561 %	4,698 %	0,220 670 %	$w_{88}{}^4 < w_{88}{}^2$
89		4,112 %	0,169 084 %	4,100 %	0,168 069 %	4,100 %	0,168 125 %	$w_{89}{}^3 > w_{89}{}^5$
Mit (5):		$w_{89PH(A)} =$ **76,850 432 %**		$w_{89PH(B)} =$ **76,200 858 %**		$w_{89PH(C)} =$ **76,188 415 %**		$= w_{89}{}^{\lvert n_D \rvert}/w_{88}{}^{\lvert n_D \rvert}$
93	2	2,464 %	0,060 700 %	2,416 %	0,058 375 %	2,416 %	0,058 356 %	$w_{93}{}^4 < w_{93}{}^2$
94		2,175 %	0,047 309 %	2,124 %	0,045 134 %	2,124 %	0,045 111 %	$w_{94}{}^3 > w_{94}{}^5$
Mit (5):		$w_{94PH(A)} =$ **77,940 215 %**		$w_{94PH(B)} =$ **77,316 519 %**		$w_{94PH(C)} =$ **77,303 528 %**		$= w_{94}{}^{\lvert n_D \rvert}/w_{93}{}^{\lvert n_D \rvert}$
		$w_{PH(A)} =$ **39,409 947 %**		$w_{PH(B)} =$ **38,244 527 %**		$w_{PH(C)} =$ **38,222 396 %**		$= P$ (*)

Tab. 10:   Vergleich der Wahrscheinlichkeiten von Messprotokollpeaks mit geglätteten Peaks

(*) $P = w_{PH(X)} = w_{84PH(X)} \cdot w_{89PH(X)} \cdot w_{94PH(X)} = w_{Messprotokoll}/w_{geglättet}$ (5)

6.6.3   Wahrscheinlichkeit der Peaks

Die Abschätzung von 6.6.1 basiert lediglich auf den Positionen der Peaks. Sie vernachlässigt, dass die Wahrscheinlichkeit für die beobachtete Höhe eines jeden der drei Peaks <100% ist. Mit (2) kann nun die Wahrscheinlichkeit für das gemeinsame Auftreten der drei Peaks unter Berücksichtigung der Berechnung von 6.6.2 genauer abgeschätzt werden:

$$w_{P(A)} = w_{3PP} \cdot w_{PH(A)} < 0{,}8\,\% \cdot 39{,}41\,\% = 0{,}315\,\%$$
$$w_{P(B)} = w_{3PP} \cdot w_{PH(B)} < 0{,}8\,\% \cdot 38{,}24\,\% = 0{,}306\,\%$$
$$w_{P(C)} = w_{3PP} \cdot w_{PH(C)} < 0{,}8\,\% \cdot 38{,}22\,\% = 0{,}306\,\%$$

Für beide Ausgleichskurven ergibt sich also eine Wahrscheinlichkeit für die im Messprotokoll dokumentierte Peakkombination von weniger als $w_P \approx \mathbf{0{,}31\,\%}$.

Die Wahrscheinlichkeit für Manipulation ist damit größer als ≈99,69 %.

---

29 Optimiert heißt: Die Abweichung von den Häufigkeiten der vorliegenden Messreihe ist möglichst gering, korrekt formuliert: Die Summe der Quadrate der Abweichungen bzw. der mittlere quadratische Fehler ist minimal.

30 Mit ‚normiert' ist gemeint: Die Summe der Funktionswerte im Bereich 81 km/h … 200 km/h = N = Gesamtzahl der Messwerte der Messreihe = 84 für die Augleichskurven (A) und (B) bzw. 83 für Augleichskurve (C).

31 $\looparrowright$ *6.4 Korrektur des Messprotokolls,* Tab. 4: *Glättung der Peaks.* Das Ergebnis wird durch diese Vereinfachung nicht beeinflusst, denn es bleiben ja nur Wahrscheinlichkeiten unberücksichtigt, die identisch sind.

32 Um die hier benutzte Formulierung ‚*Alternative*' nicht misszuverstehen: Jede Messung kann prinzipiell sehr viele unterschiedliche Geschwindigkeiten ergeben. Wir beschränken uns hier auf den Vergleich von zwei dieser Möglichkeiten.

6.7   Simulation der Messreihe

Die in 6.6.1 vorgestellte simple fallspezifische Wahrscheinlichkeitberechnung für nicht zufällige Häufungen der Messwerte an den Bußgeldgrenzen ist **unbestreitbar richtig**. Unbewiesen ist aber, dass sie auch **berechtigt** ist, ob also die zugrunde liegende subjektive Einschätzung richtig ist, dass sowohl die Anzahl der Messwerte des Messprotokolls als auch Höhe der Peaks ausreichend groß sind um sie in der Wahrscheinlichkeitsberechnung außer Acht lassen zu können. Die ‚sehr geringe' (aus der Sicht der Statistik) Messwerteanzahl 84 führt zu einer Unsicherheit, die in den in 6.6.1 angegebenen 99,2 % nicht berücksichtigt ist.

Deshalb habe ich die in 6.6.3 vorgestellte Abschätzung der **Manipulationswahrscheinlichkeit der Peaks** durch möglichst viele Simulationen der Messreihe mit Zufallszahlen überprüft.[33]

Die möglichen Positionen der Peaks werden in 6.6.1 vereinfacht betrachtet, denn:

1) Der 3. Peak hätte auch bei Geschwindigkeiten >96 km/h auftreten können.

2) Wenn der 1. Peak bei 83 km/h auftritt, kann der 2. auch bei 85 km/h und der 3. bei 87 km/h auftreten.[34]

Die Peakpositionen sind deshalb weniger wahrscheinlich als in der Abschätzung angegeben.

Den Simulationen habe ich bevorzugt die Ausgleichskurve (A) zugrunde gelegt, die auf dem unveränderten Messprotokoll basiert. Sie lautet: $n = 1,8066 \cdot 10^{23} \cdot v^{-11,6513}$

Die Ausgleichskurve berücksichtigt zwangsläufig alle ‚natürlichen' Einflüsse auf die vorliegende Messreihe, von denen ich in 6.2 *Zur Problematik wissenschaftlich fundierter Beweisführung* wohl die wichtigsten genannt habe, und zwar ohne vereinfachende Annahmen.[35]

Die Simulationen bestätigen eindrucksvoll die Abschätzung von *↗6.6 Fallspezifische Wahrscheinlichkeitsberechnung*. Bei den Simulationen sind solche Vernachlässigungen wie in 6.6 nicht erfolgt. Ihre Unsicherheit liegt im Wesentlichen in der zugrunde gelegten Ausgleichskurve. Deren Einfluss ist allerdings sehr gering, wie der Vergleich von Tab. 25, Tab. 26 und Tab. 27 vermuten lässt.

Eine weitere Unsicherheit entsteht durch die Pseudo-Zufallszahlen von *Excel*, die eine feste Zahlenfolge bilden mit nur Zufallscharakter.[36] Bei sinnvoller Parameterwahl werden die Messreihen aber sehr realistisch simuliert. Danach beträgt die Wahrscheinlichkeit für drei Bußgeldgrenzen-Peaks mit einer relativen Höhe von mindestens $9/4$, $5/2$, $5/2$ in einer Messreihe mit 84 Messwerten nur 0,10 % ±0,02 %.[37] Die Wahrscheinlichkeit

für eine nicht zufällige Verteilung der Messwerte ist also   nicht 99,69 %, sondern **99,90 %**,
bzw. für rein zufällige Sprünge an den Bußgeldgrenzen   nicht   0,31 %, sondern   **0,10 %**,
                                              also lediglich $1/3$ der vorsichtigen Abschätzung.

Für Betroffene, deren Messprotokoll ebenfalls auffällige Peaks enthält, aber nicht zufällig auch 84 Messwerte, sollen die beiden folgenden Grafiken einen Anhaltspunkt für die **Manipulationswahrscheinlichkeit ihrer Messreihe** liefern.[38]

---

33 *↗Anhang: A3 Messreihensimulation in Excel 2007.*
34 Wenn die Ausreißer nach oben so dicht bei einander liegen, spricht man in der Messtechnik nicht von ‚Peaks'.
35 Einschränkungen: 1) Die geringe Messwerteanzahl 84 lässt nur eine grobe Bestimmung einer Ausgleichskurve zu, die das obere Ende der zugrunde liegenden Häufigkeitsverteilung wiedergibt.
                  2) Ich habe aus dem unten dargestellten Grund die Form einer potenziellen Ausgleichskurve gewählt, *↗Anhang: A2.1 Erläuterung der Situation aus der Sicht der Statistik.*
36 *↗Anhang: A3.2 Ergebnisse der Messreihensimulation .*
37 Häufigkeit 0–0 an der Bußgeldgrenze erfüllt die Bedingung für die Peakhöhe, ist hier aber nicht gezählt.
38 Sie basieren auf den Werten von Tab. 33, *↗Anhang: A3.2 Ergebnisse der Messreihensimulation.*

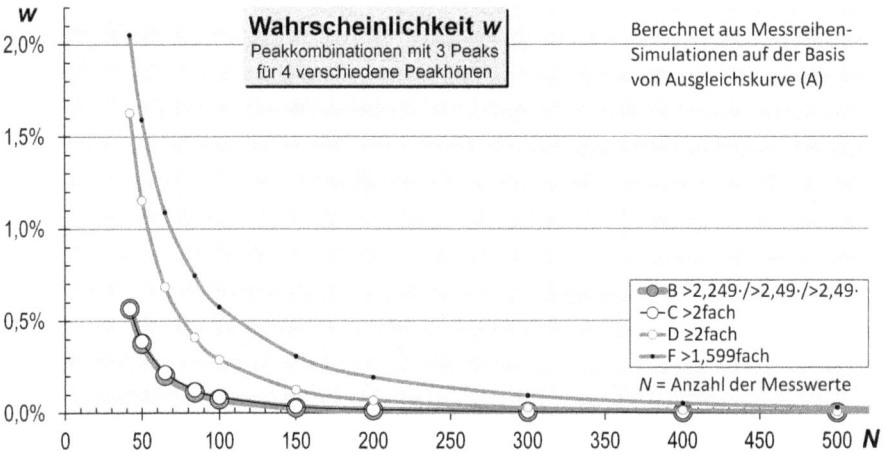

Abb. 25: Wahrscheinlichkeit für drei Bußgeldgrenzen-Peaks, kleine Messwerteanzahlen

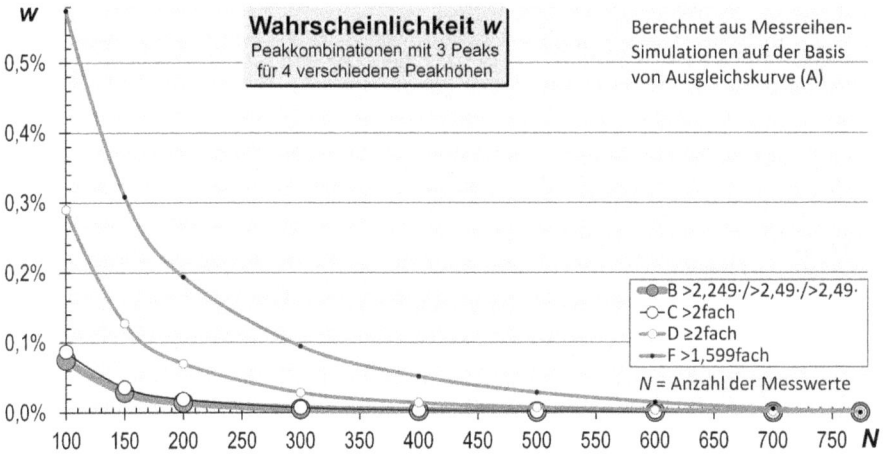

Abb. 26: Wahrscheinlichkeit für drei Bußgeldgrenzen-Peaks, große Messwerteanzahlen

In nur 150 der insgesamt dokumentierten 171.094.740 simulierten Messreihen traten exakt die drei Bußgeldgrenzen-Peaks (4–9, 2–5, 2–5) des Messprotokolls auf.[39] Zur Veranschaulichung, wie selten das ist, rechnen wir dies in einen Messzeitraum um:

Die Messreihe mit 84 Messungen wurde in einem Zeitraum von 8 Tagen erstellt, und zwar mit einer von seinerzeit vier Messeinrichtungen. Um zufällig eine Messreihe mit exakt dieser Peakkonstellation des Messprotokolls vorzufinden muss man durchschnittlich

$$\frac{171.094.740 \cdot 8 \text{ Tage}}{150 \cdot 4} = 2.281.263 \text{ Tage} = \textbf{6.246 Jahre} \text{ warten.}$$

Diese Wartezeit-Prognose ist natürlich sehr gewagt, denn es ist nicht sichergestellt, dass der Kreis▭▭▭ im Jahre 8.261 noch existiert und wenn, dann wird man bis dahin gewiss eine bessere Messmethode entwickelt haben — falls in so ferner Zukunft überhaupt noch Autos fahren.

39 Tab. 25 bis Tab. 33 (Tabellenspalte #), *ANHANG: A3.2 Ergebnisse der Messreihensimulation.*

6.8 Bemerkung zur juristischen Würdigung

Ich erlaube mir eine Stellungnahme als Nichtjurist mit ‚normalem' Rechtsempfinden.

Im Falle einer nicht zweifelsfrei bewiesenen Täterschaft gilt in einem Rechtsstaat die Unschulds-vermutung und der Beschuldigte muss ‚*mangels Beweises*' freigesprochen werden.

In Bußgeldverfahren lässt die Justiz diesen Grundsatz offensichtlich nicht gelten und hat zum Behelf Geschwindigkeitsmessungen als ***Standardisiertes Messverfahren*** deklariert. Die Motiva-tion dazu ist wohl, eine Flut von Widersprüchen zu vermeiden. Wenn aber Geschwindigkeitsmes-sungen so fragwürdig sind wie im vorliegenden Fall, dann muss die Justiz diese Widersprüche dulden.

Mein Fall galt offensichtlich auch für das Gericht nicht als ‚*Standardisiertes Messverfahren*', denn diese Einstufung erfolgte zu keinem Zeitpunkt.[40] Trotzdem entschied das Gericht so, als wären wir im Standardisierten Messverfahren, denn es erlegte mir die Beweislast für eine Fehlmessung auf.

Der hier vorgestellte Beweis für die Manipulation mehrerer Messwerte leistet für meinen Fall sehr viel mehr als ‚nur Zweifel' an der Korrektheit des Messwertes aufkommen zu lassen: Er hat ge-zeigt, dass der **Vorwurf mit sehr großer Sicherheit zu Unrecht** erhoben wurde, lediglich **Rest-zweifel**, ob er vielleicht doch berechtigt sein könnte, hatte ich nicht völlig ausgeräumt, allerdings nur mit seinerzeit **0,8% Wahrscheinlichkeit**.[41]

Um seinen Schuldspruch zu rechtfertigen hat das Gericht meinen statistischen Beweis mit der hilflos-lapidaren Bemerkung abgetan (wörtlich aus dem Gedächtnis): „*Die Mathematik lassen wir mal weg.*" Mein sehr simpler statistischer Beweis von 6.6.1 wird im Gerichtsprotokoll nicht erwähnt.

Ein Urteil, das Wahrscheinlichkeiten berücksichtigt, wollte das Gericht nicht fällen. Bekannterma-ßen sind aber Wahrscheinlichkeiten in anderem Zusammenhang, insbesondere bei Schwerstkri-minalität, juristisch sehr wohl relevant. Typische Beispiele sind:

- DNA-Analyse
- Fingerabdruck
- Vaterschaftstests
- Indizienbeweis[42]
- Blutgruppenzuordnung von Blutspuren[43]
- Gegenüberstellung[44]
- Widersprüchliche Zeugenaussagen
  Eine richterliche Entscheidung über die Glaubwürdigkeit von Zeugenaussagen ist genau genommen eine Abschätzung der Wahrscheinlichkeit für die Richtigkeit seiner Aussagen

Nach der Hauptverhandlung habe ich die Messreihe für diese Dokumentation millionenfach simu-liert um alle Zweifel an der von mir angegebenen Manipulationswahrscheinlichkeit auszuräumen.

---

40 In Bl. 340 der Gerichtsakte wird die Sachlage, wohl aufgrund der vielen Ungereimtheiten und Widersprüche, sogar ausdrücklich als ‚*kompliziert*' eingestuft (Bl. 340 der Gerichtsakte). Damit wurde insbesondere eine un-verhältnismäßig hohe SV-Vergütung begründet. Deshalb handelt es sich bei dieser Messung nicht um ein ‚*Standardisiertes Messverfahren*'. Das Gericht hat sich auch zu keinem Zeitpunkt darauf berufen.
   Beim ‚*Standardisierten Messverfahren*' ist ein Messfehler prinzipiell vom Beschuldigten nachzuweisen.
41 Außerhalb des ‚*Standardisierten Messverfahrens*' hätte dieser Beweis als ausreichend gelten müssen.
42 Er dient in seltenen Fällen sogar dazu, Täter zu ‚überführen', obwohl kein Statistiker die Wahrscheinlichkeit einer Täterschaft aufgrund von Indizien beziffern kann.
43 Da gibt es nicht so wahnsinnig viele Varianten. Trotzdem dienen (oder dienten?) sie als Indiz für eine Täter-schaft.
44 Bei einer Gegenüberstellung mit sechs Personen hat das Gericht eine Chance von 83%, einen unsicheren oder gar unehrlichen Zeugen zu entlarven. Die RichterInnen entscheiden (wie auch beim Indizienbeweis) un-ter Würdigung weiterer Umstände nach ihrem Bauchgefühl. Nun ja, es geht bei solchen Urteilen i.A. um **Schwerstkriminalität**. Da muss man sich eben mit einer **gewissen Unsicherheit in der Beweiskette** zufrie-den geben. Bei einem **Bußgeldverfahren** dagegen kann man erwarten, dass ein **Unschuldsbeweis absolut sicher** ist! Es mag sein, dass dies etwas ironisch klingt.

7   JUSTIZ

7.1   Amtsgericht

Ein paar Formalien:

Der Termin der Hauptverhandlung wurde insgesamt **achtmal verschoben,**[45] so dass mein Bußgeldbescheid vom 05.05.2015 schließlich erst am **24.11.2016** verhandelt wurde.

Ebenso überrascht hat uns, dass das Gericht sich selbst darum bemüht hat, Erkenntnisse zu der von uns erkannten falschen Selbstidentifikation des Messgerätes zu gewinnen. Das Gericht hatte — soweit uns bekannt ist — bei der PTB und später beim Gerätehersteller diesbezüglich nachgefragt und wegen wohl unbefriedigender Antworten S_2 von der PTB als SV (SV2) und den Mitarbeiter Z_2 des Geräteherstellers als Zeugen (Z3) vor Gericht geladen.

Die Zeugen X_4 (Z1) und X_5 (Z2) wurden in der Ladung zum Gerichtstermin nur mit Nachnamen genannt. Deshalb ist uns unklar, wie das Gericht unter diesen Umständen die **Identität der Zeugen** zweifelsfrei festgestellt hat, zumal keine Vorlage eines amtlichen Papieres zu ihrer Person vom Gericht verlangt wurde.

Dies ist für uns bedeutsam, weil der Zeuge X_4 nicht derjenige Techniker X_3 war, der uns am 23.03.2015 unter gleichem Namen vorgestellt wurde und die beiden Beweisfoto-Originale nicht zeigen konnte. Dessen sind wir, mein Sohn und ich, uns sicher, denn X_4 ist kleiner und schlanker als X_3, hat hellere Haare und trägt im Ggs. zu diesem keinen Bart. Meiner vorsichtig formulierten Bemerkung, dass *„ich ihn nicht wiedererkenne, er hätte wohl abgenommen"*, war der Zeuge in der HV ausgewichen mit einem Dank für mein ‚Kompliment'. Die Aussage von X_3[46] steht aber nun mal in krassem Widerspruch zur Zeugenaussage von X_4.[47] Ich hatte in der HV nicht die Gelegenheit, darauf aufmerksam zu machen.

Seltsam auch: Der MdLBME Y_4 wurde als Zeuge geladen, aber **in keiner uns vorliegenden Ladungsschrift erwähnt.** Das mag dem Wirrwarr in diesem Bagatellbußgeldverfahren geschuldet sein. Im Gerichtsprotokoll ist Y_4 jedenfalls ordnungsgemäß als (Z4) aufgeführt.

Das **Gerichtsprotokoll gibt nur einen sehr kleinen Bruchteil der fünfstündigen Verhandlung** wieder. Es umfasst neun DIN-A4-Seiten; davon sind zwei Seiten Formalien. Fast alle[48] für eine Verurteilung problematischen Inhalte — nach unserer Bewertung — wurden nicht aufgenommen!

---

45 Dies geschah u. a. mit Rücksicht auf ausstehende Beweismittel und in zwei Fällen sogar am Tag vor dem Termin, eine angenehme Überraschung für uns.

46 ☞3.3.1 *Besuch beim Ordnungsamt.*

47 ☞8.1 *Zeugenaussagen*: Der Zeuge X_4 hat in der HV u. a. ausgesagt, dass er die Messungen selbst auswertet, und zwar mit dem Programm ‚*Planet'.*

48 Das einzige Beispiel, das uns auffiel, ist die brisante Aussage des Zeugen X_4, dass er die Geschwindigkeit mit seinem Auswerteprogramm ‚*Planet'* ändern könne. Der erfolglose Versuch des SV S_1, diese Aussage zu korrigieren, ist nicht protokolliert.

In ☞8.1 *Zeugenaussagen* haben wir auf mehrere übergangene Fragen und Aussagen hingewiesen.

7.2 Staatsanwaltschaft

7.2.1 Anzeige der Manipulation der Geschwindigkeitsmessung

Am 14.04.2016 hatten wir — nach unserer Ansicht — ausreichende Erkenntnisse gesammelt für eine Anzeige. Die Staatsanwaltschaft hat daraufhin am 15.04.2016 ein Verfahren eröffnet. Am 12.06.2016 habe ich vier weitere Indizien mitgeteilt, die für die Manipulation von Messwerten sprechen. In einem späteren Telefonat erfuhr ich, dass die Entscheidung über die Aufnahme von Ermittlungen erst nach Abschluss des Gerichtsverfahrens fallen wird. Es wäre auch nicht erforderlich, dass ich die Staatsanwaltschaft parallel zum Gericht über weitere Erkenntnisse informiere, weil ihr die vollständige Gerichtsakte nach der Hauptverhandlung zur Verfügung stehen würde.

Mit Schr. vom 02.01.2017 teilte mir die Staatsanwaltschaft dann mit, dass das Ermittlungsverfahren gegen X_3/X_4 und X_5 eingestellt wurde und begründete dies so:

(1) *Beweismittel, die eine bedenkenfreie Überführung ermöglichen könnten, liegen nicht vor.*

(2) *Die umfangreiche Durchführung der Hauptverhandlung des Amtsgerichts [...] vom 24.11.2016 hat nicht zum Nachweis von Straftaten der von Ihnen beschuldigten Personen geführt. Es haben sich weder in der Hauptverhandlung noch in den vorbereiteten Gutachten und Stellungnahmen konkrete zureichende Anhaltspunkte für die von Ihnen vermuteten Manipulationen bei der Geschwindigkeitsmessung und der Auswertung der Bilder ergeben. Das gegen Sie ergangene Urteil vom 24.11.2016 wegen fahrlässiger Geschwindigkeitsüberschreitung ist rechtskräftig geworden, da Sie gegen das Urteil keine Rechtsmittel eingelegt haben.*

Vorweg: Ich hatte in meiner Anzeige deutlich gemacht, dass zwar die MdKrV X_3/X_4 und X_5 verantwortlich sind für die Geschwindigkeitsmessung, dass aber zumindest X_3, der uns bei unserem Besuch der Kreisverwaltung Beweisfotos gezeigt hat, nach unserer Einschätzung nicht an Beweismittelmanipulationen beteiligt ist. Dies hatten wir daraus geschlossen, dass ihm die vor der Auswertung noch unbearbeiteten Beweisfotos unbekannt waren. Er war im Glauben, die CD, die er — so seine Aussage — vom *Scandienst Oldenburg* erhält, würde die unbearbeiteten Fotos zeigen. Dazu muss man wissen, dass **die Auswertesoftware die unbearbeiteten Beweisfotos und die Messwerte anzeigt**, so lautet nämlich die PTB-Anforderung an die Auswertesoftware. Die Anzeige richtete sich deshalb auf den Vorwurf der Manipulation von Geschwindigkeitsmesswerten. Einen Täter konnte ich eben nicht nennen, weil ich ihn beim seinerzeit mit den Geschwindigkeitsmessungen befassten und durch Anonymität geschützten Scandienstleister vermute.

Zu (1) Diese Aussage ist irreführend. Sie ignoriert, dass ich einen Beweis für Manipulationen von Geschwindigkeitsmesswerten vorgelegt habe. Dieser wurde vom Gericht ignoriert.

Es klingt ja fast vorwurfsvoll, dass unsere privaten Recherchen nicht auch schon ‚*Beweismittel, die eine bedenkenfreie Überführung ermöglichen könnten,'* zum Ergebnis hatten. Wir haben nicht die Befugnisse der Staatsanwaltschaft. Deshalb ist es uns nicht möglich, **dem vermutlich Verantwortlichen vom *Scandienst Oldenburg* zweifelsfrei Betrug nachzuweisen**. Wir dürfen vermuten, dass die Mitarbeiter des *Scandienst Oldenburg* durch Beschränkung der Anschrift auf ein Postfach vor privaten Nachforschungen geschützt werden sollen. Und wir dürfen Zweifel haben, ob der *Scandienst Oldenburg* wirklich **nur zufällig**, kurz nachdem wir sie per Einschreiben mit Rückschein[49] angeschrieben und später einen spektakulären Prozess angekündigt hatten, geschlossen wurde.

---

49 Die Empfangsbestätigung ist unvollständig ausgefüllt, so dass der Empfänger nicht identifiziert werden kann, ☞ 3.2 *Scandienst Oldenburg/Hamburg.*

Seit meiner Anzeige haben wir außerdem die weitere Erkenntnis gewonnen, dass die Manipulationen von Messwerten bereits durch die Dokumentationseinheit ☐ IM erfolgen. Meinen diesbezüglichen statistischen Beweis, dass mehrere Messwerte mit mehr als 99,2 %iger Sicherheit manipuliert sein müssen, hatte das Gericht mit der hilflos-lapidaren Bemerkung abgetan (wörtlich aus dem Gedächtnis): *„Die Mathematik lassen wir mal weg.“*

Meine statistische Expertise zur Manipulation von Messwerten hatte ich dem Gericht bereits vor der Hauptverhandlung vorgelegt um eine sachverständige Prüfung zu ermöglichen. Tatsächlich habe ich darin aber auch einen sehr einfachen Weg der Beweisführung gefunden, der selbst für Nichtabiturienten, allein mit dem gesunden Menschenverstand nachvollziehbar ist, denn er beschränkt sich auf die **Grundrechenarten und Prozentschreibweise**. Meine Erläuterung hierzu habe ich zudem allgemeinverständlich formuliert.

Diese **Expertise kann in aller Ruhe geprüft werden**. Da muss man sich doch nicht auf die Stellungnahme des mathematisch inkompetenten Kfz-Sachverständigen S_1 und einen Missgriff des Gerichts berufen. Um alle Zweifel zu beseitigen habe ich das Ergebnis durch Simulation von 171.000.000 Messreihen geprüft und präzisiert.

Nach unserem jetzigen Erkenntnisstand würden sich Ermittlungen sehr einfach gestalten:

Die Staatsanwaltschaft hätte zunächst nur zu prüfen, ob die zu den Messungen dokumentierten Geschwindigkeitsüberschreitungen in einer realen Messreihe stimmig sind. Dies wäre ihr ein Leichtes: Während einer laufenden Messreihe mit unzulässiger Geschwindigkeit zwei- oder dreimal an einer Messstelle vorbeifahren, möglichst mit geeichtem Tachometer,[50] und **Messwert und tatsächliche Geschwindigkeit der unbearbeiteten Falldatei vergleichen**, natürlich nach direktem Auslesen der Messreihe, also noch bevor diese einem Auswerter zur Verfügung steht. Kurz gesagt:

1. Schritt: **Tatvorwurf prüfen**. Aufwand wie soeben beschrieben ca. 3 h. Bei Bestätigung des Vorwurfs steht **ein** Täter bereits fest: Gerätehersteller.

2. Schritt: **Mittäter ermitteln**. Dies sind die Auswerter, Schwierigkeit: Diese sind — entgegen den Zeugenaussagen — beim Scandienstleister zu suchen. Dass die eigentliche Auswertung der Messreihen nicht im Ordnungsamt erfolgt, lässt sich sehr schnell durch die Dokumente feststellen, die dort archiviert sein müssten, aber nach unseren Erkenntnissen (u. a. seit unserem Ordnungsamtbesuch) nicht beim Kreis ☐ vorliegen.

3. Schritt: **Uneidliche Falschaussagen** von Zeugen zur Anklage bringen.

Zu (2) Das Bemühen des Gerichts, unseren Vorwürfen auf den Grund zu gehen, zeigte sich nicht wirklich in der fast fünfstündigen Hauptverhandlung, sondern vielmehr in den **acht Terminverschiebungen**, die das Gericht mit Rücksicht auf noch ausstehende Beweismittel — in zwei Fällen sogar nur einen Tag vor dem Termin(!) — entschieden hat.

Zudem hat das Gericht aufgrund unserer Erkenntnisse selbst Erkundigungen bei der PTB einziehen wollen. Der dort Verantwortliche S_2 hat ihm die gewünschte **Auskunft zur Selbstidentifikation des Messgerätes verweigert** und es mit der Erklärung abgespeist, er hätte keine Information hierzu. Er verwies es diesbezüglich an den Gerätehersteller.

---

[50] Bei der Größe des Fehlers liefert sogar ein ungeeichter Tacho ausreichend Anhaltspunkte für Manipulation, wenn der Tachofehler des benutzten Fahrzeugs weit genug eingegrenzt wird.

Ich habe MdPTB S_2 später per E-Mail belehrt(!), dass die verweigerte Information sehr wohl mit dem in seinem Hause vorliegenden Bauartmuster zur Verfügung steht. Im Rahmen einer Testmessung kann er diese auslesen. Wohlgemerkt: Er gibt sich unwissend, ist aber der verantwortliche Fachmann. Ich bin völlig fachfremd und kann mich nur aufgrund einer vielseitigen Ausbildung in sehr bescheidenem Umfang sachkundig machen.

Meine Anfrage zur Selbstidentifikation des Messgerätes hat er schriftlich mit einem nicht völlig schlüssigen Plausibilitätsbeweis beantwortet. Den zwingenden Beweis, wie ich ihn vorgeschlagen hatte, hat er vermieden.

Mehrere Zeugen haben in der Hauptverhandlung sehr dreist gelogen, was ich in Einzelfällen mit größter Sicherheit behaupten kann. Für das Gericht mag das nicht erkennbar gewesen sein — die technischen und verwaltungstechnische Zusammenhänge sind wirklich sehr komplex(!) — aber es hat mir auch wiederholt die Gelegenheit genommen, auf Widersprüche in den Zeugenaussagen hinzuweisen.

So wollte ich z. B. darauf aufmerksam machen, dass die Aussage des MdKrV X_6 und seines Technikers X_4, die Auswertungen der Messungen würden ausschließlich bei ihnen im Hause erfolgen, nicht richtig sein kann, weil ihnen das technische Personal dazu fehlt. Deshalb fragte ich, wie viele Messgeräte der Kreis ▨▨▨▨ im Einsatz hat.

Die Beantwortung dieser Frage ließ das Gericht nicht zu!
Im Gerichtsprotokoll wird meine Frage nicht erwähnt!

Seltsamerweise war der Zeuge X_4 nicht der Techniker, der uns bei unserem Besuch beim Ordnungsamt die Beweisfoto-Originale zeigen sollte und uns unter demselben Namen vorgestellt wurde.[51] In keinem Dokument des Kreises erscheint X_3 bzw. X_4 mit seinem Vornamen. Das AG ▨▨▨▨ führt seinen Vornamen erstmalig im Gerichtsprotokoll auf. Wie konnte das Gericht unter diesen Umständen die Identität des Zeugen X_4 **zweifelsfrei** feststellen?

Bei meinem Besuch der Kreisverwaltung am 07.03.2017 habe ich X_4 an dem Arbeitsplatz angetroffen, an dem uns X_3 am 23.03.2015 bearbeitete Beweisfotos gezeigt hat.

Und ich erlaube mir als Nichtjurist eine eigene juristische Würdigung[52]:

In der Justiz ist es meines Wissens erforderlich einen Beschuldigten mit einer gewissen Sicherheit zu überführen. Wenn Zweifel an seiner Täterschaft nicht ausgeräumt werden können, gilt für ihn in einem Rechtsstaat die Unschuldsvermutung und er muss ,*mangels Beweises*' freigesprochen werden.

Meine statistische Beweisführung leistet mehr:
Sie lässt **nicht Restzweifel an der Berechtigung des Tatvorwurfs** gegen mich, sondern lediglich **Restzweifel an den von mir erhobenen Manipulationsvorwürfen**, und zwar mit gerade mal **0,10 % Wahrscheinlichkeit**.

De facto wäre die Staatsanwaltschaft (nur?) dann aktiv geworden, wenn wir ihre Ermittlungen abschließend hätten durchführen können. Das hätten wir auch gerne gemacht, aber dazu sind wir nicht befugt und wenn, dann wäre dies rechtsstaatlich ja noch schlimmer als die jetzige Situation.

---

51 ↷7.1 *Amtsgericht*, 5. Absatz.
52 ↷6.8 *Bemerkung zur juristischen Würdigung*.

Rechtsmittel habe ich nach Beratung mit meinem Anwalt nicht eingelegt. Er erklärte mir, dass bei meinem Bagatellfall (70 € Bußgeld) hohe Hürden zu überwinden seien. Nur bei sehr groben Verstößen des Gerichts gegen rechtsstaatliche Verfahren würde die Berufungsinstanz meinem Einspruch stattgeben.

Da beißt sich die Katze selbst in den Schwanz: Weil ich es nicht schaffe, das Gericht von der Manipulation von Messwerten zu überzeugen — und es stützt sich in diesem Prozess wegen eines Bußgeldbescheides über lächerliche 70 € auf eine entsprechende Äußerung des von ihm bestellten, nachweislich befangenen und mathematisch inkompetenten Gutachters[53] —, sagt die Staatsanwaltschaft: Der Vorwurf ist unberechtigt.

Die Verhandlungsdauer sagt doch nichts aus, wenn mir in diesem Bagatellstreit die Möglichkeit genommen wird, auf Widersprüche in den Zeugenaussagen aufmerksam zu machen. An anderer Stelle wurde ich sogar massiv vom Gericht gerügt, als ich mir erlaubte, Zweifel an einer Zeugenaussage zu äußern und dies begründen wollte. Für das AG   ging es um die Klärung, ob die mich betreffende Messung richtig ist. Ich hingegen wollte juristisch feststellen lassen, dass Messwerte manipuliert werden. Und das Gericht hat genau diese Feststellung vermieden.

Die **zahlreichen Fehler und Widersprüche in den Beweismitteln** sagen dem gesunden Menschenverstand: **Hier stimmt etwas nicht!** Der Justiz reichen diese aber nicht, um den Tatvorwurf in Frage zu stellen, und der Staatsanwaltschaft fehlt der Anfangsverdacht für Ermittlungen.

Aktuell hat sich die personelle Situation im Ordnungsamt noch verschärft, denn am 05.03.2017 habe ich drei Starenkästen mit Messgeräten und drei Säulen zur Geschwindigkeitsüberwachung fotografiert, die in beiden Fahrtrichtungen messen können und alle vom Kreis   betrieben werden. Außerdem hat der Kreis   nun den Einsatz von zwei mobilen Anlagen veröffentlicht. Das Ordnungsamt ist folglich noch weniger in der Lage, die quasi ‚11 Starenkästen' technisch und verwaltungstechnisch verantwortungsvoll zu betreuen und auch noch alle Messreihen selbst auszuwerten — bei unverändertem technischem Personalstand.

Es muss nur der Wille zur Aufklärung meines Vorwurfs vorhanden sein und die absehbare anschließende Kritik der Politik ausgehalten werden, denn die Konsequenzen für die kommunalen Haushalte sind verheerend: **Mehr als die Hälfte der Einnahmen dieses Hunderte-Millionen-Geschäftes ginge nach unserer Einschätzung verloren**, wenn keine Messwerte mehr manipuliert werden könnten, denn wir haben vermutlich **deutschlandweiten und jahrelangen gewerbsmäßigen Betrug** entdeckt.

Wenn unsere Einschätzung tatsächlich richtig ist, dass die Messwerte schon von der Dokumentationseinheit manipuliert werden, dann ist es noch schlimmer: Für Monate würde das **Blitzgeschäft weitgehend zum Erliegen kommen**, weil die Hersteller Zeit bräuchten um den Markt mit korrekt arbeitenden Dokumentationseinheiten zu ihren Messeinrichtungen zu versorgen.

---

53 Der vom Gericht bestellte Gutachter hat in diesem 70-€-Bußgeldverfahren für ein 22seitiges Gutachten und einen Ortstermin, dessen Ergebnisse er **nicht dokumentiert** hat(!) zwei Rechnungen in Höhe von 2.668,44 € und 3 Monate später sogar noch zusätzlich 6.156,08 € abgerechnet. Dieses unglaubliche Missverhältnis sowie die sehr beharrliche Weigerung, die SV-Rechnungen vorzulegen, bringt manchen auf den Gedanken, dass hier ein fürstlich entlohntes **Gefälligkeitsgutachten** erstellt wurde, Details dazu ⚖7.2.2 *Gerichtsrechnungen*, Dok. 8, Dok. 9 und Dok. 10; ⚖2.3 *Zweiter Offener Brief an Regierungsmitglieder*: Anforderung der Belege und *Prüfung der Rechnungen*.
Zum Vergleich: Mein eigener Gutachter hat für ein 8seitiges Gutachten 379,43 € abgerechnet (2 Arbeitsstunden).

7.2.2 Gerichtsrechnungen

Von der Staatsanwaltschaft erhielt ich die Gerichtsrechnung. In einem **70-€-Bußgeldverfahren** wird darin ein schriftliches Gutachten und ein nicht dokumentierter Ortstermin so abgerechnet.

24.11.2016: Termin der HV
02.01.2017: 1. Gerichtsrechnung, darin Sachverständigenvergütung   2.668,44 €
27.03.2017: 2. Gerichtsrechnung, darin Sachverständigenvergütung (✍Dok. 10)   6.156,08 €
                                                                            8.824,52 €

Wir bemängeln **fehlende Transparenz** dieser Rechnungen, wie sie von der Staatsanwaltschaft vorgelegt wurden, denn die Gutachterrechnungen wurden nicht beigefügt. Als Bürger würden wir uns natürlich von Staatsanwaltschaft und Gericht vorbildliches Verhalten wünschen.[54]

RA R_1 hat die Staatsanwaltschaft per Fax um Vorlage der beiden Rechnungen des vom Gericht bestellten Gutachters gebeten. **Nach fast drei Wochen lagen diese noch immer nicht vor.**[55]

Hat da vielleicht eine einflussreiche Persönlichkeit versprochen, dass eine überhöhte Rechnung für ein Gefälligkeitsgutachten durchgewinkt würde? Tatsache ist: **SV S_1 hat zahlreiche Indizien und einen Beweis für Messwertmanipulation ignoriert** sowie **Beweismittel unterschlagen.**

Die Prüfung ergab: **Beide** SV-Vergütungen berufen sich auf einen Auftrag vom 03.12.2015.
Die SV-Vergütung der 1. Gerichtsrechnung beinhaltet zwei nicht aufgeschlüsselte Positionen:

1) 26.02.2016   Sachverständigenvergütung für S_1 1.596,70 €
2) **19.04.2017**: Sachverständigenvergütung für Z_2 (nur als Zeuge geladen, ✍Dok. 8) 1.071,70 €

SV-Vergütung der 2. Gerichtsrechnung beinhaltet:

24.10.2016: **Reparaturarbeiten** am 29.09.2016 von Z_1 (✍Dok. 9, enthalten in ✍Dok. 10) 511,50 €

Wir haben gesehen, wie die Justiz mit den zahlreichen von uns aufgedeckten Mängeln bei der Geschwindigkeitsmessung umgeht. **Erdrückende Beweise**[56] liefern keineswegs einen **Anfangsverdacht** für Ermittlungen.[57] Wir haben aber die Hoffnung auf ein Umdenken in der Politik nicht verloren und uns mit dieser Dokumentation für den Weg in die Öffentlichkeit entschieden.

Wir haben aber am 25.04. und 25.05.2017 auch Strafanzeige gegen alle Beteiligten dieser Abrechnungspraxis gestellt.[58] Die Aufnahme von Ermittlungen hat die StA ▨▨▨ abgelehnt, sinngemäß i. W. mit der folgenden Begründung im Schr. vom 31.05.2017:

Eine Rechtsbeugung im Sinne des strafrechtlichen Tatbestandes verlangt ‚*mehr als die Verletzung bindender Rechtsnormen*‘, sie muss sich ‚*gegen grundlegende Prinzipien des Rechts*‘ richten. ‚*Der Tatbestand erfasst daher nicht jede unrichtige – auch nicht jede unvertretbare – Rechtsverletzung.*‘ Verstoß von Gesetzeshütern gegen das Gesetz? Halb so schlimm!

Der Leser mag sich sein eigenes Urteil bilden.

Ermittlungen gegen den SV S_1 wurden nach seiner Anhörung eingestellt. Dagegen haben wir am 14.08.2017 Beschwerde eingelegt, denn S_1 hat sich mit nachweislicher Falschaussage gerechtfertigt. Die Ermittlungen gegen ihn sind deshalb z. Zt. noch nicht abgeschlossen.

---

54 Zur Gesetzeslage ✍2.3 *Zweiter Offener Brief an Regierungsmitglieder: Die Fakten zur Abrechnung*, 27.03.2017, A und B.
55 Unser Befremden wuchs kontinuierlich, Details dazu ✍2.3 *Zweiter Offener Brief an Regierungsmitglieder: Anforderung der Belege* und *Prüfung der Rechnungen.*
56 Sicht des unbefangenen Bürgers.
57 Sicht von Strafverfolgungsbehörden, die sich jahrzehntelang personelle und materielle Einsparungen gefallen lassen mussten. Zum Glück haben die Medien diesen Missstand inzwischen zum Thema gemacht.
58 ✍8.3.4.5 *Anzeige gegen den Sachverständigen.*

Dok. 8: Zeuge erstellt SV-Rechnung

Dok. 9: Reparaturrechnung des Herstellers

19/04/2017 08:26 +49-

Nr.: 0319/023978/020072181736385

Amtsgericht

Eing. 0 4. FEB 2017

Rechnung

Ihr Zeichen: 1 OWi-130 Js 448/15-203/15 Bemäißte/Sache: Bußgeldverfahren
Auftrag vom: 03.12.2015 durch:

Rechnungs-Nr.: 1432190289 Rechnungsdatum: 07.12.2016
Kunden Nr.: 402805 Leistungsdatum/-ort: 30.11.2016 / D...

HV am 24.11.2016
Welche Leistung am 30.11.2016
in der ... Geschäftsstelle?

Beklagter 1/V/N: Lothar Erwin Rudolf Selle, 57319 Bad Berleburg
AKZ 1: SELLE

Bezeichnung	Anzahl/Std.Min	Einzelpreis	Gesamtpreis
Gutachten zur Verkehrsüberwachung:			
Termin am:	30.08.2016		
Abfahrt:	11.40 Uhr		
Terminbeginn:	12.00 Uhr		
Ankunft:	12.35 Uhr		
Termine:	02:15 ○		
Eingangsdurchsicht	03:00 ○		
Nachforderung fehlender Unterlagen	03:00 ○		Dieses Beweismittel wurde dem Beklagten nicht vorgelegt!
Akteneinsicht	06:00 ○		
Vorbereitung	03:00 ○		
Computerunterstützte Bildauswertung	02:00 □		
Scannen von Unterlagen	03:30 □		Dieses Beweismittel wurde dem Beklagten nicht vorgelegt!
Fachgespräch zur Problemlage des Auftrags	02:30 □		
Ferngespräche	01:10 ○		
An-/Abfahrtzeit	01:00 ○		
Besichtigung	04:30 □		
Auswertung von Meßergebnissen	03:30 □		
Literatur-/Datenrecherche	03:00 □		
Studium von Betriebs-/Bedienungsanleitungen	01:00 ○		
Untersuchungen	03:00 □		
Überprüfung von Gutachten	00:30		
Anwendung von Computerprogrammen			
Grafische Darstellungen			

Die Addition der mit Quadraten markierten Zeiten ergibt 17 h als entspricht einem zweimonatigen Kurs mit 2 Stunden pro Woche.

Einziger erkennbarer Grund für diesen Aufwand:
Vorbereitung des Ortstermins mit 2 Messungen(???)

Dieser Aufwand wäre für die mathematische Prüfung meiner Expertise zur Manipulations-wahrscheinlichkeit vertretbar, wenn sie von einem SV ohne Kenntnisse in der Statistik durchgeführt würde aber dann durfte er vom Gericht nicht als SV damit beauftragt werden

Seite 1 von 3

Dieses Beweismittel wurde dem Beklagten nicht vorgelegt!

19/04/2017 08:26 +49-

Nr.: 0319/023978/020072181736385

Bezeichnung	Anzahl/Std.Min	Einzelpreis	Gesamtpreis
	Übertrag von Seite 1		0,00 EUR
Ausarbeitung	05:00 ○		
Terminaufwand	00:65		
Ges.-Aufwand Sachverständiger (gerundet) entsprechend			
Honorargruppe 06	46:30	85,00 EUR	3.952,50 EUR
Assistent zur Unterstützung des Sachverst.	02:30		
Gesamtaufwand Hilfskraft (Summa)	02:30	45,00 EUR	112,50 EUR
15,00 %Hilfskraft-Zuschlag			16,88 EUR
An- und Abfahrt Gericht km berechnen			
Kilometer	32	0,30 EUR	9,60 EUR
Foto Digital	57	0,30 EUR	17,10 EUR
Fremdrechnung (CD, DVD, Cassette)	12	2,00 EUR	24,00 EUR
Datenträger (CD, DVD, Cassette)	1	511,50 EUR	511,50 EUR
Gutachten zur Verkehrsüberwachung	10	0,95 EUR	9,50 EUR
Termin am:	24.11.2016		
Abfahrt:	08.30 Uhr		
Terminbeginn:	09.30 Uhr		
Ankunft:	14.20 Uhr		
	Terminende: 13:55 Uhr		
Terminaufwand	06:50		
Ges.-Aufwand Sachverständiger (gerundet) entsprechend			
Honorargruppe 06	06:00	85,00 EUR	510,00 EUR
An- und Abfahrt Gericht km berechnen	32	0,30 EUR	9,50 EUR
Nettobetrag			5.173,18 EUR
Mehrwertsteuer	19,00 %	von 5.173,18 EUR	982,90 EUR
Gesamtbetrag			**6.156,08 EUR**

Der Gesamt-/Restbetrag ist sofort fällig und ohne Abzug zahlbar.
Bitte geben Sie bei Zahlung unsere Rechnungs-Nr.: 1432190289 an.

Seite 2 von 3

Dieses Beweismittel wurde dem Beklagten nicht vorgelegt!

Dok. 10: 2. Gerichtsgutachter-Rechnung

8 HAUPTVERHANDLUNG

8.1 Zeugenaussagen

Die folgende Darstellung basiert auf Notizen und dem Gedächtnisprotokoll von meinem ältesten Sohn und mir. Die Zeugenaussagen sind nach bestem Wissen und nach Abgleich mit dem Gerichtsprotokoll sinngemäß wiedergegeben. Das weitgehend abgedruckte Gerichtsprotokoll vervollständigt sicherlich das Bild von der Hauptverhandlung.

Zeuge X_4:

Der Zeuge X_4 erklärt, dass er die Messungen selbst auswertet. Er würde hierzu das Auswerteprogramm *Planet* benutzen.[59]

Nach seiner Aussage **ermöglicht die Auswertesoftware Änderungen der Messwerte.** SV S_1 erkennt die Brisanz dieser Aussage und versucht sie zu korrigieren, dass nämlich nur der Wert der erlaubten Geschwindigkeit geändert werden könne.[60] Zeuge X_4 bleibt aber bei seiner Aussage. Dieser Disput erscheint **nicht im Gerichtsprotokoll.**

Das Gericht nahm aber offensichtlich nicht wirklich Notiz von diesem Eingeständnis, wie sich in seinem weiteren Vorgehen zeigte, und fragte auch nicht nach. Auch ich verzichtete auf eine Nachfrage. **Die Aussage war ja klar genug!**

Zeuge X_4 erklärt auch, dass er mir die Originale gezeigt hätte, wenn ich danach gefragt hätte. Kommentar: Mit dem MdKrV X_4 hatten wir gar nicht gesprochen, sondern mit dem Techniker X_3, der uns unter gleichem Namen vorgestellt wurde.[61] Letzteren haben wir **wiederholt** gebeten uns die **beiden** Originale des Beweisfotos zu zeigen, das **über- und das unterbelichtete.** Er sagte: „So etwas gibt es nicht.“ Wir hatten die Beweisfoto-Originale **unmissverständlich klar beschrieben** und abgegrenzt von dem bearbeiteten Beweisfoto. Wir **wissen** deshalb: Der Zeuge X_4 sagte nicht die Wahrheit.

Die **Antwort** auf meine Frage an den Zeugen, wie viele Geschwindigkeitsmessgeräte der Kreis im Einsatz hätte, **ließ das Gericht nicht zu.**[62] Eine ehrliche Antwort hätte die Unglaubwürdigkeit seiner Aussage, dass er selbst auswertet, aufgedeckt.

Zeuge X_5:

Das Gericht hielt die Aussage des Zeugen X_5 aufgrund der umfassenden Aussage des Zeugen X_4 für verzichtbar. Ich habe mich damit einverstanden erklärt.

Zeuge X_6:

Der Zeuge X_6 erklärt, dass die Eingangspost über die *Scandienstleistung Oldenburg* eingescannt und an das Ordnungsamt geschickt wird.

Kommentar: Diese **Aussage ist nachweislich falsch**, denn der *Scandienst Oldenburg* existiert nicht mehr, wie eben genau dieser Zeuge mir telefonisch am **03.12.2015** mitgeteilt hat!

Alle Auswertungen erfolgen in der Dienststelle. Lediglich die Halterfeststellung und der Schriftverkehr werden vom Dienstleister *KDVZ Citkomm* durchgeführt.

Kommentar: ⇰Kommentar zur Aussage des Zeugen X_4.

---

59 Meine Bitte an MdKrV X_4, mir bei meinem Besuch am 07.03.2017 zu zeigen, dass das Auswerteprogramm ‚Planet' z. Zt. auf einem Computer des Kreises installiert ist, lehnte dieser mit der Begründung ab, dass er dies nicht dürfe — nicht gerade Vertrauen erweckend und **rechtswidrig** (Verstoß gegen § 8, Abs. (1), Nr. 8 DSG NRW vom 9. Juni 2000)! Möglicherweise hat er durchschaut, dass ich prüfen wollte, ob er eine **nicht lizenzierte** Version von Planet benutzt. In diesem Fall könnte er nämlich das Programm nur als Anzeigesoftware (Viewer) benutzen und keine Auswertung durchführen. Entschuldigt hat er sich später mit einem Missverständnis. Inzwischen liegt mir ein Bußgeldbescheid aus dem Jahr 2016 vor, der sich auf eine Auswertung mit der Auswertesoftware ‚Traffidesk' beruft. Was ist denn nun richtig?

60 Den Versuch des SV S_1, den Zeugen zu einer Änderung seiner Aussage zu drängen, deuten wir als weiteres **Indiz für seine Befangenheit**, denn er hat ja keine praktische Erfahrung mit dieser Software beim Einsatz als Auswertesoftware. Er benötigt sie lediglich als Viewer und ist auch nicht befugt zu Auswertungen.

61 ⇰7.1 *Amtsgericht*, 5. Absatz.

62 Der Kreisdirektor hat mein schriftlich erbetenes Auskunftsersuchen bis dato ebenfalls unbeantwortet gelassen.

Außerdem **widerspricht diese Aussage der Darstellung des MdKrV X_3**, der uns bei unserem Ordnungsamtbesuch am 23.03.2015 den Ablauf geschildert hat.[63]

Kommentar: Ich bin sprachlos ob der Dreistigkeit, mit der zwei Zeugen erklären, man hätte uns das Original zeigen können, wenn wir dies verlangt hätten.[64]

Die Aussage des Zeugen X_6 führt zu folgenden Widersprüchen:

1) Wenn es noch glaubhaft erscheinen mag, dass die technische und verwaltungstechnische Betreuung und Messdatenauswertung für die vier im Jahre 2015 öffentlich bekannt gemachten Messeinrichtungen vom Ordnungsamt bewältigt werden könnte. Für die fünf von mir beobachteten Messeinrichtungen plus ein mobiles Messgerät ist dies ausgeschlossen.

Die falsch veröffentlichte Anzahl der vom Kreis eingesetzten Messeinrichtungen ist auch durch den für 2016 veröffentlichten Haushalt nachgewiesen. Die Haushaltsstelle, die die Bußgeldeinnahmen ausweist (s. u.), und zwar im Wesentlichen diese(!), enthält **10fach höhere Einnahmen** als die Hochrechnung aus dem Messprotokoll ergibt:

Einnahme lt. Messprotokoll, Messstelle 1, 25.02.15, 11 Uhr – 05.03.15, 11 Uhr:	2.390 €
täglich:	299 €
jährlich (ohne Abschläge für winterliche Witterung):	109.044 €
3 stationär + 1 mobil eingesetztes Gerät	436.175 €

Nicht berücksichtigt:
1) 3 % der Einnahmen auf Bundesstraßen müssen an den Bund abgeführt werden,
2) Abschläge für Mobil-Einsatz < 24 h/Tag und < 7 Tage/Woche,
3) Abschläge für ungünstige Witterung/Verkehrsverhältnisse

Haushalt 2016, S. 20: ‚07 Sonstige ordentliche Erträge 2015‘:	4.310.445 €

Bemerkungen im Haushalt hierzu:
Leichte Steigerung bei den Bußgeldern (OWI) um rd. 70.000 EUR
Leichte Steigerung bei sonstigen Erträgen um rd. 40.000 EUR

Im Haushalt 2015 wurde noch ein leichter Rückgang bei den Bußgeldern konstatiert. Der Trend wurde anscheinend durch zusätzlichen Einsatz von Messeinrichtungen umgekehrt.

Aktuell (05.03.2017) werden 3 Starenkästen plus 3 beidseitig messende neue Blitzsäulen[65] plus 2 mobile Messeinrichtungen betrieben, also 11 Messeinrichtungen.

2) Der Techniker konnte uns am 23.03.2015 nicht die **Originale des Beweisfotos** zeigen, trotz unserer wiederholten Nachfrage. Er war sogar in dem Glauben, die jpg-Dateien, die er auf CD vom Dienstleister erhält, wären die Beweisfoto-Originale. Dies war für uns der Beweis, dass der Kreis die **hoheitsrechtliche Aufgabe der Auswertung der Messungen in seinen wesentlichen Teilen quasi vollständig an den Dienstleister übertragen** hat.

Vor Gericht erklärte der Zeuge X_6 dagegen, es hätte sich lediglich um ein ‚*Missverständnis*‘ gehandelt. Er erdreistete sich zu dieser Zeugenaussage, obwohl er bei unserem Besuch nicht zugegen war — eine Unverschämtheit eines Vorgesetzten gegenüber seinem Mitarbeiter, von dem er hiermit sagt: Trotz mindestens zweimaliger Wiederholung unserer unmissverständlich formulierten Bitte, uns die beiden eindeutig beschriebenen Originale des Beweisfotos zu zeigen, das über- und das unterbelichtete, hätte der unsere Bitte ‚*missverstanden*‘. Diese ‚*Missverständnis*‘-Deutung erscheint **nicht im Gerichtsprotokoll**.

Meine Frage, weshalb er denn bei den drei Telefonaten — insgesamt annähernd eine dreiviertel Stunde —, die er im Auftrag des Kreisdirektors mit mir geführt hat, nicht bereits auf dieses ‚*Missverständnis*‘ hingewiesen hat, ließ er unbeantwortet. Auch diese Frage erscheint **nicht im Gerichtsprotokoll**.

---

63 ℱ3.3.1 *Besuch beim Ordnungsamt*, letzter Absatz.
64 ↝Kommentar zur Aussage des Zeugen X_4. ↝2) der nachfolgenden Widersprüche.
65 Dies ist durch Fotos belegt, ℱ5.6 *Eingesetzte Messeinrichtungen*. Das Landratsamt des Kreises☐ hat mit Schr. vom 31.05.2017 meine Zählung vom 05.03.2017 bestätigt.

3) Die wesentliche manuelle Büroarbeit entsteht bei der Auswertung.[66] Wenn die tatsächlich vom Ordnungsamt selbst durchgeführt würde, könnte man sich die Zusammenarbeit mit dem Dienstleister sparen, denn für den verblieben dann nur noch automatisierte Tätigkeiten.

Zwei Zeugen haben in der HV ausgesagt, dass die Auswertung im Ordnungsamt erfolgt. Dazu würde das Auswerteprogramm ‚Planet' benutzt. Dies erschien uns aus dem in 2) dargelegten Gründen unglaubwürdig. Inzwischen haben wir aus einer Quelle, die uns glaubwürdig erscheint, die Information, dass das Programm ‚Planet' 2010 auf genau einem Computer des Kreises installiert wurde. Die nachfolgende Abschätzung beweist, dass die **Auswertung aller Messprotokolle auf einem einzigen Computer aus Zeitgründen unmöglich** ist.

Das uns vorliegende Messprotokoll mit 89 Falldateien führte zu 78 Bußgeld-/Ordnungswidrigkeitsbescheiden. Rechnet man seinen Messzeitraum von acht Tagen hoch auf ein ganzes Jahr, ergeben sich durchschnittlich $78/8 \cdot 365{,}24 = 3.561$ Bescheide pro Messeinrichtung.

2016 hatte der Kreis ▢ statt vier Messeinrichtungen (2015 öffentlich bekannt gemacht) 11 Messeinrichtungen im Einsatz, s. o. unter 1)! 2016 waren also

in 8 Tagen 84 Auswertungen pro Messeinrichtung = 10,5 Auswertungen pro Tag erforderlich, d. h. 10,5 Auswertungen pro Tag und Messeinrichtung $\cdot$ 365,24 Tage pro Jahr $\cdot$ 11 Messeinrichtungen = 42.185 Auswertungen im Jahr.

Bei 231 Arbeitstagen mit 8 h und 100%iger Auslastung des Arbeitsplatzes durchschnittlich $42.185/231/8 = 22{,}8$ Auswertungen/h, also **2½ Minuten pro Falldatei**.

Der Dienstleister erhält für die Bearbeitung einer Falldatei nach unseren Kenntnissen eine Fallpauschale von mindestens 5 €.[67] Wir nehmen einmal an, dass er keine Auswertung vornimmt, also nur automatisierte Arbeiten ausführt. Wir gehen weiterhin davon aus, dass die automatisierten Bearbeitungsvorgänge genau so viel Zeit in Anspruch nehmen würden wie die manuellen Tätigkeiten. Selbst bei diesen unrealistisch vorsichtigen Annahmen stellt der Dienstleister also einen Stundensatz von $60/2{,}5 \cdot 5$ € = 120 € in Rechnung. Deutlich formuliert: *„Das ist **Veruntreuung von Steuergeldern**."*

Zum Vergleich: Kreisdirektor ▢ hat in einer Fachtagung am 25. Juni 2012 in Münster zum Thema ‚*Vernetzte Verwaltung – Shared Service Center (SSC) im Bereich des digitalen Schriftguts*' berichtet, dass sein Kreis **60.000 OWi** zu bearbeiten hatte (vermutlich 2011, Folie 19 seines Vortrags enthält keine Angabe zum Jahr).

Zu meiner Feststellung, dass uns bei unserem Besuch der Kreisverwaltung nacheinander mindestens drei fremde Fahrzeuge gezeigt wurden, die **sämtlich mit 94 $^{km}/_h$** gemessen worden waren, was doch äußerst seltsam ist, äußerte sich Zeuge X_6 nicht. Auch diese Frage erscheint **nicht im Gerichtsprotokoll**.

---

66 Der Aufwand des Auswerters beinhaltet (soweit er mir spontan einfiel):
   1) Öffnen der Falldatei
   2) Kennzeichen soweit wie möglich identifizieren (auch schlecht lesbare) und manuell notieren. Der Metadaten-Eintrag ‚*OCR_VERS*=' ist leer. Daraus ist sicherlich zu schließen, dass die Dokumentationseinheit **keine automatische Kennzeichenerkennung** besitzt.
   3) Herkunftsland ausländischer Kennzeichen manuell feststellen und prüfen, ob eine Verfolgung möglich ist
   4) Prüfung der Plausibilität der Messung in der Verkehrssituation des Fotos (Messfehler ausschließen)
   5) Beweisfoto manuell bearbeiten (Beifahrer abdecken) und als Bilddatei sichern (z. B. im jpg-Format)
   6) Falldatei (firmeneigenes sbf-Format) archivieren, z. B. auf CD brennen. Dies ist unter den gegebenen Umständen vorgeschrieben, ↝1.3.2.1 *Messgeräte im Straßenverkehr*, Auswerteeinheit.
   7) **Protokolldatei zur Messreihe manuell(!) erstellen** (z. B. *Excel*-Tabellenblatt mit Tatzeit, gemessene Geschwindigkeit, Kennzeichen, Löschgrund bei Geschwindigkeitsüberschreitungen, die nicht verfolgt werden können, notieren)
   8) Protokolldatei gemeinsam mit bearbeiteten Beweisfotos zur Halterfeststellung und weiterem Schriftverkehr an Dienstleister leiten.
67 Die Verträge mit dem Dienstleister werden geheim gehalten, ↝3.1 *Kreisdirektor*.

SV S_2, MdPTB:

Es geht um die Frage, ob die **Identität des Messgerätes juristisch bedenkenlos geklärt** ist, denn in den Metadaten weist es sich als ▨ *III-SR* aus, ein Messgerät, das in Deutschland keine Zulassung hat. SV S_2 erklärte hierzu sinngemäß, *dass der Eintrag in den Metadaten bedeutungslos sei, da hätte auch jeder beliebige andere Name stehen können. Die Zulassung fordert lediglich die Einblendung eines Kürzels für die Typenbezeichnung im Messbalken des Beweisfotos.*

Daraufhin habe ich daran erinnert, dass die PTB in den Anforderungen an Messgeräte im Straßenverkehr die Erstellung einer Falldatei zu jeder Messung fordert, in der **alle wichtigen Daten** enthalten sein müssen.[68] Und dass die Identität des Messgerätes wichtig ist, könne doch nicht ernsthaft bezweifelt werden. Deshalb hätte das ▨ niemals eine Zulassung erhalten dürfen. SV S_2 äußerte sich nicht zu meiner Stellungnahme. Diese erscheint **nicht im Gerichtsprotokoll**.

Ebenso übergeht es meine vom SV S_2 nicht kommentierte Feststellung, dass die Einblendungen im Messbalken des Beweisfotos aus den Metadaten generiert werden. Die Dokumentationseinheit der Messeinrichtung müsste deshalb die Einblendung ▨ *‚erfinden'*.

Kommentar: Möglicherweise handhabt die PTB die Zulassungen tatsächlich so. Dies würde im Widerspruch zu den von der PTB erlassenen Anforderungen **PTB-A 18.11** für Messgeräte im Straßenverkehr vom Dezember 2014 stehen, in denen im Abschnitt **3.3.3 Dokumentationseinheit** auf S. 6 verlangt wird: *„Die erstellten Bilddokumente müssen in Form von digitalen Bilddaten zusammen mit den Messdaten untrennbar in einer gemeinsamen Falldatei abgelegt werden."* Meine Stellungnahme erscheint **nicht im Gerichtsprotokoll**.

Der SV S_2 erklärte auch, eine Manipulation wäre *‚sehr leicht feststellbar'*.

Kommentar: Eine entschlüsselte Datei kann geändert und mit dem Original-Schlüsselpaar neu verschlüsselt werden, **ohne dass dies nachweisbar ist**! In der Hauptverhandlung habe ich die äußerst gewagte Behauptung aufgestellt, dass wir meine Falldatei an einem einzigen Wochenende entschlüsseln könnten, denn meine Familie ist im Besitz eines außergewöhnlich schnellen Rechners (vor 10 Jahren wäre dieser auf Platz 10 in der weltweiten Rangliste der Supercomputer gewesen). Dieses Rennpferd ist allerdings ständig im Einsatz für ein Forschungsprojekt. Meine Behauptung erscheint **nicht im Gerichtsprotokoll**.

Zeuge Z_2, Außendienstler des Geräteherstellers:

Der Zeuge Z_2 erklärt die falsche Selbstidentifikation des Messgerätes für bedeutungslos.

Zeuge Y_4, MdLBME ▨ :

Wir haben dem Gericht zwei widersprüchliche Eichdokumente vorgelegt.[69] Der Zeuge Y_4 erklärte hierzu, *er könne sich an den Vorgang nicht erinnern, weil sie schon so lange her sei* [2 Jahre], *aber ihm sei offensichtlich ein Fehler unterlaufen, denn das Messgerät hat das Baujahr 2009 und damals gab es noch keine IVer-Kamera, die wurde erst 2011 zugelassen. Deshalb könne die IV nicht mit dem Messgerät kombiniert gewesen sein.* Als Eichbeamter, der für die Eichung der Geschwindigkeitsmessgeräte beim Gerätehersteller zuständig ist, muss er wissen, dass das Messgerät ▨ beliebig und jederzeit mit jeder der beiden zugelassenen digitalen Dokumentationseinheiten kombiniert werden kann. Der Zeuge beruft sich ja selbst darauf, dass ihm der Fehler passiert ist, weil diese Kombinationsmöglichkeiten bestehen! Sein Schluss ist richtig für das Jahr 2009 der Zulassung, aber **blanker Unsinn für den Eichtermin 11.11.2014.**

Dass die Eichung beim Gerätehersteller erfolgt und nicht im Eichamt, begründete er damit, *‚dass dort alle erforderlichen Geräte zur Verfügung stünden und es deshalb logistisch einfacher wäre dort zu eichen'*. Die **Rechtfertigung der Eichpraxis** durch Y_4 mit *‚den logistischen Vorteilen'* erscheint **nicht im Gerichtsprotokoll**.

Gemeint war in diesem Zusammenhang wohl nur der Messwertgeber ▨*101* des Geräteherstellers, mit dem die unterschiedlichen Geschwindigkeiten für die Eichung simuliert werden. Dabei

---

68 Die Äußerung des PTB-SV S_2 in der HV: *„Die Metadaten interessieren mich überhaupt nicht"* ist entlarvend.
69 ᔋ1.4.3.2 *Eichschein zum Messgerät*, ᔋ1.4.3.3 *Eichprotokoll*.

verschwieg er, dass der Gerätehersteller verpflichtet ist, diesen Messwertgeber für die Eichung zur Verfügung zu stellen. Tagtäglich ist eine Vielzahl von Eichungen erforderlich.[70] Deshalb ist es **irreführend** von einem logistischen Problem zu sprechen. Der Messwertgeber wird dauerhaft benötigt und kann deshalb auf Dauer beim Eichamt verbleiben.

Der Zeuge Y_4 rechtfertigte seinen Fehler mit der Offenlegung einer **erschreckenden Eichpraxis**: *Offensichtlich habe er das Eichprotokoll wegen vieler Eichaufträge schon vorbereitet und die Korrektur im Eichprotokoll-Vordruck **in dem Glauben** vorgenommen, dass er eine Gerätekombination mit* ▨ *IV zu eichen hätte.* Er erwähnte bei dieser Gelegenheit, *dass er nach einem ‚Eichplan' arbeiten würde, den ihm der Gerätehersteller vorlegt, und dass ihm vom Gerätehersteller ein ‚Eichunterstützer' an die Seite gestellt wird.*[71]

Das große Interesse des Geräteherstellers, den Eichvorgang unter Kontrolle zu behalten, ist für uns offensichtlich. Eichrechtlich unverantwortlich ist an dieser Praxis:

1) Das EU-Recht schreibt nicht ohne Grund vor, dass **nur in den Eichämtern oder in zertifizierten Eichorten geeicht werden darf**[72]!

2) Die zu eichenden Geräte stehen bis zu zwei Wochen (= reguläre Eichfrist), im Ausnahmefall auch länger, **unbeaufsichtigt** beim Gerätehersteller. Dies ermöglicht den unbemerkten Austausch von Elementen der zum Eichen vorgestellten Messgeräte. Wir gehen davon aus, dass es dem Hersteller unter den gegebenen Umständen möglich ist, evtl. gebrochene Siegel und Eichmarken unbemerkt zu erneuern.

   Das kritische Element ist nach unserer Einschätzung der **öffentliche Schlüssel des Messgerätes**. Wenn es richtig ist, dass Messwerte manipuliert werden, dann muss dem Eichbeamten vorgetäuscht werden, dass der öffentliche Schlüssel des Messgerätes derjenige wäre, der nach der Manipulation von Falldateien stets zur Neuverschlüsselung benutzt wird, natürlich gepaart (asymmetrisches Verschlüsselung!) mit dem privaten Schlüssel, der eigentlich geheim (also unbekannt) sein sollte.

3) Die Erklärung des Zeugen Y_4 für die Diskrepanz zwischen Eichprotokoll und Eichschein lässt zwei Fragen offen:

   – Weshalb fiel ihm die Korrektur im Eichprotokoll nicht auf, als er den Eichschein ausgefüllt hat? Diese Aufgabe hat er nach seiner Aussage selbst erledigt.

   – Warum fiel der Leitung des LBME ▨ die Diskrepanz zwischen Eichprotokoll und Eichschein bei ihrer Unterschrift nicht auf? Was nützt das **Vier-Augen-Prinzip**, wenn **alle vier Augen bei der Unterschrift** ▨?

---

70 Deutschlandweit sind mehrere Tausend Geräte im Einsatz, die jedes Jahr geeicht werden müssen. Der LBME ▨ eicht auch für andere Bundesländer.

71 Zweifel an hinreichender Sorgfalt bei der Eichung sind uns auch gekommen, weil in zwei Bauartzulassungen zwei unterschiedliche Softwareversionen SC.1.85.**0.071206** und SC.1.85.**N.061212** für die Dokumentationseinheit des Messgerätes angegeben sind. Für beide ist aber die gleiche Prüfsumme **b7148544** (CRC) angegeben. Dieser Widerspruch steht seit dem Zulassungsdatum 14.12.2012 im Raum. In dieser Zeit wurden Hunderte, wenn nicht gar Tausende der Geräte mit der falschen Prüfsumme geeicht, Trotzdem fiel der Fehler nicht auf!

Ich habe den PTB-**SV S_2** während der Hauptverhandlung auf diesen Widerspruch hingewiesen und auf **unverantwortliche Nachlässigkeit bei der Eichung** geschlossen. S_2 hat dies kommentarlos zur Kenntnis. Er wartet hatte ich die Rechtfertigung, die Eich-CD würde sicherstellen, dass die korrekte Prüfsumme kontrolliert würde. In der mir vorliegenden Bauartzulassung wird allerdings ausdrücklich auf das ‚Zulassungsdokument' bzgl. des Vergleichs der Prüfsummen verwiesen, jedoch eingeschränkt auf Ersteichungen oder bei verletzten eichtechnischen Sicherungen. Meine Kritik erscheint **nicht im Gerichtsprotokoll**.

72 **Gesetz zur Neuregelung des gesetzlichen Messwesens** vom 25. Juli 2013, Artikel 1:
Gesetz über das Inverkehrbringen und die Bereitstellung von Messgeräten auf dem Markt, ihre Verwendung und Eichung sowie über Fertigpackungen (Mess- und Eichgesetz – MessEG), § 40: Zuständige Stellen für die Eichung, (3) „Zur Eichung von Messgeräten für Elektrizität, Gas, Wasser oder Wärme […] können Prüfstellen […] staatlich anerkannt werden. Geschwindigkeitsmesseinrichtungen werden nicht genannt, lediglich Verbrauchsmessgeräte. Sonderfälle: Zapfsäulen werden ‚gezwungenermaßen' am Einsatzort geeicht, Waagen aus Kostengründen ebenfalls.
Bei der vom LBME ▨ gewählten Eichpraxis werden nach unserer Schätzung jährliche Einnahmen in Höhe von mehr als 10 Mio. € generiert!

Das Gericht erklärte die Aussage des Zeugen Y_4 für glaubwürdig. Es erschien zwar etwas irritiert durch die Eichpraxis, aber letztlich bot ihm diese keinen Grund zur Beanstandung. Fragen zur **Rechtmäßigkeit dieser Eichpraxis** hat es nicht gestellt.

Der **SV S_1** erklärt in seinem Gutachten, dass er keine Zweifel an der Richtigkeit des Messwertes habe. Diese Aussage ist aus zwei Gründen ‚*sehr mutig*':

1) Ich hatte ihn zuvor darauf hingewiesen, dass beim Ortstermin zwei Messungen durchgeführt wurden, und zwar mit 84 $^{km}/_h$ und 89 $^{km}/_h$, also zu **100% Bußgeldgrenzen**. Der Unterschied zwischen diesen beiden Messwerten ist wenig plausibel, weil mit dem MdKrV X_5 abgesprochen worden war, dass er mit 90 $^{km}/_h$ an der Messstelle vorbeifahren soll. Sowohl mein Sohn als auch ich waren bei dieser Absprache zugegen. SV S_1 leugnete diese Absprache vor Gericht. Meine Frage und seine Antwort erscheinen **nicht im Gerichtsprotokoll**.

2) Der Auswertung des Beweisfotos legte SV S_1 eine Auslösezeit der Kamera von 29 ± 8 ms zugrunde. Andere SV geben 29 ± 3 ms an, wodurch Fehlmessungen eher erkannt werden.

3) Ich hatte ihn auf die Peaks an den Bußgeldgrenzen hingewiesen und meine daraus errechnete statistische Wahrscheinlichkeit von 99,2% für eine **nicht zufällige Messwertverteilung** kurz erläutert.[73] Da meine Berechnung auch für Nichtabiturienten nachvollziehbar ist, ging ich davon aus, dass er sich meiner Analyse anschließen würde, zumal er als Techniker auch eine gute mathematische Grundbildung besitzen müsste. Er erklärte diese Peaks aber als ‚*Menschlichen Faktor*', obwohl eben genau dieser dafür verantwortlich ist, dass **keine Peaks** entstehen.[74] Eine eindrucksvolle Bestätigung hierzu hatte er ja bei dem Ortstermin erfahren, bei dem es Techniker X_5 nicht gelungen ist, zweimal mit annähernd gleicher Geschwindigkeit an der Messstelle vorbeizufahren. Jedenfalls kann Techniker X_5 nach seiner Testfahrt abschätzen, in welchem Umfang die im realen Messbetrieb registrierten Messwerte falsch sind. Sollte mein Vorwurf juristisch bestätigt werden, dann hieße dies: Spätestens seit dem 29.11.2016 macht sich MdKrV X_5 der Mittäterschaft schuldig. SV S_1 hat sich wegen des Bruchs seines Sachverständigen-Eides zu verantworten.

RA R_1 wies auf die zahlreichen seltsamen Vorgänge hin, die in der HV zutage getreten sind und sagte, das Ganze hätte ein ‚*Geschmäckle*'. Er beantragte Einstellung des Verfahrens.

Die Verhandlungsdauer dieses 70-€-Bußgeldverfahrens betrug insgesamt **knappe 5 Stunden!**

Sowohl zum Beginn als auch am Ende der HV habe ich erklärt, dass ich keine 94 $^{km}/_h$ gefahren bin. Zu meiner Verwunderung wurde ich nicht gefragt, wie schnell ich denn gewesen sei.

Das Gericht berief sich auf die Stellungnahme des SV S_1 und verpflichtete mich in seinem mündlich vorgetragenen Urteil zur Zahlung des Bußgeldes in Höhe von 70 €. Den im Bußgeldbescheid angedrohten Punkt in Flensburg erwähnte es nicht.[75]

Das Gericht hat mündlich eine **Frist von 6 Tagen für Rechtsmittel** festgelegt. Meine Entscheidung hierzu musste ich fällen, **ohne dass mir ein schriftliches Urteil vorlag**.

Das schriftliche Urteil habe ich mit Schreiben vom 27.12.2016 erhalten. Das Urteil wurde mit Datum 06.12.2016 für rechtskräftig erklärt. Eine **schriftliche Urteilsbegründung** hat das Gericht unter Berufung auf §77 b | OWiG, trotz der ‚*komplizierten Sachlage*' (⤳ 6.8), abgelehnt.

RA R_1 hatte mir geraten das Urteil zu akzeptieren, weil in solchen Bußgeldverfahren hohe Hürden zu überwinden wären. Nur bei sehr groben Verletzungen meiner Rechte durch das Gericht würde eine Prüfung der Entscheidung erfolgen. Deshalb haben wir uns entschieden, diese Dokumentation mit unseren — für uns immer noch unglaublichen — Erkenntnissen zu veröffentlichen.

---

73 ⤳ 6.6 *Auf diesen Fall zugeschnittene Wahrscheinlichkeitsberechnung*. Meine Simulation der Messreihen lag zu diesem Zeitpunkt noch nicht vor.

74 ⤳ 6.2 *Zur Problematik wissenschaftlich fundierter Beweisführung*.

75 Ich habe diesen Punkt bekommen. Dies ist mein einziger Punkt. Er wird 2½ Jahre nach Rechtskraft des Urteils gelöscht. Die Eintragung wird nach Ablauf der ‚*Tilgunsfrist*' aber noch ein Jahr aufbewahrt (‚*Überliegefrist*'). Bemerkenswert: Bei meinem Online-Bemühen um Auskunft zu meinem Punktestand wurde ich auf eine Seite geleitet, die für die eigentlich kostenlose Auskunft **37,20 €** Vorkasse verlangte. Über die Webseite [I10] des KAB ist die Auskunft kostenlos.

8.2   Aus dem Gerichtsprotokoll

Das Gerichtsprotokoll gibt nur einen kleinen Teil der Zeugeneinvernahme wieder. Die Zeugenaussagen sind weitgehend enthalten, aber keine Fragen, die an sie gestellt wurden, und keine kritischen Äußerungen zu den Aussagen. Mehrere aus unserer Sicht wichtige Aussagen, die wir unter ⇗ 8.1 *Zeugenaussagen* erwähnt haben, fehlen im Gerichtsprotokoll.

An einzelnen Stellen ist das Protokoll sprachlich unverständlich. Ich habe deshalb Ergänzungen/ Berichtigungen [in eckigen Klammern] hinzugefügt. Zur Unterscheidung habe ich Anonymisierungen {in geschweifte Klammern} gestellt.

Sprachliche Fehler, die aber das, was gemeint ist, noch erkennen lassen, habe ich nicht korrigiert — manchmal war diese Entscheidung nicht ganz einfach. Jedenfalls habe ich sorgfältig kontrolliert, dass ich beim Übertragen keine zusätzlichen Fehler eingebaut habe. Dieser Verdacht mag dem Leser da und dort trotzdem nahe liegen. Man bedenke aber, dass das Gerichtsprotokoll wohl eine direkte Mitschrift aus der Verhandlung ist, offensichtlich ohne Korrekturlesen. Um Zweifel auszuräumen habe fehlerhafte Textstellen, deren originalgetreue Wiedergabe ich zusätzlich kontrolliert habe, mit OK-Haken ✓ markiert.

Einige rein formale Informationen sind im Folgenden nicht wiedergegeben. Dies habe ich durch Auslassungszeichen [...] gekennzeichnet.

[...]

Dauer der Hauptverhandlung: ***von 09:30 Uhr bis 14:20 Uhr***

[...]

Der Betroffene wurde darauf hingewiesen, dass es ihm freistehe, sich zur Beschuldigung zu äußern oder nicht zur Sache auszusagen.

Er erklärte: Ich bin zur Aussage bereit.

Nachdem ich den Bescheid bekommen habe, habe ich gemerkt, dass was falsch ist. Ich war beim Ordnungsamt und wollte die Originale des Beweisfotos ansehen. {X₃} konnte mir die Originale nicht zeigen. Er war aber der Meinung er hat mir die Originale gezeigt. ✓ Es gibt zwei Originale, die wollte ich beide sehen. Er sagte aber, dass es sowas nicht gebe. Ich bin mit angeblich 94 km/h gefahren. Ich sagte ihm, als er mir das Foto zeigte, dass es nicht das richtige Foto sei, nicht mein Auto. Er zeigte mir 4 andere Fotos mit der gleichen Geschwindigkeit, das waren nicht meine. Dann hat er mir mein Foto gezeigt, aber nur das bearbeite[te] Foto nicht das Original.

Dann haben wir uns die Messstelle angesehen und [festgestellt,] die Kontaktstreifen wurden dort erneuert.

Ich habe dann den Eichschein und das Messprotokoll gesehen. Mit den Geschwindigkeitsgrenzen [richtig: Bußgeldgrenzen] stimmt was nicht. Statistisch kann das nicht sein. Es ist ein Einflussfaktor da, der die Messwerte beeinflusst hat.

Mit 95% [richtig: bzw. 99,2%] Sicherheit ist bewiesen, dass es statistisch nicht gegeben [richtig: plausibel] ist.

Genau an diesen Stellen verdoppeln sich die Bußgelder. Dieser Beweis besagt, dass die Messwerte nicht zufällig sind. Die Messwerte sind gefälscht. Bei diesem Gerät werden Vorgaben nicht eingehalten.

Das Eichamt geht zum Gerätehersteller. Für die Eichung ist das nicht richtig [richtig: zulässig]. Das Prüfprotokoll wiederspricht [richtig: widerspricht] dem Eichschein.

Der Scandienstleister hat die Aufgabe die Bilder zu verschönern [richtig: verändern], damit mehr Geld eingenommen werden kann. ✓

Das Messgerät hat eine Eichmoduserkennung. Im Eichmodus zeigt es korrekte Messungen an, im Realmodus wird etwas daraufgesetzt. Drei Kalibrierungen werden vorher durchgeführt, daran erkennt das Gerät die Realmessung. Bei der Testfahrt wurden 84 km/h und 89 km/h gemessen, das waren die Bußgeldgrenzen, ausgerechnet wieder diese. Damit das nicht auffällt wird beim Eichen etwas ausgetauscht. ✓ Wenn das Gerät geeicht ist, dann wird es wieder zurückgetauscht.

Ein LKW wurde mit 81 km/h gemessen, durch die Zugmaschine und Anhänger, konnte ich genau nachvollziehen was er für eine Geschwindigkeit hatte. ✓

[Das Messgerät identifiziert sich als] ▨ *III-SR [, das] hat in Deutschland keine Zulassung.*

RA {R₁}:

Das Messgerät ist [richtig: , das sich] in den Metadaten als III SR ausgibt, das ist eine Diskrepanz zum Gerät selber.

Es ist uns wichtig, in welcher Beziehung der Scandienstleister steht.

▭ *IM soll es sein, aber geeicht wurde der Nachfolger.*

Der Zeuge {X₄} wurde in den Saal gerufen und zur Sache vernommen:

[...]

Ich habe das Gerät am 25. eingesetzt. Vorher konnte ich Schilder und die Sensoren prüfen, dann setzte ich das Gerät ein, stelle es ein, gebe die Codenummer an und wie schnell man dort sein darf. ✓ Es gibt dann Kalibrationstests. Dann mache ich noch einen Speedtest. Es gibt noch Leuchtdioden und daran sehe ich, dass die Sensoren funktionieren. Wenn ein Sensor nicht aufleuchten sollte, dann würde ich das am Speedtest und den Ioden [richtig: Dioden] sehen und dann würde ich natürlich nicht blitzen.

Dann mache ich einen Kalibrationstest. Es wird ein Wert von 100 eingesetzt.

Das Blitzteil stelle ich dann je nach Ort ein. Das Fototeil wird dabei eingestellt. Die Gradzahl wird vorher ermittelt durch den Außendienstbearbeiter. ✓ Daraufhin stelle ich die Gradzahl am Gerät ein. {Gerätehersteller} ermittelt den Wert für das Straßengefälle. Nach dem Wert gehe ich dann. Wenn die Zahl nicht passen würde, dann hätte man nur Köpfe oder Straße drauf.

Wenn ich die Anlage rausnehme, dann schau ich mir die Sensoren an, schließe den Kasten auf, schaue mir die Ioden [richtig: Dioden] an, mache den Speedtest und mache am Ende auch den Kalibrationstest. Am Ende muss man keinen machen, wir machen aber immer einen.

An einer der Schrauben wird die Eichmarke gesetzt. Wenn da was von der Marke fehlen würde, dann würde [ich] nicht damit arbeiten.

Die Daten sind auf einer Karte, wir leeren die nicht jeden Tag. Dann nehme ich sie mit ins Büro, dort werden sie eingelesen, dabei wird der Schlüssel überprüft.

Ich werte direkt in der Bußgeldstelle aus. Von den Urdaten wird nochmal eine CD gemacht, die werden archiviert. ✓

Privatleute könnten die Datenkarte nicht entnehmen, ohne Schlüssel geht das nicht.

Die Karte sitzt oben rechts im Gerät, die sind ähnlich wie eine SD Karte, aber größer. ✓ Die bleibt solange drin, bis ich die entnehme, das können 14 Tage werden.

Der Kasten ist mit zwei Schlössern und einem Panzergürtel gesichert. Selbst wenn man das Glas einschlägt, kommt man nicht an die Karte.

Die kleinen Schlösser sind identisch.

Ich und Herr {X₅} haben die Schlüssel. Die Schlüssel werden bei mir im Schreibtisch gelagert, der ist aber nicht besonders gesichert.

Ich bin nur für die Auswertung da, die Daten gehen zur Kommunalen Stelle.

Ich nehme die Karte und ich stecke die Karte in den Computer, das machen auch andere Mitarbeiter. Das Programm ist von Planet. Es wird dann entschlüsselt und die Signatur geprüft. Dann schauen wir uns jedes Bild an.

Wenn die Karte eingelesen wird, dann erscheinen die Bilder. Dann setzt das Programm ein. Danach können wir die Bilder heller und dunkler machen. An den Urdaten kann nichts geändert werden.

Messgeschwindigkeitswerte kann man theoretisch ändern. Ich ändere nur die Grenzen, die Geschwindigkeitsmesswerle kann man theoretisch ändern, aber dann würde sie nicht mehr mit den Urdaten übereinstimmen.

Vor dem Brennen kann ich die Daten nicht ändern. Erst wenn die ausgewertet wurden.

Wenn alles passt am Foto, dann wird es abgespeichert und es erscheint das nächste Bild. Auf der SD Karte wird es nicht gespeichert. Es wird im Programm, im Rechner, abgespeichert. Das überarbeitete Bild wird weggeschickt. Wir schicken das zur KDVZ in Iserlohn. Und die sind dann mit Flensburg verbunden. Wir kommen nicht an die Halterdaten ran. Die Daten kommen über einen Pfad nach Iserlohn. Es wird auf elektronischem Wege versandt. Von dem was wir nach Iserlohn schicken, davon machen wir keine Sicherungskopie. ✓ Was genau die damit machen, das weiß ich nicht.

Wenn Herr Selle nach den Originalen gefragt hätte, dann hätte ich ihm die auch gezeigt.
Das Messprotokoll fülle ich aus.
Wir haben ein Blatt mit Nationalitäten. Da sehen wir wo wir rankommen und wo eine Vollstreckung nicht erfolgen kann. ✓
Der Zeuge {X_4} wurde um 10:44 Uhr entlassen. Ihm wurde ein Beleg für die Zeugenentschädigung ausgehändigt.
*{Besucher X_6}, **der Sachgebietsleiter der Bußgeldstelle verließ den Saal, weil er später als Zeuge vernommen werden soll.*** ✓
Der Zeuge {X_6} wurde in den Saal gerufen und zur Sache vernommen:
[...]
SC OWi ist das Verfahren mit dem wir die OWi bearbeiten.
Die Daten werden dann auch wieder digital zurückübertragen. Das kommt über Schnittstellen zum Sachbearbeiter.
Bei der KDVZ werden Halteranfragen gemacht über das Kraftfahrtbundesamt, die wir dann wieder bekommen.
Der Scandienstleister ist für die reale Post zuständig. Wenn der Mitarbeiter vor Ort sagt, dass er eine Verwarnung rausschicken will, dann wird dies über den Scandienstleiter ausgedruckt und verschickt aber über Hagen IT NRW. ✓
Die bearbeiten keine Daten. Die Eingangspost wird über die Scandienstleistung Oldenburg eingescannt und an uns geschickt. Das ist nur zum einscannen für uns, die werten keine Daten aus. ✓
Die Ausgangspost kann lokal gedruckt werden oder zentral gedruckt werden. Der zentrale Druck passiert in Hagen bei IT NRW.
Die Erkennung von Mann und Frau ist kann entweder vom Sachbearbeiter oder von der Software ausgelesen werden. ✓
Den Erlass eines Bußgeldbescheids das kann ausschließlich ein Mensch veranlassen, keine Software. ✓ *Der Erlass des Anhörungsbogens kann auch die Software machen.* ✓
Die Originalfotos hätten damals eingesehen werden können als Herr Selle da war. ✓
Die Sicherung auf CD erfolgt mindestens seit 2009, denn seitdem bin ich dort.
Bußgeldbescheid ist immer menschlich. ✓ *Wenn er erlassen werden soll, dann drückt der Sachbearbeiter auf einen Knopf und in Hagen wird dieser ausgedruckt. Hagen ist nicht der Scandienstleister, Hagen ist der Ausgangskorb. Hagen ist beauftragt durch uns. Das ist keine Behörde.*
Es kann auch sein, dass wir etwas rausschicken, was nicht digitalisiert ist. Wir können auch bei uns scannen und der elektronischen Akte beifügen.
KDVZ, ob das ein privater Dienstleister ist, das kann ich nicht sagen. Wir gleichen die Daten der KDVZ nicht mit unseren Daten ab.
Herr {X_6} wurde um 11:21 Uhr entlassen.
Der Zeuge {X_5} wurde entlassen. Ihm wurde ein Beleg für die Zeugenentschädigung ausgehändigt.
Der Zeuge {S_2} wurde in den Saal gerufen und zur Sache vernommen:
[...]
▓▓▓▓ identifiziert sich über das Typenschild, einmal jährlich [...?...] und durch die Falldateien (oben rechts Im Bild).
Bauartzulassung war 1990. Meta-Daten sind Zusatzdaten, die nicht Gegenstand des Bauartzulassungsverfahrens sind. Diese Daten haben keinen Einfluss auf den Geschwindigkeitsmesswert und auf die eindeutige [richtig: eindeutige] Zuordnung des Messwertes in der im Bild dargestellten Verkehrssituation.
Es gibt ein Pflichtprogramm bzgl. der Fehlergrenzen.
Ich bin der Leiter der Stelle der für die Zulassung der Messgeräte zuständig ist. ✓
Die Meta-Daten interessieren mich überhaupt nicht.
SR III [richtig: III-SR] ist eine vom Hersteller des Messgerätes gewählte Bezeichnung.
▓▓▓▓ [richtig: ▓▓▓▓] steht im Foto.

In den Zusatzinformationen findet man ░░░░░░░ *III SR.*

Es gibt auch ein Messgerät das so heißt, das ist aber nicht zugelassen. ✓

{Gerätehersteller} hätte dafür eine willkürlich gewählte Bezeichnung nutzen können.

Der Name hat keinen Einfluss, er ist frei gewählt.

Das Gerät ░░░░░░░ *III-SR ist hier nicht zugelassen.* ✓ *Der Begriff hätte ein anderer sein können. Der Name ist unglücklich gewählt.*

Ich kann mir es so erklären, dass {Gerätehersteller} für den internationalen Markt produziert und deswegen der Name auch in Deutschland drauf steht. Es hat nichts mit der Identifizierung zu tun. Er hat für das deutsche Gerät keine Bedeutung. Die Kamera ist auf jeden Fall geeignet. Das wird vorher geprüft. Ich kann ausschließen, dass ein falsches Gerät eingebaut wurde.

Als es zugelassen wurde, stand dort der III SR. Als die Digitalkamera das erste Mal zugelassen wurde, stand es genauso wie heute dort.

░░░░ *[richtig:* ░░░░ *] wurde 1990 zugelassen, das Gerät III-SR ist in Deutschland nicht zugelassen, das dritte* ░░░░ *II [richtig:* ░░░░ *III], die ist auch zugelassen.*

Meta-Daten sind Zusatzinformationen die mit der Eichung nichts zu tun haben. ✓

Die Uhrzeit kann ich beliebig einstellen, das sind Änderungen in den Meta-Daten. Dort kann man was umstellen, ohne dass es relevant wird.

Wir bekommen ein neues Gerät, dann muss der Hersteller uns sämtliche Konstruktionsunterlagen vorlegen, wir bekommen sämtliche Bauteile und Schaltunterlagen. Die Software wird gezeigt.

Es werden tausende Vergleichsmessungen durchgeführt. Dann gibt es spezielle Prüfungen im Labor auf Schwachpunkte. Dann wird die Bauartzulassung erteilt und festgelegt was bei der Eichung zu prüfen ist. ✓

Im Rahmen der Eichung wird die Funktion überprüft und es wird überprüft ob die Software übereinstimmt. ✓

Bei der Ersteichung überzeugt man sich davon ob die Software übereinstimmt. ✓ *Wenn die Eichmarken unverletzt sind, dann kann es sein, dass der Eichbeamte die Software nicht überprüft.*

Eine Wartung ist nicht vorgeschrieben. Die Sensorik wird allerdings gewartet.

Ich kann ausschließen, dass die Software erkennt, dass es nicht im Eichmodus ist.

Die Daten die gewonnen werden, das sind unsere Referenzanlagen, der Hersteller ist außen vor. ✓ *Wir Verlassen uns nicht auf die Daten vom Hersteller.* ✓

Die Eichämter sind dafür zuständig, dass ihre Prüfmittel die Anforderung einhalten.

Nach welchen Regeln geeicht wird legt [richtig vermutlich: , schlägt] die PTB vor.

Ich kann ausschließen, dass die zwei Geräte vertauscht wurden.

░░░░░░░ *SR III wurde nicht bei uns geprüft, ich kenne das nur von Recherchen.* ✓

Ein Auszug der Gebrauchsanweisung wurde in Augenschein genommen.

Es sind verschlüsselte Dateien die kann man manipulieren und einen Schlüssel neu regenerieren. ✓

Mit dem Referenz-Auswertungsprogramm BIF Prozessprogramm würde man das allerdings merken. Es deckt Manipulationen auf. Die Eichämter haben dieses Programm zusammen mit dem öffentlichen Schlüssel.

Personen die ein abgeschlossenes Informatikstudium haben können die Daten manipulieren und mit einem Schlüssel neu regenerieren. ✓ *Mit extrem großen Aufwand wär das möglich, das beherrschen allerdings nur die wenigstens Leute.* ✓

Den geheimen Schlüssel im Gerät den kennt niemand. ✓

Eine Manipulation ist aber sehr leicht feststellbar.

Vor einigen Jahre haben wir nur noch andere Schlüssellängen zugelassen.

Ich meine alle Geräte müssten auf den längeren Schlüssel aktualisiert worden sein.

Zurückrechnen zum öffentlichen Schlüssel wäre nicht möglich. Der geheime Schlüssel ist niemandem bekannt. Dem Gerätehersteller ist er auch nicht bekannt.

Der Geschwindigkeitswert steht fest. Der wird mit erzeugen des Bildes regeneriert [gemeint ist: ‚generiert']. ✓

Der Zeuge wurde um 12:22 Uhr entlassen. Ihm wurde ein Beleg für die Zeugenentschädigung ausgehändigt.

Der Zeuge {Z₂} wurde in den Saal gerufen und zur Sache vernommen:

[...]

Die Software in der Kamera basiert auf der Software Messsystem III SR. Das ist für uns eine Referenzangabe für interne Zwecke. Es ist nicht die identische Software, es ist die gleiche Basis. SR III ist die Basis. ✓ Es ist eine andere Software. Mit dem Messgerät an sich hat es nichts zu tun, sondern nur mit der Kamerasoftware. Da hätte auch „Hannawald" stehen können.

[___] IM ist in dem gegenständlichen Verfahren montiert. Die [___] IV ist eine neuere Kamera mit USB Zugang. Die arbeitet mit einer neuen Kamerasoftware, aber mit der gleichen Messtechnik. Die [___] IV gibt es seit ca. 2010.

In den Meta-Daten steht die Seriennummer der Kamera. Jede Kamera hat eine eigene Seriennummer.

IM wurde schon ca. 2006 zugelassen.

Der Zeuge wurde um 12:38 Uhr entlassen. Ihm wurde ein Beleg für die Zeugenentschädigung ausgehändigt.

Der Zeuge {Y₄} wurde in den Saal gerufen und zur Sache vernommen:

[...]

Der Eichschein wurde verlesen. Bl. 31

[Kommentar: Nach den zahlreichen Änderungen der Blattnummerierung der Gerichtsakte ist unklar, ob die Angabe ‚Bl. 31' derzeit noch korrekt ist.]

Ich kann mir nur vorstellen, dass wir in den Eichplan geschaut haben und an diesem Tag waren schon viele welche mit IV hatten. ✓ Ich habe im Nachhinein festgestellt, dass es eine IM-Kamera sein muss.

Jeder sieht, dass es eine IM Kamera sein muss. 2009 gab es noch keine IVer Kamera, also muss es eine IM Kamera gewesen sein.

Die Seriennummer steht auf der Kamera, da habe ich sie dann abgeschrieben. Die Kamera wird ausgebaut und ich schaue auf das Typenschild und schreibe die Seriennummer ab.

Das war ein formeller Fehler von mir, dass ich „IV"er hingeschrieben habe. Das war eine IM Kamera.

Meine Aufgabe ist es als neutrale Stelle zu schauen, ob die eichrechtlichen Linien gegeben sind. Bei der Softwareüberprüfung wäre mir aufgefallen, dass eine IVer Kamera drin war. Vorher lasse ich mir zeigen, ob Wartungsarbeiten stattgefunden haben.

Zum Zeitpunkt der Eichung war das Gerät in Ordnung.

Der Eichschein wird im 4-Augen-Prinzip gegengezeichnet.

Das Protokoll fülle ich bei der Eichung vor Ort aus. Die Eichung zwischen IV und IM werden unterschiedlich geeicht. ✓ Bei der IVer-Kamera kommt noch was zusätzlich zur Prüfung dazu. Die Eich-CD ist dieselbe.

Ablauf beim Eichen:

Wir fahren zu der Messstelle hin. Ich fahre zu {Gerätehersteller}, dort wird mir ein Plan vorgestellt, welche Geräte ich noch eichen muss.

Wir bekommen einen Eichunterstützer. In einem Raum bei {Gerätehersteller} werden die Geräte aufgestellt. Der Eichunterstützer ist ein Mitarbeiter von {Gerätehersteller}. Dieser sucht das entsprechende Gerät raus, setzt es auf und trifft die Eichvorbereitungen und ich eiche das Gerät.

Dort habe ich es wahrscheinlich vor Ort reingeschrieben.

Sobald der Unterstützer mir das Gerät bringt, überprüfe ich die Seriennummer. Die Seriennummer habe ich vor Ort von der Kamera abgeschrieben und reingeschrieben.

Die Prüfmittel werden von {Gerätehersteller} gestellt.

Herr {Y_6, Zuschauer, LBME⬛} erklärte dazu ergänzend:
Die Prüfmittel werden aber vom Eichamt überprüft.
Das sind elektrische Geräte, diese elektrischen Signale werden nachgebildet. Diese Geräte werden nach einem festen Intervall geprüft und bekommen dann auch eine Prüfmarke. Das sind Spezialgeräte, die werden bei uns geprüft und kommen dann wieder zurück zu {Gerätehersteller}.

Zeuge {Y_4, Fortsetzung seiner Einvernahme}:
Die Prüfmittel werden von mir geprüft, die Prüfmittel bekommen auch eine Prüfmarke vom Eichamt und das schaue ich mir im Vorfeld auch an.
BIF-Programm ist das Bildbetrachtungsprogramm. Das wird bei {Gerätehersteller} geprüft. Um das Testfoto zu betrachten wird das ⬛ benutzt. Ich habe es auch überprüft.
Der Zeuge wurde um 13:16 Uhr entlassen. Ihm wurde ein Beleg für die Zeugenentschädigung ausgehändigt.
Der Sachverständige {S_1} wurde in den Saal gerufen und zur Sache vernommen:
[...]
Der Sachverständige erstatte sein Gutachten. ✓
Fazit:
Ich halte es für ausgeschlossen, dass jemand die Daten knacken konnte.
An dieser Messung sehe ich keine Anzeichen für eine Manipulation. Nach langer konkreter Überprüfung kann ich keine fehlerhafte Messung feststellen. Es sind keinerlei Anzeichen einer Manipulation vorhanden. Die Position des PKW war in Ordnung. In der gesamten Messreihe gab es auch keine Auffälligkeiten.
Der Sachverständige wurde um 13:58 Uhr entlassen. Ihm wurde ein Beleg für die Zeugenentschädigung ausgehändigt.
[Kommentar: Das Gerichtsprotokoll erweckt hier den Eindruck, dass SV S_1 der HV erst ab 13:16 Uhr der HV beigewohnt hätte. Richtig ist: Er hat die HV nahezu vollständig verfolgt und sogar — erfolglos — versucht einen Zeugen zur Änderung seiner Aussage zu bewegen.[76]]
Bl. 33 der Akte wurde teilweise verlesen.
[Kommentar: Nach den zahlreichen Änderungen der Blattnummerierung der Gerichtsakte ist unklar, ob die Angabe ‚Bl. 33' derzeit noch korrekt ist.]
I.
Folgende Schriftstücke wurden gemäß §§ 256 StPO, 46 Abs. 1 OWiG
( ) durch Verlesen
(x) durch Bekanntgabe ihres wesentlichen Inhalts (§ 78 Abs. 1 S. 1 OWiG) und
      Kenntnisnahme hiervon (§ 78 Abs. 1 S. 2 OWiG)
zum Gegenstand der Hauptverhandlung gemacht:
(x) der Eichschein
Siehe oben im Protokoll.
II.
b. u. v.
Gemäß § 77 a Abs. 1 bis 4 OWiG werden
( ) durch Verlesen
( ) durch Bekanntgabe ihres wesentlichen Inhalts (§ 78 Abs. 1 S. 1 OWiG) und
      Kenntnisnahme hiervon (§ 78 Abs. 1 S. 2 OWiG)
zum Gegenstand der Hauptverhandlung gemacht:
(x) das Messprotokoll
( ) Datenfeld des Messfotos
( ) das Zustandsprotokoll
(x) das Gutachten der / des
      Sachverständigen
(x) die Aussage der Zeugin / des Zeugen

76 $\mathscr{S}$ 8.1 *Zeugenaussagen*: Zeuge X_4, 2. Abs.

III.

Die unter II. genannten Unterlagen wurden

( ) verlesen

(x) ihrem wesentlichen Inhalt nach bekannt gegeben (§ 78 Abs. 1 S. 1 OwiG)

( ) zur Kenntnis gebracht (§ 78 Abs. 1 S. 2 Owi9)

Folgende Unterlagen wurden in Augenschein genommen:

( ) die polizeiliche Unfallskizze ( ) die Tachoscheibe (x) die Lichtbilder

( ) der Videofilm   ( ) der Beschilderungsplan   ( )

(x) die Voreintragung des Betroffenen im Fahreignungsregister (FAER) wurde verlesen .

Nach jeder einzelnen Beweiserhebung wurde der Betroffene befragt, ob er etwas zu erklären habe.

Der Betroffene und sein Verteidiger haben dem Verlesen und der Verwertung für die gerichtliche Entscheidung zugestimmt.

b. u. v.

Die Beweisaufnahme wurde geschlossen.

Der Verteidiger beantragte:

Einstellung

Der Betroffene wurde befragt, ob er selbst noch etwas zu seiner Verteidigung anzuführen habe.

Er erklärte:

Der Betroffene hatte das letzte Wort: Es gibt Ungereimtheiten. Fakt ist, dass jetzt von höheren Instanzen ein höherer Sicherheitsstandard vorgeschrieben wird . Ich bin der festen Überzeugung, dass es nicht anzunehmen ist, dass dort Werte gefälscht werden. [Kommentar: Sinnentstellend verkürzt. Ich hatte zum Ausdruck gebracht, dass nach meiner Erkenntnis aus der Überprüfung der Messungen an einem Sattelzug das Messgerät in der Lage ist korrekt zu messen. Die Dokumentationseinheit manipuliert aber die Messwerte. Der Auswerter hat deshalb nicht die Aufgabe Messwerte zu erhöhen, sondern bei Fahrzeugen mit Fahrtenschreiber manipulierte Messwerte richtigzustellen.] Mathematisch ist das Ergebnis falsch und jeder Mathematiker würde sehen, dass etwas gefälscht ist. Die Messreihe ist nicht zufällig. Deswegen ist die Statistik ein verlässliches Zeichen für mich, dass die Werte nicht stimmen können.

Ich weiß, dass ich keine 94 km/h gefahren bin.

Dass mir so viel auffällt was falsch ist, das hätte ich nicht erwartet. ✓ Ich kann nur hoffen, dass die Vielzahl der Missstände aufweist, dass hier etwas nicht stimmen kann. Die Messung ist aus juristischer Sicht nicht zweifelsfrei bewiesen.

Das Urteil wurde durch Verlesung der Urteilsformel und durch mündliche Mitteilung des wesentlichen Inhalts der Urteilsgründe dahin verkündet:

Im Namen des Volkes

Der Betroffene wird wegen fahrlässiger Überschreitung der zulässigen Höchstgeschwindigkeit zu einer Geldbuße von 70,00 EUR verurteilt.

Kosten des Verfahrens und seine notwendigen Auslagen trägt der Betroffene

(§§ 49 StVO, 69a StVZO, 24, 25 StVG, 2 BKatV) .

Das Protokoll wurde fertiggestellt am 24.11.2016

[Kommentar: Natürlich sehen wir die Zwickmühle, in der das Gericht steckte: Wenn es Zweifel an der Richtigkeit der Messung bei seinem Urteil berücksichtigt hätte, dann wären anschließende Ermittlungen erforderlich gewesen. Und wenn die unsere Erkenntnisse auch nur teilweise bestätigt hätten, müssten tausende Geräte beschlagnahmt werden. Ersatz könnte der Hersteller dieser Geräte in absehbarer Zeit gar nicht bereit stellen. Das hätte für die Kommunen deutschlandweit Einnahmeausfälle im Bereich von mehreren hundert Millionen zur Folge gehabt.

Aus meiner Sicht aber wurde ein haarsträubendes Urteil gesprochen. Ich mache mir bewusst, dass die Politik die Möglichkeit hat, auf die Besetzung von Stellen in der Justiz Einfluss zu nehmen. Ist das die **deutsche Realität der Dreiteilung der Staatsgewalt**?]

8.3 Kritik

8.3.1 Führung der Hauptverhandlung

Das Gericht hat mir frühzeitig signalisiert, dass es Einflussnahme von mir unterbinden wird. Zwei ausgewählte Beispiele[77]:

- Die **Antwort** des Zeugen X_4 auf meine Frage, wie viele Messgeräte der Kreis ▮▮ betreibt, hat es **nicht zugelassen**. Es wusste, ich wollte damit klären, dass der Kreis die Auswertung aus Personalmangel an private Dienstleister delegieren muss. Ich hatte dem Gericht vor der HV naiverweise alle von mir geplanten Fragen an die Zeugen samt deren Zielrichtung mitgeteilt.

- Als ich den sachverständigen Zeugen S_2 auf den **Widerspruch** einer seiner Aussagen aufmerksam machte, hat mich das Gericht **scharf gerügt**.

8.3.2 Urteil

Einziges Beweismittel für eine Geschwindigkeitsmessung ist lt. PTB ‚*die unveränderte signierte Falldatei*'. Dieses **Beweismittel ist mehrfach widersprüchlich**. Dies hat das Gericht ignoriert.

Dieses **Beweismittel ist nicht fälschungssicher**.

Die Aussage des Zeugen X_4, dass das ‚***Programm Planet eine Änderung des Geschwindigkeitsmesswertes ermöglicht***', hat das Gericht ignoriert.

Meine Bemerkung, dass die von der Messeinrichtung genutzte Verschlüsselung beim heutigen Stand der Technik nicht sicher genug ist, hat das Gericht ignoriert.[78]

Meinen Beweis für Messwertmanipulation hat das Gericht mit der Bemerkung unter den Teppich gekehrt: „***Die Mathematik lassen wir mal weg***." Das ist nicht zu rechtfertigen, denn mein Beweis erforderte nur die mathematischen Kenntnisse eines Absolventen der Hauptschule (Division, Multiplikation und Prozentschreibweise, nicht einmal Prozentrechnung).[79]

Die **Peaks an den Bußgeldgrenzen**, die meinem Manipulationsbeweis zugrunde liegen, zeigten sich indirekt auch bei unserem Besuch des Ordnungsamtes und sogar zu 100% beim Ortstermin.

Bei diesem Besuch konnte uns der Techniker X_3 die beiden von uns wiederholt und präzise beschriebenen **Beweisfoto-Originale nicht zeigen**. Er erklärte sogar, so etwas gibt es nicht. Dem Gericht genügte hierzu die Stellungnahme von MdKrV X_6, der dies als Missverständnis deutete, obwohl er bei unserem Besuch nicht anwesend war.

Meine darauf gegründete Vermutung, dass der Kreis ▮▮ die **Auswertung an private Dienstleister delegiert**, betrachtete das Gericht durch die gegenteiligen Beteuerungen der Zeugen X_4 und X_6 als widerlegt.

Das Gericht hat die von uns aufgedeckten fragwürdigen Entscheidungen und Praktiken von involvierten Behörden allem Anschein nach unbewertet gelassen.[80]

8.3.3 Führung der Gerichtsakte

Die nachträgliche Änderung der Blattnummerierung der Gerichtsakte, die durch späteres Einsortieren von Dokumenten für notwendig gehalten wurde, führte dazu, dass nun nachweislich mehrere Querverweise falsch sind. Wir bewerten dies als eine **Form der Falschbeurkundung**.

---

[77] Weitere Beispiele und im Gerichtsprotokoll nicht erwähnte Dispute ☞8.1 *Zeugenaussagen*.

[78] Ich hatte mich zu der Behauptung hinreißen lassen, dass wir die Dateien an einem einzigen Wochenende entschlüsseln könnten und dazu erläutert, dass in meiner Familie ein Computer mit einer Rechenleistung zur Verfügung steht, mit der er vor 10 Jahren auf Platz 10 der Weltrangliste der Supercomputer gestanden hätte.

[79] Statt meiner damaligen Abschätzung von mindestens 99,2% Manipulationswahrscheinlichkeit, schätze ich diese nun ab auf größer 99,69% und zeige durch Messreihensimulation, dass sie sogar 99,9% ist.

[80] Lediglich die Aussagen des Zeugen Y_4 zur Eichpraxis schienen das Gericht etwas zu irritieren.

8.3.4 Sachverständigen-Rechnungen

8.3.4.1 Inakzeptable SV-Vergütungen

Das Gericht hat mir SV-Vergütungen in Rechnung gestellt, die es niemals hätte akzeptieren dürfen.[81] Um nachgereichte Belege einsortieren zu können war es sogar erforderlich, die Nummerierung der Dokumente der Gerichtsakte nachträglich abzuändern (s. o.).

Die Staatsanwaltschaft hatte zwei Gerichtsrechnungen vorgelegt. Die SV-Rechnungen fügte sie jedoch nicht bei, wodurch den Gerichtsrechnungen die Transparenz fehlte.

Fünf Wochen nach der HV erhielt ich die 1. Gerichtsrechnung, datiert auf den 02.01.2017. Darin enthalten 2.668,44 € SV-Vergütung.

Mit Datum 27.03.2017, also zwei weitere Monate später, erhielt ich die 2. Gerichtsrechnung. Darin enthalten eine weitere SV-Vergütung in Höhe von 6.156,08 €.[82]

Weil der SV nur ein Gutachten erstellt hatte — den von ihm festgesetzten Ortstermin hatte er nicht dokumentiert —, konnte die Abrechnung nicht richtig sein.

8.3.4.2 Anforderung der SV-Rechnungen

Wegen der absolut unverständlichen Höhe der Vergütungen beantragten wir die Vorlage der SV-Rechnungen. Fast drei Wochen lang wurde uns dies verweigert, u. a. mit der **wahrheitswidrigen Ausrede**, das Fax meines Anwaltes wäre nicht eingegangen.[83] Dies alles werten wir als Verstoß gegen den **Transparenzgrundsatz**. Letztendlich erhielten wir vier(!) SV-Rechnungen.

8.3.4.3 Prüfung der SV-Rechnungen

Bei der Prüfung der SV-Rechnungen stellten sich dann — aus unserer Sicht — haarsträubende Abrechnungen heraus.[84]

8.3.4.4 Erinnerung

Gegen die nachträglich vorgelegten vier SV-Rechnungen zu den zwei in Rechnung gestellten SV-Vergütungen habe ich ‚Erinnerung'[85] eingelegt. Das Gericht hat aber die Begleichung von drei nicht akzeptablen SV-Vergütungen für rechtmäßig erklärt und die Erinnerung zurückgewiesen. Dabei hat es die Hürden, die im § 8a JVEG für **unverhältnismäßig hohe SV-Vergütungen** festgelegt sind, ignoriert.[86] Weiterhin hat es ignoriert, dass der SV S_1 für seine überhöht in Rechnung gestellte Vergütung **keine Leistung dokumentiert** hat, was wir als **Beweismittelunterschlagung** deuten.

RA R_1 hat am 13.06.2017 Einspruch gegen diese ‚Entscheidung des Gerichts in eigener Sache' eingelegt und einen erneuten Sperrvermerk für die 2. Gerichtsrechnung eintragen lassen. Trotzdem erhielt ich am 06.09.2017 eine erneute Vollstreckungsankündigung mit Datum vom 31.08.2017. Tel. erfuhren wir am 13.09.2017, dass dem für die Erinnerung zuständigen Revisor weder meine Erinnerung noch der Einspruch gegen dessen Ablehnung vorliegt.

---

81 Details dazu ⚭2.3 *Zweiter Offener Brief an Regierungsmitglieder*: Prüfung der Rechnungen.
82 ⚭2.3 *Zweiter Offener Brief an Regierungsmitglieder*: Die Fakten zur Abrechnung.
83 ⚭2.3 *Zweiter Offener Brief an Regierungsmitglieder*: Anforderung der Belege.
84 ⚭2.3 *Zweiter Offener Brief an Regierungsmitglieder*: Prüfung der Rechnungen.
85 So heißt der Einspruch gegen eine Abrechnung im Amtsdeutsch, ⚭Tab. 17.
86 ⚭2.3 *Zweiter Offener Brief an Regierungsmitglieder*: Die Fakten zur Abrechnung.

8.3.4.5 Anzeige gegen den Sachverständigen

Wegen mehrerer Leistungen, die in der 2. SV-Rechnungen abgerechnet wurden, mir aber vorenthalten worden waren, habe ich am 25.04.2016 zusätzlich Anzeige gegen den SV S_1 erstattet. Am 10.08.2017 erhielt ich die Mitteilung der StA▮▮▮▮▮, dass das Ermittlungsverfahren eingestellt wurde. Begründung:

1) Der SV S_1 hatte seinen immensen Zeitaufwand von **46½ Stunden _nach_ der Erstellung seines Gutachtens** damit gerechtfertigt, dass ich ‚_dieses Gutachten auf ca. 300 Seiten hinterfragt und mit immer neuen Postionen angegriffen habe. Diese Stellungnahmen, welche detailweise **tiefste Physik** enthielten, seien dem Beschuldigten durch das **Amtsgericht Werl** jeweils zur erneuten Prüfung zugeleitet worden._‘

Wie absurd diese Rechtfertigung ist, hätte die StA aus der Gerichtsakte erkennen können.[87]

Wenn die StA diese **simple Plausibilitätsprüfung** nicht erkannt hat, dann hätte ihr zumindest auffallen müssen, dass im Gerichtsprotokoll kein einziges Wort zu solch einer literarischen Meisterleistung zu finden war. Und diskussionswürdig Positionen, die auf 300 Seiten dargelegt wurden, in einer ‚nur fünfstündigen‘ HV zu widerlegen, dürfte ausgeschlossen sein.

Tatsächlich habe ich in den 1½ Jahren bis zur HV sechs Schreiben an das Gericht verfasst. Diese umfassten samt Anhängen 51 Seiten. Wenn ich aber die Auszüge aus PTB-Dokumenten, Fotos von fragwürdigen Messstellen und die von mir geplante Zeugenbefragung nicht mitzähle, dann verbleiben 16 Seiten.[88]

Diese enthalten **keine physikalischen Überlegungen**. Etwas anspruchsvoller ist allein die Seite mit meinem Beweis, dass mehrere Messwerte der mir vorliegenden Messreihe mit einer Wahrscheinlichkeit von mehr als 99,2% manipuliert sind. Dieser ist aber **rein mathematisch**, allerdings auf dem **Niveau von Klasse 8 der Hauptschule**, denn er benötigt lediglich Multiplikation, Division und Prozentschreibweise (keine Prozentrechnung), allerdings auch gesunden Menschenverstand, aber da sollte es bei einem SV eigentlich kein Problem geben.[89] Jedenfalls bezieht sich mein Manipulationsbeweis nicht auf das von ihm vorgelegte Gutachten.

Der Vollständigkeit halber möchte ich allerdings einräumen, dass ich auf fünf weiteren Seiten meine Berechnung statistisch abgesichert habe um mich nicht angreifbar zu machen.

Ebenfalls falsch ist gewiss, dass der SV Post vom Amtsgericht Werl bekommen hätte. Mit dem **Amtsgericht Werl hatte ich zu keinem Zeitpunkt** zu tun.

2) Die in der Fremdrechnung des SV enthaltene und falsch als **Reparatur** deklarierte Leistung des Servicetechnikers des Geräteherstellers rechtfertigte der SV als Kosten ‚_für die anlässlich des Ortstermins durchgeführten Versuche und das Auslesen des öffentlichen Schlüssels mit einem Messgerät._‘

Tatsächlich war der **Servicetechniker an keinen Versuchen beteiligt**. Die diesbezügliche kurze Absprache erfolgte ausschließlich zwischen dem Ordnungsamt-Techniker und dem SV. Die beiden Testfahrten führte der Ordnungsamt-Techniker durch.

Außerdem wurde der Schlüssel **nicht mit einem Messgerät**, sondern mit einem Laptop über eine Netzverbindung ausgelesen. Ich gehe davon aus, dass der SV diese beiden Geräte unterscheiden kann.

Am 14.08.2017 habe ich Beschwerde gegen die Einstellung des Verfahrens eingelegt.

---

[87] Die Gerichtsakte enthielt zum Zeitpunkt seines Gutachtens **mindestens 34 Seiten** (Bl. 34 als GA-Anlage) und zum Zeitpunkt der HV **noch keine 300 Seiten**, obwohl durch Beweismittelanforderungen und durch acht Terminverschiebungen immenser Schriftverkehr mit den sechs Zeugen, den angemeldeten Medienvertretern und meinem Anwalt und mir entstanden war. Ich allein habe **22 Seiten** erhalten, Formblätter und standardisierte Hinweise nicht mitgezählt.

[88] Angesprochen habe ich lediglich die falsche Selbstidentifikation des Messgerätes. Darüber hinaus hatte ich die Geschäftsbeziehung zwischen ▮▮▮▮und▮▮▮▮offen gelegt und sein nicht sachverständiges Urteil zur Authentizität der Falldatei unter Berufung auf die PTB kritisiert, auf widersprüchliche Tatzeiten und Fehler im Beweisfoto hingewiesen, alles in allem kaum 1 Seite Fakten, sowie Messwertmanipulation bewiesen.

[89] Mein Beweis war offensichtlich **nicht widerlegbar und wurde kurzerhand übergangen!**

ANHANG
A1 Aus meinem Schriftverkehr

Um Verzögerungen der Veröffentlichung dieser Dokumentation und Rechtsstreitigkeiten vorzubeugen haben wir den Personen, die hierin — direkt oder indirekt — genannt werden, den sie betreffenden Text mitgeteilt und ihnen Gelegenheit gegeben hierzu Stellung zu nehmen. Textänderungen hatten wir darin für den Fall vorgesehen, dass uns deren Sichtweise das nahelegen würde. Eine mögliche Alternative war, die Darstellung der Betroffenen — ganz oder auszugsweise — unserem Text gegenüber zu stellen. Die Namen hatten wir — wie in der Presse üblich — durch Abkürzung mit dem ersten Buchstaben anonymisiert. Dieser Schriftverkehr betrifft[1]:

Info zur Dokumentation		Antwort	
Datum	Empfänger	Datum	Inhalt
25.02.17	SV S_2	—	—
05.03.17	X_4 X_5 X_6 X_7	13.03.17 und 10.04.17	KiS, Forderung: Unterschrift unter Unterlassungserklärung (10.000,– € Vertragsstrafe! Begründung: Verstoß gegen Datenschutz[*]) Trotz meines Hinweises auf fehlende gesetzliche Grundlage der Forderung: Wiederholung der Forderung[**])
	OSA J_2	27.03.17	KiS, 2. Rechnung mit zusätzlicher SV-Vergütung über 6.156,08 € (1. Rechnung mit SV-Vergütung über 2.668,44 €, zum Gerichtstermin lag jedoch nur 1 schriftliches Gutachten vor!)
09.03.17	SV S_1	17.03.17	KiS, ,*Empfehlung*' Name der Gesellschaft nicht verwenden
	Y_2 Y_3 Y_4 Y_6	23.03.17	KiS, rechtliche Schritte bei Verstößen gegen Persönlichkeitsrechte (§1004 BGB) angekündigt
10.03.17	AG⬚	21.04.17	KiS, Vorgehen gegen Rechtsverstöße vorbehalten
29.03.17	RA R_1	—	—

Tab. 11: Schriftverkehr mit Personen, auf die sich die Dokumentation bezieht

KiS = Keine inhaltliche Stellungnahme

[*]) Die Antwort des Kreisdirektors vom 13.03.2017 hat uns dazu bewogen Sachbearbeiter durch Namenskürzel und Textänderung vollständig zu anonymisieren (☞ Spalte ,*Empfänger*'). Wir haben zudem i. a. ihr Geschlecht offen gelassen, dies nur bedingt für Personen des öffentlichen Lebens. Damit möchten wir einer Verzögerung der Veröffentlichung dieser Dokumentation durch einstweilige Verfügungen vorbeugen. Die Anonymisierung macht den Text da und dort leider etwas holprig. Wir bitten dafür um Verständnis.

[**]) In meinem Antwortschr. verweigere ich die geforderte Unterschrift und berufe ich mich auf die einschlägigen Paragraphen des Datenschutzgesetzes NRW. X_7 erklärt das DSG NRW für ungültig und beruft sich auf das Bundesdatenschutzgesetz, jedoch ohne Bezug auf irgendwelche dortigen Paragraphen. Darüber hinaus verlangt X_7 Auskunft über weitere(?) Textstellen und Bildmaterial gemäß § 34 BDSG.

Bitte um Marktüberwachung		Antwort	
Datum	Empfänger	Datum	Inhalt
10.03.17	BNetzA	15.03.17	BNetzA ist nur für funktechnische Parameter zuständig.
	BSI	25.04.17	Zuständig ist die PTB

Tab. 12: Schriftverkehr zur Bitte um Marktüberwachung

1. Offener Brief, 11.03.2017		Antwort	
Empfänger		Datum	Inhalt
Bundeskanzleramt		—	—
Bundesjustizminister		—	—
Staatskanzlei NRW		—	—
⟵ Innenminister NRW		24.04.17	Weitergeleitet an BR⬚:
⟶ BR⬚			
⟵ Justizminister NRW:		29.03.17	Keine Prüfung von Gerichtsurteilen. Der Justizminister hat den *Offenen Brief* weitergeleitet an:
⟶ 1) Präsident LG⬚		—	—
⟶ 2) OSA J_2		—	(Bearbeitet durch:)
?⟶ 2a) GSA J_5		16.05.17	Keine Anhaltspunkte für bewusst begangene Manipulation
⟶ 3) Innenminister NRW		24.04.17	Weitergeleitet an BR⬚:
⟶ 3a) BR⬚		—	—
Wirtschaftsminister NRW		—	—
Generalbundesanwalt		15.03.17	Nicht zuständig, keine Prüfung richterlicher Entscheidungen

Tab. 13: Schriftverkehr ,*Offener Brief*'

---

1 Berücksichtigt sind alle Antworten, die vor dem 30.09.2017 eingegangen sind.

Dienstaufsichtsbeschwerde		Antwort	
Datum	Empfänger	Datum	Inhalt
04.09.16	RP ▭ (betr. Kreis ▭)	22.09.16	Sehr detailliert begründeter Zwischenbescheid: Ergebnis der Hauptverhandlung muss abgewartet werden
		14.06.17	Sehr detailliert begründeter Bescheid: Wahrnehmung der Fachaufsicht nicht erforderlich
19.03.17	Landratsamt ▭ (betr. X_4)	04.04.17	X_4 erklärt, ich hätte sehen wollen, wie er auswertet. Tatsächlich hatte ich nur sehen wollen, ob die Auswertesoftware installiert ist.
21.03.17	Landratsamt ▭ (betr. X_7)	09.05.17	Abgelehnt, Anzeige wegen Verheimlichung der Anzahl der vom Kreis eingesetzten Messgeräte umgedeutet als (falsche!) Beschuldigung der Verheimlichung der Bekanntgabe der Messstellen.
15.05.17		31.05.17	Berufung auf ‚Missverständnis‘, Beschwerde abgelehnt
18.04.17 30.05.17	GSA J_5	04.07.17	Beschwerde zurückgewiesen

Tab. 14: Schriftverkehr Dienstaufsichtsbeschwerden

Dienstleister Scan 66		Antwort	
Datum	Empfänger	Datum	Inhalt
30.03.15	Oldenburg	—	(Rückschein vom 02.04.2015 ohne Empfänger in Klarschrift)
20.03.17	Hamburg	22.03.17	Ablehnung, Begründung: MdKrV im Briefkopf genannt.
27.03.17	Hamburg	06.04.17	Umdeutung: Ladungsfähige Bearbeiter Anschrift siehe Briefkopf

Tab. 15: Schriftverkehr Auskunftsersuchen ‚ladungsfähige Adresse des Dienstleisters‘

Datenschutzbeauftragter		Antwort	
Datum	Empfänger	Datum	Inhalt
23.03.17	Kreis ▭	05.04.17	Angebot: Terminabsprache für Einblick in das Verfahrensverzeichnis

Tab. 16: Schriftverkehr Auskunftsersuchen ‚Verfahrensverzeichnis‘

Erinnerungen		Antwort	
Datum	Empfänger	Datum	Inhalt
25.04.17	StA ▭	24.05.17 30.05.17	AG ▭ beschließt in eigener Sache: Abrechnung ist korrekt
13.06.17	von RA R_1 an AG ▭	—	[05.09.17, tel. Auskunft an RA R_1: StA ▭ hält die Gerichtsakte unter Verschluss! Vermutung: Wegen Strafanzeige vom 25.04./25.05./14.08.17 gegen SV S_1] 06.09.17: Vollstreckungsankündigung, Ablehnung der Erinnerung liegt aber nicht vor

Tab. 17: Schriftverkehr ‚Erinnerungen‘

Strafanzeigen		Antwort	
Datum	Empfänger	Datum	Inhalt
14.04.16	StA ▭	02.01.17	Ermittlungsverfahren eingestellt, HV ergab keine Anhaltspunkte
25.04.17 25.05.17	StA ▭	31.05.17	Kein Grund für Ermittlungen (pauschal, betr. alle Beschuldigten)
		10.08.17	Diese Antwort bezieht sich ausschließlich auf Anzeige vom 25.04.17: Beschuldigter SV S_1 wurde ‚verantwortlich vernommen‘. Es ist für die StA glaubhaft, dass er schuldlos ist.
14.08.17	GSA J_5	—	

Tab. 18: Schriftverkehr Strafanzeigen

2. Offener Brief, 08.09.2017	Antwort	
Empfänger	Datum	Inhalt
Staatskanzlei NRW	—	
Innenminister NRW	—	
← Justizminister NRW:	20.09.17	Inhaltlich Verweis auf Stellungnahme des Schr. vom 29.03.17. Der Justizminister hat den zweiten Offenen Brief weitergeleitet an:
→ 1) Präsident LG ▭	—	
→ 2) OSA J_2	—	
→ 3) Innenminister NRW	—	
Wirtschaftsminister NRW	—	

Tab. 19: Schriftverkehr ‚Zweiter Offener Brief‘

A2 Ausgleichskurven in *Excel 2007*

A2.1 Erläuterung der Situation aus der Sicht der Statistik

Die Häufigkeitsverteilung der Messwerte von Geschwindigkeiten auf einem Streckenabschnitt ohne Geschwindigkeitsbeschränkung oder wechselnde störende Einflüsse, wie z. B. ungünstige Witterung oder Sichterhältnisse, wird vereinfachend als normalverteilt angenommen.[1]

Wenn Messungen auf einem Streckenabschnitt mit Geschwindigkeitsbeschränkung vorgenommen werden, dann

1) liegt mit der Messreihe nur ein kleiner Teil der Geschwindigkeitsverteilung vor,

2) ist die Geschwindigkeitsverteilung durch die ‚Störgröße' Geschwindigkeitsbeschränkung beeinflusst,

3) splittet sich die Geschwindigkeitsverteilung in mehrere Häufigkeitsverteilungen, die unterschiedlichen Kriterien unterliegen.[2]

Die Normalverteilung hat die Form

$$n(v) = \frac{1}{\sigma \cdot \sqrt{2\pi}} \cdot e^{-\frac{(v-\mu)^2}{2\sigma^2}}$$

v: Geschwindigkeit
$n(v)$: Häufigkeit der Geschwindigkeit v
μ: arithmetischer Mittelwert der Geschwindigkeiten v
σ: Standardabweichung der Geschwindigkeiten v
σ^2: Varianz (Streuung) der Geschwindigkeiten v

Ideal wäre es, diese Funktionsform für die Ausgleichskurve zu wählen, weil sie theoretisch die bestmögliche Angleichung an die gegebene Messreihe ermöglicht. In der Praxis gibt es aber ein Problem:

Die Messreihe enthält nur Geschwindigkeitsüberschreitungen, d. h.
sie enthält nur den äußersten Zipfel der Häufigkeitsverteilung aller Geschwindigkeiten.

Aus diesem Grund enthält die Messreihe keine für die Ausgleichsrechnung hinreichende Information über die mittlere Geschwindigkeit[3] oder deren Standardabweichung.[4] Deshalb und aus praktischen Gründen[5] habe ich mich für eine Ausgleichskurve in der Form einer Potenzfunktion entschieden.

Für die gegebene Messreihe kann *Excel* keine potenzielle Trendlinie erstellen (ohne für mich erkennbaren Grund). Deshalb benutze ich hierzu den *Solver* von *Excel*.

Gesucht sind die beiden Parameter e und f der Potenzfunktion

$$n = f \cdot v^e + K \qquad\qquad K = \text{const}$$

---

1 Es wird dabei vernachlässigt, dass Straßenfahrzeuge eine Maximalgeschwindigkeit haben, oberhalb derer die Wahrscheinlichkeit für eine Messung exakt =0 ist. Ebenso fahren die zu messenden Kraftfahrzeuge mit einer Mindestgeschwindigkeit, unterhalb derer die Wahrscheinlichkeit für eine Messung annähernd =0 ist.
  Auf einem Streckenabschnitt mit Geschwindigkeitsbeschränkung dürfen bei der Zählung Fahrzeugtypen, deren Maximalgeschwindigkeit kleiner ist als die Geschwindigkeitsbeschränkung, nicht berücksichtigt werden.
2 ↳6.2 *Zur Problematik wissenschaftlich fundierter Beweisführung.*
3 Die mittlere aller gemessenen Geschwindigkeiten, nicht die der festgestellten Geschwindigkeitsübertretungen!
4 Die Standardabweichung aller gemessenen Geschwindigkeiten, nicht die der festgestellten Geschwindigkeitsübertretungen!
5 Die Potenzfunktion passt sich besonders gut an beliebige Kurvenformen an. Außerdem steht mir die Ausgleichsrechnung für potenzielle Ausgleichskurven aus meinen beiden Arbeiten zur elementaren Zahlentheorie zur Verfügung: ***Primzahlen*: Häufigkeit und Eigenschaften von Gruppierungen,**
  ***Pythagoreische Zahlentripel*: Abstände – Gruppierungen – Cluster.**

Für die Konstante wird gewählt: $\qquad$ $K = 0$
alternativ für Ausgleichskurve (C) $\qquad$ $K = \{$manuell, so dass $w \leq 0$ für $v \geq 200$ $^{km}/_h\}$

Die optimale Ausgleichskurve weicht so gering wie möglich von der Messreihe ab, d. h. die Summe der Quadrate aller Abweichungen ist minimal:

(1) $\qquad S(e,f) = \sum_{i=1}^{N}\left(n_i - f \cdot v_i^e - K\right)^2 = $ minimal $\qquad$ $N = $ Gesamtzahl der Werte der Messreihe
$n_i = $ Anzahl der Messwerte mit
Geschwindigkeit v_i

Die beiden =0 gesetzten partiellen Ableitungen der Summe $S(e, f)$ nach e und f liefern zwei Gleichungen, die nach f aufgelöst und danach gleichgesetzt werden können:

(2) $\qquad \dfrac{\sum\limits_{i=1}^{N}(n_i \cdot v_i^e) - K \cdot \sum\limits_{i=1}^{N} v_i^e}{\sum\limits_{i=1}^{N} v_i^{2e}} = \dfrac{\sum\limits_{i=1}^{N}(n_i \cdot v_i^e \cdot \ln v_i) - K \cdot \sum\limits_{i=1}^{N}(v_i^e \cdot \ln v_i)}{\sum\limits_{i=1}^{N}(v_i^{2e} \cdot \ln v_i)}$

(3) $\qquad f = \dfrac{\sum\limits_{i=1}^{N}(n_i \cdot v_i^e) - K \cdot \sum\limits_{i=1}^{N} v_i^e}{\sum\limits_{i=1}^{N} v_i^{2e}}$

Die Bestimmung von e durch iterative Näherungslösung von (2) ist möglich, gelingt in *Excel* allerdings nur sehr mühsam durch günstige Wahl des Startwertes von e.[6] Besser ist die

Lösung: Iterative Bestimmung von e aus (1) mit dem Zielwert Su = $S(e, f)$ = Minimum und f aus der Tabellenzelle [N5], die die Formel (3) enthält.

Das Ergebnis dieser Ausgleichsrechnung ist für die drei Ausgleichskurven

(A): $\qquad n = 1{,}806\ 623\ 513\ 011\ 22 \cdot 10^{23} \cdot v^{-11{,}651\ 303\ 634\ 029\ 8} + 0$
(B): $\qquad n = 9{,}645\ 090\ 567\ 247\ 11 \cdot 10^{23} \cdot v^{-12{,}026\ 909\ 624\ 322\ 5} + 0$
(C): $\qquad n = 9{,}929\ 531\ 751\ 532\ 56 \cdot 10^{23} \cdot v^{-12{,}033\ 464\ 844\ 770\ 2} - 0{,}000\ 203\ 032\ 335$

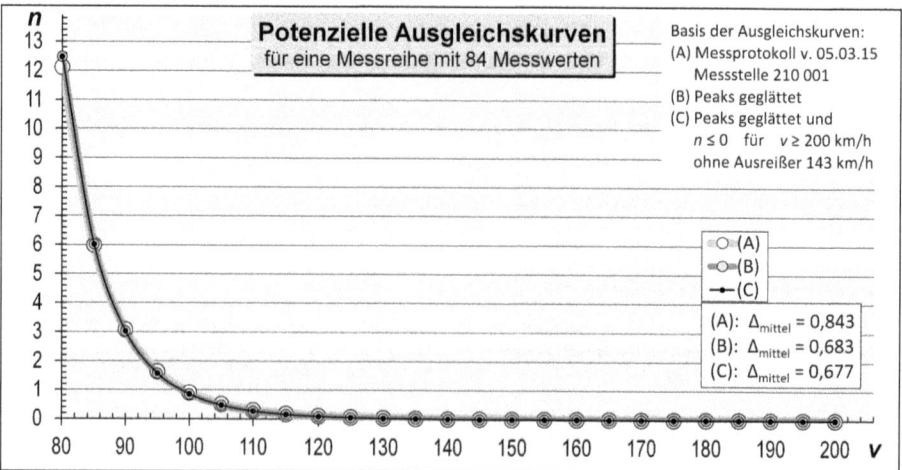

Abb. 27: Ausgleichskurven (A), (B) und (C), $v \geq 80$ km/h

6 Grund: Im Minimum von S sind die beiden Seiten von (2) ‚sehr ungleich' (siehe fe = Tabellenzelle [O4]). Diese Feststellung ist allerdings sehr subjektiv, denn im Vergleich mit f = Zelle [N5] ist fe ‚sehr klein': fe $\approx 10^{-10} \cdot$ f.

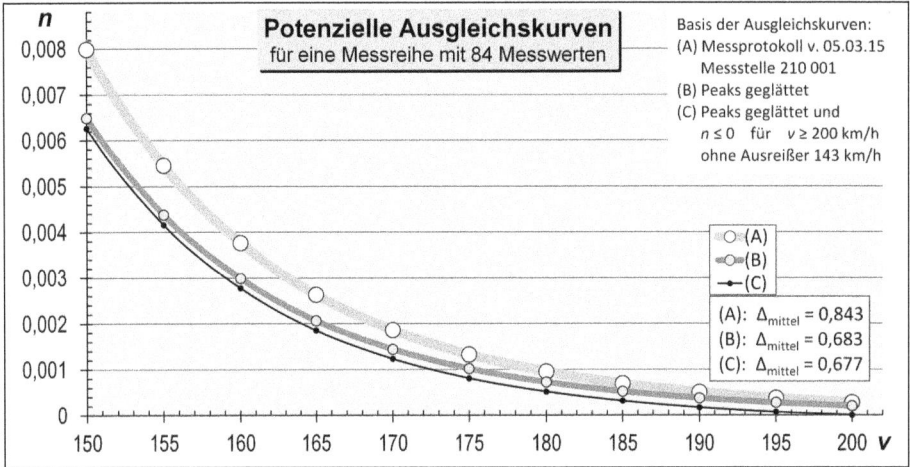

Abb. 28: Ausgleichskurven (A), (B) und (C), $v \geq 150$ km/h

$v = 179$ km/h mit $n = 0,001$ bedeutet: In 1.000 Messreihen ist genau einmal Messwert 179 km/h zu erwarten.

Die Unterschiede bei höheren Geschwindigkeiten werden in Abb. 28 durch Beschränkung auf Geschwindigkeiten $v \geq 150$ $^{km}/_h$ bei größerem Maßstab sichtbar.

A2.2 *Excel*-Tabellenblatt *Potenzielle Ausgleichskurve*

Das Tabellenblatt von Abb. 29 enthält folgende Formeln:

Zelle	Name	Formel	Zelle	Name	Formel	Zelle	Name	Formel/Wert
			B131	—	=SUMME(B8:B130)	N2	m	=ANZAHL(C8:C128)=120
C9	—	=A9^e	C131	—	=SUMME(C8:C130)	N4	e	−11,651 303 634 029 8
D9	—	=C9*C9	D131	—	=SUMME(D8:B130)			{*Solver*-Startwert/-Lösung}
E9	—	=B9*C9	E131	—	=SUMME(E8:E130)	O4	fe	=(E131-K*C131)/D131-(H131-K*F131)/G131
F9	—	=C9*LN(A9)	F131	—	=SUMME(F8:F130)			=−31.723.299.536.896(!)
G9	—	=D9*LN(A9)	G131	—	=SUMME(G8:G130)	N5	f	=(E131-K*C131)/D131
H9	—	=E9*LN(A9)	H131	—	=SUMME(H8:H130)			=1,806 623 513 011 22 · 10^{23}
I9	—	=f*A9^e+K	I131	—	=SUMME(I8:I130)	N6	K	0
J9	—	=I9*B$131/I$131	J131	—	=SUMME(J8:J130)	N7	—	=K131
K9	—	=(B9-I9)^2	K131	Su	=SUMME(K8:K130)	N8	—	=WURZEL(N7/m)

Tab. 20: Formeln im *Excel*-Tabellenblatt ‚*Potenzielle Ausgleichskurve*'

Die Solver-Einstellungen wurden als Bildschirmkopie in die Abb. 29 übernommen.

Die Programmlaufzeiten von durchschnittlich 4:23 h pro Datei sind erträglich, weil mein 4-Kern-Prozessor vier Programme parallel in separaten *Excel*-Instanzen ausführen kann.[7] Obendrein ist er an ungestörte Nachtarbeit gewöhnt.

---

7 Die reine Rechenzeit für die 171.094.740 dokumentierten Simulationen beträgt ca. 31 Tage. Parallele Ausführung von gleichzeitig vier Programmen reduziert dies auf eine reine Laufzeit von ca. 8 Tagen.

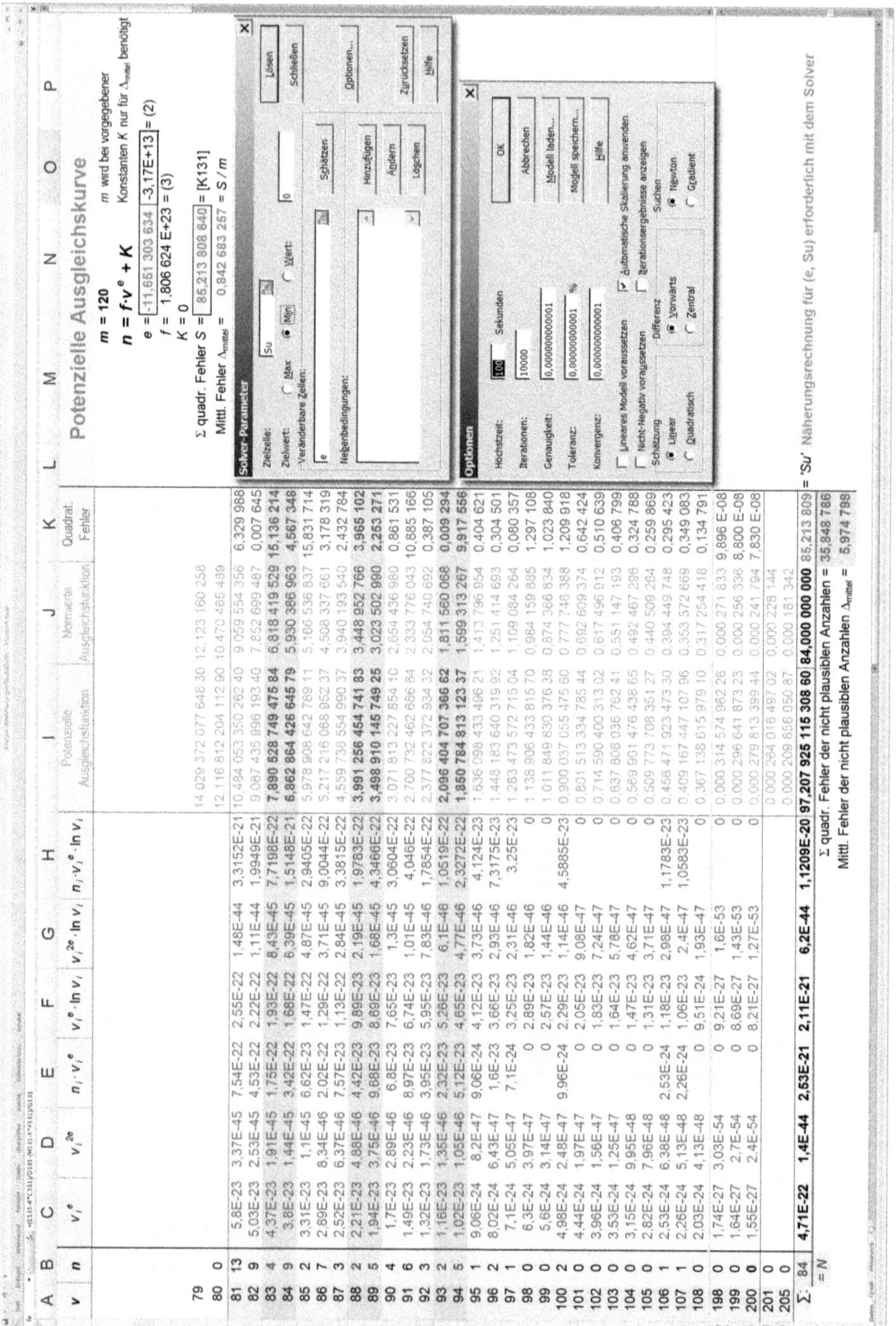

Potenzielle Ausgleichskurve

m wird bei vorgegebener Konstanten K nur für Λ_{mittel} benötigt

$$m = 120$$
$$n = f v^e + K \quad [K131]$$
$$e = \frac{-11{,}651\,303\,634}{-3{,}17\mathrm{E}{+}13} = (2)$$
$$f = 1{,}806\,624\,\mathrm{E}{+}23 = (3)$$
$$K = 0$$

Σ quadr. Fehler S = 85,213 808 640 = [K131]

Mittl. Fehler Λ_{mittel} = 0,842 683 257 = S/m

Solver-Parameter

- Zielzelle: [Su]
- Zielwert: ( ) Max (•) Min ( ) Wert: [0]
- Veränderbare Zellen: [e]
- Nebenbedingungen:
- Lösen | Schließen | Optionen... | Schätzen | Hinzufügen | Ändern | Löschen | Zurücksetzen | Hilfe

Optionen

- Höchstzeit: [100] Sekunden
- Iterationen: [10000]
- Genauigkeit: [0,000000001]
- Toleranz: [0,000000001] %
- Konvergenz: [0,000000001]
- [ ] Lineares Modell voraussetzen
- [ ] Nicht-Negativ voraussetzen
- [ ] Automatische Skalierung anwenden
- [ ] Iterationsergebnisse anzeigen
- Schätzung: (•) Linear ( ) Quadratisch
- Differenzen: (•) Vorwärts ( ) Zentral
- Suchen: (•) Newton ( ) Gradient
- OK | Abbrechen | Modell laden... | Modell speichern... | Hilfe

v	n	$v_i^{\,e}$	$v_i^{\,2e}$	$n_i\,v_i^{\,e}$	$v_i^{\,e}\ln v_i$	$v_i^{\,2e}\ln v_i$	$n_i\,v_i^{\,e}\ln v_i$	Potenzielle Ausgleichsfunktion	Normierte Ausgleichsfunktion	Quadrat. Fehler
								14 029 372 077 648 30	12 123 160 258	
								12 116 812 204 112 90	10 470 465 439	
	13	5,8E-23	3,37E-45	7,54E-22	2,55E-22	1,48E-44	3,3152E-21	9 067 435 096 193 40	9 059 554 356	6 329 988
	9	5,03E-23	2,53E-45	4,53E-22	2,22E-22	1,11E-44	1,9949E-21	7 852 699 487		0,007 645
	4	4,37E-23	1,91E-45	1,75E-22	1,93E-22	8,43E-45	7,7198E-22	7 890 528 749 475 84	6 818 419 529	15 136 214
		3,8E-23	1,44E-45	3,42E-22	1,68E-22	6,39E-45	1,5148E-21	6 862 864 426 645 79	5 930 386 963	4 567 348
		3,31E-23	1,1E-45	6,62E-23	1,47E-22	4,87E-45	2,9405E-22	5 978 908 642 789 11	5 166 536 837	15 831 714
	7	2,89E-23	8,34E-46	2,02E-22	1,29E-22	3,71E-45	9,0044E-22	5 217 216 068 852 37	4 508 337 661	3 178 319
	3	2,52E-23	6,37E-46	7,57E-23	1,13E-22	2,84E-45	3,3815E-22	4 559 738 554 990 37	3 940 193 440	2 432 784
	5	2,21E-23	4,88E-46	4,42E-23	9,99E-23	2,19E-45	1,9783E-22	3 991 256 454 741 83	3 448 952 766	3 965 102
	6	1,94E-23	3,75E-46	6,68E-23	8,69E-23	1,68E-45	3,4366E-22	3 498 910 145 749 25	3 023 502 990	2 253 271
	4	1,49E-23	2,89E-46	6,8E-23	7,65E-23	1,3E-45	3,0604E-22	3 071 813 227 854 10	2 654 436 980	0,861 531
	2	1,32E-23	2,23E-46	8,97E-23	6,74E-23	1,01E-45	4,046E-22	2 700 732 462 696 84	2 333 776 043	10 885 166
	1	1,16E-23	1,73E-46	3,95E-23	5,95E-23	7,83E-46	1,7864E-22	2 377 822 372 934 32	2 054 740 692	0,387 105
	2	1,02E-23	1,05E-46	2,32E-23	5,86E-23	5,86E-46	1,0519E-22	2 096 404 707 366 62	1 811 560 068	0,009 294
	3	9,06E-24	8,2E-47	5,12E-23	4,65E-23	4,77E-46	2,3272E-22	1 850 784 813 123 37	1 599 313 267	9 917 556
	2	8,02E-24	6,43E-47	9,06E-24	4,12E-23	3,73E-46	4,124E-23	1 636 098 433 496 21	1 413 796 654	0,404 621
	1	7,1E-24	5,05E-47	1,6E-23	3,66E-23	2,93E-46	7,3175E-23	1 448 183 640 319 92	1 251 114 693	0,304 501
	2	6,3E-24	3,97E-47	7,1E-24	3,25E-23	2,31E-46	3,25E-23	1 263 473 572 715 04	1 109 084 264	0,080 357
	3	5,8E-24	3,14E-47		2,89E-23	1,82E-46		1 138 906 433 815 70	0 984 159 885	1 297 108
	1	4,98E-24	2,48E-47		2,57E-23	1,44E-46		1 011 849 830 376 38	0 874 366 834	1 023 840
	1	4,44E-24	1,97E-47	9,96E-24	2,29E-23	1,14E-46	4,585E-23	0 900 037 055 475 60	0 777 746 388	1 209 918
	2	3,96E-24	1,56E-47		2,05E-23	9,08E-47		0 801 513 334 785 44	0 692 609 374	0,642 424
		3,53E-24	1,25E-47		1,83E-23	7,24E-47		0 714 590 400 313 02	0 617 496 012	0,510 639
		3,15E-24	9,95E-48		1,64E-23	5,78E-47		0 637 808 036 762 41	0 551 147 193	0,406 799
		2,82E-24	7,96E-48		1,47E-23	4,62E-47		0 569 901 476 438 65	0 492 467 296	0,324 788
	1	2,53E-24	6,38E-48	2,53E-24	1,31E-23	3,71E-47	1,1783E-23	0 509 773 708 351 27	0 440 509 264	0,259 869
		2,26E-24	5,13E-48	2,26E-24	1,18E-23	1,43E-53	1,0583E-23	0 456 471 923 473 30	0 394 449 748	0,295 423
		2,03E-24	4,13E-48		1,06E-23	2,4E-47		0 409 167 447 107 96	0 353 572 669	0,349 083
					9,51E-24	1,93E-47		0 367 138 615 979 10	0 317 254 418	0,134 791
		1,74E-27	3,03E-54		9,2E-27	1,43E-53		0 000 334 015 837 77	0 000 271 833	9,896 E-08
		1,64E-27	2,7E-54		8,69E-27	1,27E-53		0 000 296 641 873 23	0 000 256 336	8,800 E-08
		1,55E-27	2,4E-54		8,21E-27			0 000 279 613 399 44	0 000 241 794	7,830 E-08
								0 000 264 016 497 02	0 000 228 144	
								0 000 181 342		
Σ = 84 = N		4,71E-22	1,4E-44	2,53E-21	2,11E-21	6,2E-44	1,1209E-20	97 207 925 116 308 60	84 000 000 000	85,213 809 = 'Su'

Σ quadr. Fehler der nicht plausiblen Anzahlen = 35,848 786

Mittl. Fehler der nicht plausiblen Anzahlen Λ_{mittel} = 5,974 798

'Su' = Näherungsrechnung für (e, Su) erforderlich mit dem Solver

Abb. 29: *Excel*-Tabellenblatt ‚Potenzielle Ausgleichskurve mit dem Excel-Solver'

A3 Messreihensimulation in *Excel 2007*
A3.1 *Excel*-Tabellenblatt *ZufallsMessreihe1M_SimInitA21-01.xlsb*

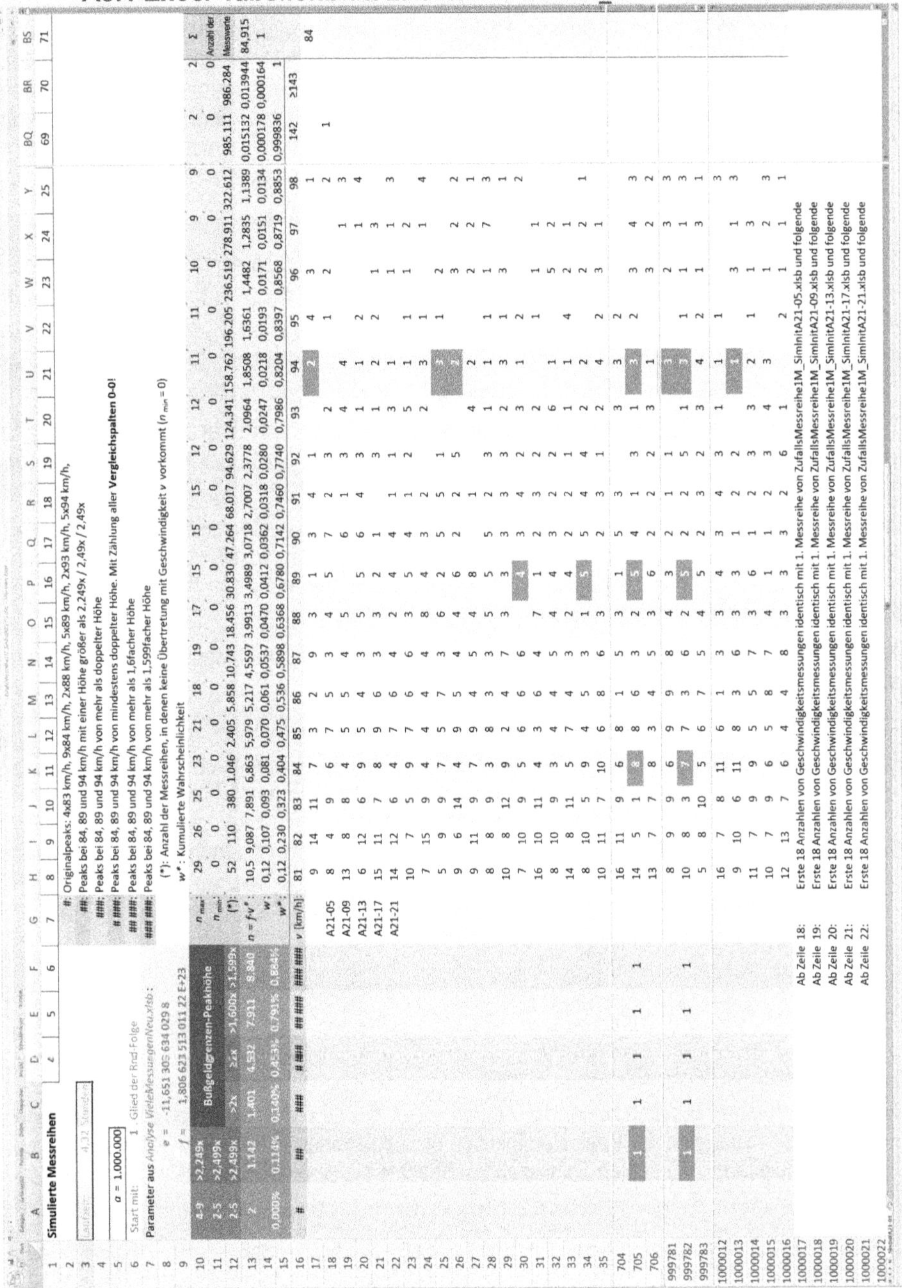

Abb. 30: *Excel*-Tabellenblatt ‚*Simulierte Messreihen*'
Mit nA = 21, m1 = 1. Die sechs Tabellenzeilen 704ff und 999781ff wurden in die Abb. 30 kopiert.

A3.2 Ergebnisse der Messreihensimulation

Für die Simulation habe ich bevorzugt die **24-Bit-Zufallszahlen** des Tabellenkalkulationssystems *Microsoft **Excel** 2007* benutzt. Dessen *Rnd*-Funktion liefert allerdings nur „*Pseudo'-Zufalls-zahlen*,[8] d.h. die *Rnd*-Zufallszahlen *z* durchlaufen eine fest vorgegebene Folge von $2^{24} = 16.777.216$ Zahlen. Der Startwert der Folge wird normalerweise durch die Systemzeit des PCs festgelegt. Wenn der letzte Wert der Folge ausgegeben wurde, beginnt *Rnd* wieder von vorne. Diese Beschränkung der *Rnd*-Zufallszahlen legt die maximale Anzahl unterschiedlicher Messreihen fest, die sich simulieren lassen. Bei 84 Messwerten pro Messreihe sind das also

$$\frac{16.777.216}{84} = 199.728 \text{ simulierte Messreihen.}$$

Durch die Wahl unterschiedlicher Bauprinzipe für die Simulation der Messreihen lässt sich diese Anzahl der simulierten Messreihen nahezu beliebig erhöhen. In meinem Simulationsprogramm beschränke ich mich dabei aber auf zwei Parameter:

1) Bei der Initialisierung der *Excel*-Zufallszahlen wird stets eine konkrete Zufallszahl der Folge, **eindeutig und reproduzierbar**(!) ausgewählt, mit der die Simulation beginnt (Parameter m_1).

2) Die Zuordnung der Zufallszahlen zu einer Messreihe lässt sich über zwei verschachtelte Schleifen steuern. Die Anzahl der Durchläufe der äußeren Schleife kann gewählt werden (Parameter n_A).

Die Dateien demonstrieren die Streuung der Häufigkeit von sechs unterschiedlichen Peakhöhen bei Messreihensimulation auf Basis der Ausgleichskurven in Abhängigkeit von der Messwertean-zahl pro Messreihe, der Anzahl Messreihen in den Dateien und vor allem bei unterschiedlicher Wahl der Programmparameter n_A und m_1.

Zum Vergleich wurden auch Messreihen simuliert, die mit **echten Zufallszahlen**[9] erstellt wurden, und mit Zufallszahlen, die in *Java* generiert wurden.[10]

Einen Vergleich mit **Python-Zufallszahlen** habe ich nicht durchgeführt.

Erläuterung der Spalten: m_1 = Index der 1. bei der Simulation benutzten Zufallszahl
n_A = Anzahl der Durchläufe der äußeren Schleife
N = Anzahl der Messwerte pro Messreihe
V, V_1, V_2 = Unterscheidung von Simulationsvarianten

Spalte	n_v = Anzahl der Messwerte mit Geschwindigkeit v					
	n_{83}	n_{84}	n_{88}	n_{89}	n_{93}	n_{94}
#	4	9	2	5	2	5
##	—	$>2{,}249 \times n_{83}$	—	$>2{,}499 \times n_{88}$	—	$>2{,}499 \times n_{93}$
###	—	$>2 \times n_{83}$	—	$>2 \times n_{88}$	—	$>2 \times n_{93}$
# ###	—	$\geq 2 \times n_{83}$	—	$\geq 2 \times n_{88}$	—	$\geq 2 \times n_{93}$
## ###	—	$>1{,}600 \times n_{83}$	—	$>1{,}600 \times n_{88}$	—	$>1{,}600 \times n_{93}$
### ###	—	$>1{,}599 \times n_{83}$	—	$>1{,}599 \times n_{88}$	—	$>1{,}599 \times n_{93}$

Tab. 21: Erläuterung der Spalten #, …, ### ###

Die folgenden beiden Tabellen zeigen 16 Dateien mit jeweils 10.000 Messreihen à 84 Messwerte. Sie dienen zum Vergleich der Peak-Häufigkeiten in Simulationen mit ‚Pseudo'-Zufallszahlen mit denen in Simulationen mit echten Zufallszahlen. Beachte die Streuung w_{min} bis w_{max} in Spalte ##:

---

8 Bei gedankenloser Parameterwahl kann der Zufallscharakter der simulierten Messreihen verloren gehen. Dies ist beispielsweise der Fall bei $N = 64$ Messwerten pro Messreihe für $n_A = 8, 16, 32, 64$ äußeren Schleifendurch-läufen, und zwar mit wachsender Anzahl immer deutlicher. Die Messwerthäufigkeiten der Histogramme streu-en in solch einem Fall nur geringfügig, z.B. nur um 1 oder 2, also sehr viel weniger als in Tab. 24 und Tab. 31.

9 Echte Zufallszahlen, die auf Basis des atmosphärischen Rauschens erstellt werden, ☞ [I20].
Echte Zufallszahlen, die auf quantenmechanischer Basis erstellt werden, ☞ [I21].

10 Funktionsbibliothek *crypto* in *JavaScript*, ☞ Tab. 26 bis Tab. 30.

16 Tabellen, insgesamt: 16·10.000 = 160.000 Messreihen à simuliert mit *Excel*-Zufallszahlen		w_{max}: w_{mittel}: w_{min}:	0,000 00% 0,000 00% 0,000 00%	**0,150%** **0,105%** **0,050%**	0,200% 0,133% 0,070%	0,560% 0,443% 0,300%	0,920% 0,781% 0,610%	1,050% 0,891% 0,690%

4-9 >2,249x 2-5 >2,499x	3 Bußgeldgrenzen-Peakhöhen				4-9 >2,249x 2-5 >2,499x	3 Bußgeldgrenzen-Peakhöhen			
2-5 >2,499x	>2x	≥2x	>1,600x	>1,599x	2-5 >2,499x	>2x	≥2x	>1,600x	>1,599x

$\sum$:	0	168	213	709	1.249	1.426					
m_1	#	##	###	# ###	## ###	### ###	#	##	###	# ###	## ###	### ###
1	0	5	7	45	74	86	0,000 00%	**0,050%**	0,070%	0,450%	0,740%	0,860%
2	0	7	8	34	63	69	0,000 00%	0,070%	0,080%	0,340%	0,630%	0,690%
3	0	10	13	42	78	89	0,000 00%	0,100%	0,130%	0,420%	0,780%	0,890%
4	0	11	13	47	75	87	0,000 00%	0,110%	0,130%	0,470%	0,750%	0,870%
5	0	11	15	56	87	94	0,000 00%	0,110%	0,150%	0,560%	0,870%	0,940%
6	0	12	15	45	77	95	0,000 00%	0,120%	0,150%	0,450%	0,770%	0,950%
7	0	8	13	39	71	81	0,000 00%	0,080%	0,130%	0,390%	0,710%	0,810%
8	0	13	16	42	72	83	0,000 00%	0,130%	0,160%	0,420%	0,720%	0,830%
9	0	15	16	52	90	102	0,000 00%	**0,150%**	0,160%	0,520%	0,900%	1,020%
10	0	10	15	46	84	93	0,000 00%	0,100%	0,150%	0,460%	0,840%	0,930%
11	0	14	15	49	92	105	0,000 00%	0,140%	0,150%	0,490%	0,920%	1,050%
12	0	6	10	30	61	81	0,000 00%	0,060%	0,100%	0,300%	0,610%	0,810%
13	0	7	8	37	76	81	0,000 00%	0,070%	0,080%	0,370%	0,760%	0,810%
14	0	14	20	54	88	100	0,000 00%	0,140%	0,200%	0,540%	0,880%	1,000%
15	0	13	13	44	73	84	0,000 00%	0,130%	0,130%	0,440%	0,730%	0,840%
16	0	12	16	47	88	96	0,000 00%	0,120%	0,160%	0,470%	0,880%	0,960%

Tab. 22: Bußgeldgrenzen-Peaks in Messreihen, simuliert mit *Excel*-Zufallszahlen, Simulationsbasis: Ausgleichskurve (A)

16 Tabellen, insgesamt: 16·10.000 = 160.000 Messreihen à simuliert mit echten Zufallszahlen		w_{max}: w_{mittel}: w_{min}:	0,000 00% 0,000 00% 0,000 00%	**0,180%** **0,107%** **0,060%**	0,220% 0,128% 0,070%	0,640% 0,442% 0,290%	0,930% 0,771% 0,610%	1,020% 0,862% 0,730%

4-9 >2,249x 2-5 >2,499x	3 Bußgeldgrenzen-Peakhöhen				4-9 >2,249x 2-5 >2,499x	3 Bußgeldgrenzen-Peakhöhen			
2-5 >2,499x	>2x	≥2x	>1,600x	>1,599x	2-5 >2,499x	>2x	≥2x	>1,600x	>1,599x

$\sum$:	0	171	204	707	1.233	1.379					
V	#	##	###	# ###	## ###	### ###	#	##	###	# ###	## ###	### ###
1	0	13	15	46	79	88	0,000 00%	0,130%	0,150%	0,460%	0,790%	0,880%
2	0	10	11	38	61	74	0,000 00%	0,100%	0,110%	0,380%	0,610%	0,740%
3	0	9	9	52	82	92	0,000 00%	0,090%	0,090%	0,520%	0,820%	0,920%
4	0	6	9	29	73	78	0,000 00%	**0,060%**	0,090%	0,290%	0,730%	0,780%
5	0	13	15	43	68	79	0,000 00%	0,130%	0,150%	0,430%	0,680%	0,790%
6	0	6	9	32	68	80	0,000 00%	**0,060%**	0,090%	0,320%	0,680%	0,800%
7	0	14	17	47	84	95	0,000 00%	0,140%	0,170%	0,470%	0,840%	0,950%
8	0	13	14	62	93	98	0,000 00%	0,130%	0,140%	0,620%	0,930%	0,980%
9	0	15	18	40	77	88	0,000 00%	0,150%	0,180%	0,400%	0,770%	0,880%
10	0	9	10	42	74	84	0,000 00%	0,090%	0,100%	0,420%	0,740%	0,840%
11	0	18	22	64	92	102	0,000 00%	**0,180%**	0,220%	0,640%	0,920%	1,020%
12	0	7	9	51	76	81	0,000 00%	0,070%	0,090%	0,510%	0,760%	0,810%
13	0	8	10	33	71	78	0,000 00%	0,080%	0,100%	0,330%	0,710%	0,780%
14	0	12	14	34	65	73	0,000 00%	0,120%	0,140%	0,340%	0,650%	0,730%
15	0	6	7	34	79	88	0,000 00%	**0,060%**	0,070%	0,340%	0,790%	0,880%
16	0	12	15	60	91	101	0,000 00%	0,120%	0,150%	0,600%	0,910%	1,010%

Tab. 23: Bußgeldgrenzen-Peaks in Messreihen, simuliert mit echten Zufallszahlen, Simulationsbasis: Ausgleichskurve (A)

Beachte in Spalte ## : Die Wahrscheinlichkeiten $w(V)$ der Simulationen mit echten Zufallszahlen streuen etwas stärker als $w(m_1)$ der mit Pseudo-Zufallszahlen von *Excel*.

Bemerkenswert ist auch, dass in den Histogrammen zu den mit *Excel*-Zufallszahlen generierten Simulationen die Streuungen der Messwerte-Anzahlen bei den einzelnen Geschwindigkeiten tendenziell etwas größer sind als bei den mit echten Zufallszahlen generierten (ZuZ. = Zufallszahl):

Anzahl	v [km/h]:	81	82	83	84	85	86	87	88	89
Maximal	n_v(*Excel*-ZuZ.):	22 ... **27**	20 ... 23	18 ... 22	16 ... **22**	**16** ... 19	14 ... **18**	13 ... 17	12 ... **16**	11 ... **15**
	n_v(echte ZuZ.):	22 ... 26	20 ... **24**	18 ... 22	**17** ... 20	15 ... **20**	14 ... 16	13 ... 17	12 ... 15	11 ... 14
Minimal	n_v(*Excel*-ZuZ.):	0 ... 2	0 ... 1	0	0	0	0	0	0	0
	n_v(echte ZuZ.):	0 ... 2	0 ... 1	0	0	0	0	0	0	0

Tab. 24: Vergleich der Streuung in Histogrammen zu Tab. 22 mit der zu Tab. 23

Die folgenden drei Tabellen zeigen jeweils 17 Dateien à 199.728 Messreihen. Sie dienen zum Vergleich von Simulationen auf Basis der drei unterschiedlichen Ausgleichskurven (A), (B) und (C). Beachte die Streuung w_{min} bis w_{max} in Spalte ##:

17 Tabellen, insgesamt: 17·199.728 = 3.395.376 Messreihen mit jeweils 84 Messwerten, simuliert mit ‚Pseudo'-Zufallszahlen			

w_{max}:	0,000 50%	**0,112%**	0,134%	0,450%	0,784%	0,888%
w_{mittel}:	0,000 06%	**0,100%**	0,122%	0,423%	0,766%	0,860%
w_{min}:	0,000 00%	**0,090%**	0,109%	0,407%	0,746%	0,833%

4-9	>2,249x	3 Bußgeldgrenzen-Peakhöhen	4-9	>2,249x	3 Bußgeldgrenzen-Peakhöhen
2-5	>2,499x		2-5	>2,499x	

		2-5 >2,499x	>2x	≥2x	>1,600x	>1,599x	2-5 >2,499x	>2x	≥2x	>1,600x	>1,599x

Σ:		2	3.402	4.136	14.372	26.016	29.213					
n_A	m_1	#	##	###	# ###	## ###	### ###	#	##	###	# ###	## ###	### ###
1	1	0	191	230	839	1.525	1.700	0,000 00%	0,096%	0,115%	0,420%	0,764%	0,851%
	2	0	191	233	830	1.534	1.722	0,000 00%	0,096%	0,117%	0,416%	0,768%	0,862%
	3	0	206	238	813	1.507	1.706	0,000 00%	0,103%	0,119%	0,407%	0,755%	0,854%
	4	0	205	242	821	1.509	1.717	0,000 00%	0,103%	0,121%	0,411%	0,756%	0,860%
	6	**1**	180	217	826	1.565	1.748	**0,000 50%**	**0,090%**	0,109%	0,414%	0,784%	0,875%
	8	0	198	235	866	1.546	1.743	0,000 00%	0,099%	0,118%	0,434%	0,774%	0,873%
	12	0	186	233	844	1.536	1.754	0,000 00%	0,093%	0,117%	0,423%	0,769%	0,878%
	16	0	197	255	843	1.535	1.704	0,000 00%	0,099%	0,128%	0,422%	0,769%	0,853%
	24	0	211	264	866	1.514	1.697	0,000 00%	0,106%	0,132%	0,434%	0,758%	0,850%
	32	0	203	250	851	1.546	1.737	0,000 00%	0,102%	0,125%	0,426%	0,774%	0,870%
	40	0	208	256	855	1.518	1.707	0,000 00%	0,104%	0,128%	0,428%	0,760%	0,855%
	48	0	207	254	898	1.566	1.774	0,000 00%	0,104%	0,127%	0,450%	0,784%	0,888%
	56	**1**	188	235	826	1.501	1.698	**0,000 50%**	0,094%	0,118%	0,414%	0,752%	0,850%
	64	0	205	242	836	1.489	1.664	0,000 00%	0,103%	0,121%	0,419%	0,746%	0,833%
	72	0	196	233	852	1.534	1.700	0,000 00%	0,098%	0,117%	0,427%	0,768%	0,851%
	80	0	207	251	829	1.538	1.719	0,000 00%	0,104%	0,126%	0,415%	0,770%	0,861%
84	1	0	223	268	877	1.553	1.723	0,000 00%	**0,112%**	**0,134%**	0,439%	0,778%	0,863%

Tab. 25: Bußgeldgrenzen-Peaks in Messreihen, simuliert mit *Excel*-Zufallszahlen, Simulationsbasis: Ausgleichskurve (A)

17 Tabellen, insgesamt: 17·199.728 = 3.395.376 Messreihen mit jeweils 84 Messwerten, simuliert mit ‚Pseudo'-Zufallszahlen			

w_{max}:	0,001 00%	**0,105%**	0,127%	0,425%	0,765%	0,844%
w_{mittel}:	0,000 18%	**0,097%**	0,119%	0,408%	0,738%	0,820%
w_{min}:	0,000 00%	**0,093%**	0,114%	0,385%	0,704%	0,787%

4-9	>2,249x	3 Bußgeldgrenzen-Peakhöhen	4-9	>2,249x	3 Bußgeldgrenzen-Peakhöhen
2-5	>2,499x		2-5	>2,499x	

		2-5 >2,499x	>2x	≥2x	>1,600x	>1,599x	2-5 >2,499x	>2x	≥2x	>1,600x	>1,599x

Σ:		6	3.298	4.054	13.868	25.065	27.850					
n_A	m_1	#	##	###	# ###	## ###	### ###	#	##	###	# ###	## ###	### ###
1	1	0	195	234	804	1.426	1.610	0,000 00%	0,098%	0,117%	0,403%	0,714%	0,806%
	2	0	195	228	798	1.444	1.625	0,000 00%	0,098%	0,114%	0,400%	0,723%	0,814%
	3	**1**	201	244	825	1.466	1.638	**0,000 50%**	0,101%	0,122%	0,413%	0,734%	0,820%
	4	0	189	231	821	1.469	1.625	0,000 00%	0,095%	0,116%	0,411%	0,736%	0,814%
	6	0	192	235	827	1.466	1.622	0,000 00%	0,096%	0,118%	0,414%	0,734%	0,812%
	8	**1**	195	242	841	1.490	1.655	**0,000 50%**	0,098%	0,121%	0,421%	0,746%	0,829%
	12	0	189	227	768	1.439	1.591	0,000 00%	0,095%	0,114%	0,385%	0,720%	0,797%
	16	**1**	191	236	794	1.451	1.607	**0,000 50%**	0,096%	0,118%	0,398%	0,726%	0,805%
	24	0	186	236	804	1.480	1.650	0,000 00%	**0,093%**	0,118%	0,403%	0,741%	0,826%
	32	0	194	235	792	1.498	1.672	0,000 00%	0,097%	0,118%	0,397%	0,750%	0,837%
	40	**2**	194	251	843	1.511	1.678	**0,001 00%**	0,097%	0,126%	0,422%	0,757%	0,840%
	48	0	199	243	836	1.528	1.685	0,000 00%	0,100%	0,122%	0,419%	0,765%	0,844%
	56	0	196	246	841	1.490	1.659	0,000 00%	0,098%	0,123%	0,421%	0,746%	0,831%
	64	0	189	244	816	1.482	1.630	0,000 00%	0,095%	0,122%	0,409%	0,742%	0,816%
	72	**1**	209	254	810	1.507	1.662	**0,000 50%**	**0,105%**	0,127%	0,406%	0,755%	0,832%
	80	0	189	230	799	1.407	1.572	0,000 00%	0,095%	0,115%	0,400%	0,704%	0,787%
84	1	0	195	238	849	1.511	1.669	0,000 00%	0,098%	0,119%	0,425%	0,757%	0,836%

Tab. 26: Bußgeldgrenzen-Peaks in Messreihen, simuliert mit *Excel*-Zufallszahlen, Simulationsbasis: Ausgleichskurve (B)

17 Tabellen, insgesamt: 17·199.728 = 3.395.376 Messreihen mit jeweils **83** Messwerten, simuliert mit ‚Pseudo'-Zufallszahlen

	>2,249x	>2,499x	>2x	≥2x	>1,600x	>1,599x
w_{max}:	0,001 00%	**0,104%**	0,128%	0,431%	0,768%	0,847%
w_{mittel}:	0,000 15%	**0,096%**	0,118%	0,408%	0,735%	0,817%
w_{min}:	0,000 00%	**0,090%**	0,112%	0,383%	0,708%	0,788%

4-9 >2,249x / 2-5 >2,499x — 3 Bußgeldgrenzen-Peakhöhen

n_A	m_1	#	##	###	####	## ###	### ###	#	##	###	####	## ###	### ###
	Σ:	5	3.260	4.016	13.842	24.946	27.727						
1	1	0	192	233	800	1.414	1.596	0,000 00%	0,096%	0,117%	0,401%	0,708%	0,799%
	2	0	191	224	798	1.433	1.615	0,000 00%	0,096%	0,112%	0,400%	0,717%	0,809%
	3	1	195	235	831	1.446	1.616	**0,000 50%**	0,098%	0,118%	0,416%	0,724%	0,809%
	4	0	185	223	814	1.450	1.602	0,000 00%	0,093%	0,112%	0,408%	0,726%	0,802%
	6	0	193	234	814	1.452	1.602	0,000 00%	0,097%	0,117%	0,408%	0,727%	0,802%
	8	1	190	237	824	1.464	1.625	**0,000 50%**	0,095%	0,119%	0,413%	0,733%	0,814%
	12	0	192	229	765	1.423	1.574	0,000 00%	0,096%	0,115%	0,383%	0,712%	0,788%
	16	1	189	235	796	1.455	1.615	**0,000 50%**	0,095%	0,118%	0,399%	0,728%	0,809%
	24	0	180	229	789	1.481	1.647	0,000 00%	**0,090%**	0,115%	0,395%	0,742%	0,825%
	32	0	189	229	803	1.501	1.679	0,000 00%	0,095%	0,115%	0,402%	0,752%	0,841%
	40	2	194	248	842	1.490	1.662	**0,00100%**	0,097%	0,124%	0,422%	0,746%	0,832%
	48	0	195	241	839	1.527	1.680	0,000 00%	0,098%	0,121%	0,420%	0,765%	0,841%
	56	0	190	245	835	1.484	1.657	0,000 00%	0,095%	0,123%	0,418%	0,743%	0,830%
	64	0	190	247	828	1.481	1.632	0,000 00%	0,095%	0,124%	0,415%	0,742%	0,817%
	72	0	208	256	807	1.496	1.660	0,000 00%	**0,104%**	0,128%	0,404%	0,749%	0,831%
	80	0	188	230	796	1.416	1.574	0,000 00%	0,094%	0,115%	0,399%	0,709%	0,788%
83	1	1	199	241	861	1.533	1.691	0,000 00%	0,100%	0,121%	0,431%	0,768%	0,847%

Tab. 27: Bußgeldgrenzen-Peaks in Messreihen, simuliert mit *Excel*-Zufallszahlen, Simulationsbasis: Ausgleichskurve (C)

16 Tabellen mit jeweils 199.728 Messreihen, simuliert mit *Java*-Zufallszahlen auf der Basis von Ausgleichskurve (A), ≈40% der Zufallszahlen sind hier als Folgen von 34 Werten doppelt benutzt:

16 Tabellen, insgesamt: 16·199.728 = 3.195.648 Messreihen mit jeweils **84** Messwerten, simuliert mit *Java*-Zufallszahlen

	>2,249x	>2,499x	>2x	≥2x	>1,600x	>1,599x
w_{max}:	0,001 00%	**0,114%**	0,137%	0,448%	0,806%	0,907%
w_{mittel}:	0,000 13%	**0,104%**	0,128%	0,426%	0,775%	0,868%
w_{min}:	0,000 00%	**0,092%**	0,116%	0,395%	0,710%	0,799%

Zufallszahlen-Kombination: 4-9 >2,249x / 2-5 >2,499x — 3 Bußgeldgrenzen-Peakhöhen

V_1	V_2	#	##	###	####	## ###	### ###	#	##	###	####	## ###	### ###
		4	3.314	4.078	13.609	24.782	27.744 = Σ						
1A	2A1	0	213	262	859	1.508	1.669	0,000 00%	0,107%	0,131%	0,430%	0,755%	0,836%
2A	3A1	0	227	262	846	1.568	1.751	0,000 00%	**0,114%**	0,131%	0,424%	0,785%	0,877%
3A	4A1	0	221	255	867	1.558	1.747	0,000 00%	0,111%	0,128%	0,434%	0,780%	0,875%
4A	1E1	0	223	273	871	1.582	1.774	0,000 00%	0,112%	0,137%	0,436%	0,792%	0,888%
1A	2A2	0	195	236	816	1.593	1.767	0,000 00%	0,098%	0,118%	0,409%	0,798%	0,885%
2A	3A2	0	191	231	809	1.535	1.725	0,000 00%	0,096%	0,116%	0,405%	0,769%	0,864%
3A	4A2	0	221	265	856	1.543	1.746	0,000 00%	0,111%	0,133%	0,429%	0,773%	0,874%
4A	1E2	0	213	267	895	1.592	1.763	0,000 00%	0,107%	0,134%	0,448%	0,797%	0,883%
1A	2A3	0	196	234	788	1.419	1.595	0,000 00%	0,098%	0,117%	0,395%	0,710%	0,799%
2A	3A3	0	201	261	851	1.515	1.718	0,000 00%	0,101%	0,131%	0,426%	0,759%	0,860%
3A	4A3	2	183	251	836	1.546	1.739	**0,001 00%**	0,092%	0,126%	0,419%	0,774%	0,871%
4A	1E3	1	205	262	870	1.554	1.743	**0,000 50%**	0,103%	0,131%	0,436%	0,778%	0,873%
1A	2A4	0	200	244	841	1.554	1.741	0,000 00%	0,100%	0,122%	0,421%	0,778%	0,872%
2A	3A4	0	208	258	846	1.527	1.708	0,000 00%	0,104%	0,129%	0,424%	0,765%	0,855%
3A	4A4	1	217	269	887	1.609	1.811	**0,000 50%**	0,109%	0,135%	0,444%	0,806%	0,907%
4A	1E4	0	200	248	871	1.579	1.747	0,000 00%	0,100%	0,124%	0,436%	0,791%	0,875%

Tab. 28: I. Bußgeldgrenzen-Peaks in Messreihen, simuliert mit *Java*-Zufallszahlen, Simulationsbasis: Ausgleichskurve (A)

16 Tabellen mit jeweils 199.728 Messreihen, simuliert mit *Java*-Zufallszahlen auf der Basis von Ausgleichskurve (A), ≈40% der Zufallszahlen sind hier als Folgen von 34 Werten doppelt benutzt:

16 Tabellen, insgesamt: 16·199.728 = 3.195.648 Messreihen mit jeweils 84 Messwerten, simuliert mit *Java*-Zufallszahlen				w_{max}:	0,000 50%	**0,114%**	0,137%	0,453%	0,806%	0,891%			
				w_{mittel}:	0,000 13%	**0,104%**	0,127%	0,431%	0,778%	0,865%			
				w_{min}:	0,000 00%	**0,091%**	0,116%	0,403%	0,748%	0,834%			
Zufalls-zahlen-Kombination		4-9 >2,249x	3 Bußgeldgrenzen-Peakhöhen				4-9 >2,249x	3 Bußgeldgrenzen-Peakhöhen					
		2-5 >2,499x					2-5 >2,499x						
		2-5 >2,499x	>2x	≥2x	>1,600x	>1,599x	2-5 >2,499x	>2x	≥2x	>1,600x	>1,599x		
		4	3.317	4.064	13.759	24.849	27.658 = ∑						
V_1	V_2	#	##	###	# ###	## ###	### ###	#	##	###	# ###	## ###	### ###
1A	2E1	1	210	252	858	1.555	1.712	**0,000 50%**	0,105%	0,126%	0,430%	0,779%	0,857%
2A	3E1	1	212	246	892	1.588	1.771	**0,000 50%**	0,106%	0,123%	0,447%	0,795%	0,887%
3A	4E1	0	188	231	804	1.499	1.688	0,000 00%	0,094%	0,116%	0,403%	0,751%	0,845%
4A	1E1	0	213	262	839	1.519	1.687	0,000 00%	0,107%	0,131%	0,420%	0,761%	0,845%
1A	2E2	0	227	274	866	1.572	1.747	0,000 00%	**0,114%**	0,137%	0,434%	0,787%	0,875%
2A	3E2	0	206	265	879	1.588	1.759	0,000 00%	0,103%	0,133%	0,440%	0,795%	0,881%
3A	4E2	0	225	271	902	1.610	1.780	0,000 00%	0,113%	0,136%	0,452%	0,806%	0,891%
4A	1E2	0	204	257	856	1.530	1.701	0,000 00%	0,102%	0,129%	0,429%	0,766%	0,852%
1A	2E3	0	182	241	857	1.589	1.761	0,000 00%	**0,091%**	0,121%	0,429%	0,796%	0,882%
2A	3E3	1	195	245	878	1.559	1.728	**0,000 50%**	0,098%	0,123%	0,440%	0,781%	0,865%
3A	4E3	0	195	238	905	1.585	1.762	0,000 00%	0,098%	0,119%	0,453%	0,794%	0,882%
4A	1E3	1	225	268	878	1.576	1.769	**0,000 50%**	0,113%	0,134%	0,440%	0,789%	0,886%
1A	2E4	0	212	245	838	1.508	1.674	0,000 00%	0,106%	0,123%	0,420%	0,755%	0,838%
2A	3E4	0	204	247	811	1.494	1.666	0,000 00%	0,102%	0,124%	0,406%	0,748%	0,834%
3A	4E4	0	219	274	865	1.548	1.728	0,000 00%	0,110%	0,137%	0,433%	0,775%	0,865%
4A	1E4	0	200	248	831	1.529	1.725	0,000 00%	0,100%	0,124%	0,416%	0,766%	0,864%

Tab. 29: II. Bußgeldgrenzen-Peaks in Messreihen, simuliert mit *Java*-Zufallszahlen, Simulationsbasis: Ausgleichskurve (A)

16 Tabellen mit jeweils 199.728 Messreihen, simuliert mit *Java*-Zufallszahlen auf der Basis von Ausgleichskurve (A), ohne doppelt benutzte Folgen von Zufallszahlen:

16 Tabellen, insgesamt: 16·199.728 = 3.195.648 Messreihen mit jeweils 84 Messwerten, simuliert mit *Java*-Zufallszahlen				w_{max}:	0,000 50%	**0,120%**	0,146%	0,450%	0,805%	0,886%			
				w_{mittel}:	0,000 16%	**0,108%**	0,132%	0,430%	0,775%	0,864%			
				w_{min}:	0,000 00%	**0,096%**	0,118%	0,416%	0,745%	0,833%			
Zufalls-zahlen-Kombination		4-9 >2,249x	3 Bußgeldgrenzen-Peakhöhen				4-9 >2,249x	3 Bußgeldgrenzen-Peakhöhen					
		2-5 >2,499x					2-5 >2,499x						
		2-5 >2,499x	>2x	≥2x	>1,600x	>1,599x	2-5 >2,499x	>2x	≥2x	>1,600x	>1,599x		
		5	3.454	4.209	13.747	24.775	27.619 = ∑						
V_1	V_2	#	##	###	# ###	## ###	### ###	#	##	###	# ###	## ###	### ###
1A	2E1	0	218	263	838	1.487	1.663	0,000 00%	0,109%	0,132%	0,420%	0,745%	0,833%
2A	3E1	0	192	244	874	1.554	1.724	0,000 00%	**0,096%**	0,122%	0,438%	0,778%	0,863%
3A	4E1	0	239	291	883	1.575	1.749	0,000 00%	**0,120%**	0,146%	0,442%	0,789%	0,876%
4A	1E1	0	221	269	871	1.599	1.769	0,000 00%	0,111%	0,135%	0,436%	0,801%	0,886%
1A	2E2	1	201	254	845	1.522	1.698	**0,000 50%**	0,101%	0,127%	0,423%	0,762%	0,850%
2A	3E2	0	215	266	859	1.532	1.716	0,000 00%	0,108%	0,133%	0,430%	0,767%	0,859%
3A	4E2	0	204	235	836	1.552	1.748	0,000 00%	0,102%	0,118%	0,419%	0,777%	0,875%
4A	1E2	1	218	261	858	1.565	1.764	**0,000 50%**	0,109%	0,131%	0,430%	0,784%	0,883%
1A	2E3	0	225	269	848	1.566	1.747	0,000 00%	0,113%	0,135%	0,425%	0,784%	0,875%
2A	3E3	1	216	280	865	1.523	1.708	**0,000 50%**	0,108%	0,140%	0,433%	0,763%	0,855%
3A	4E3	0	217	273	875	1.551	1.723	0,000 00%	0,109%	0,137%	0,438%	0,777%	0,863%
4A	1E3	0	220	258	869	1.546	1.714	0,000 00%	0,110%	0,129%	0,435%	0,774%	0,858%
1A	2E4	0	227	268	831	1.505	1.675	0,000 00%	0,114%	0,134%	0,416%	0,754%	0,839%
2A	3E4	0	221	271	899	1.607	1.768	0,000 00%	0,111%	0,136%	0,450%	0,805%	0,885%
3A	4E4	1	209	257	861	1.548	1.721	**0,000 50%**	0,105%	0,129%	0,431%	0,775%	0,862%
4A	1E4	1	211	250	835	1.543	1.732	**0,000 50%**	0,106%	0,125%	0,418%	0,773%	0,867%

Tab. 30: III. Bußgeldgrenzen-Peaks in Messreihen, simuliert mit *Java*-Zufallszahlen, Simulationsbasis: Ausgleichskurve (A)

Anzahl	v [km/h]:	81	82	83	84	85	86	87	88	89
Maximal	n_v(Excel-ZuZ):	25 … 27	23 … 25	**21 … 24**	19 … 22	18 … **21**	16 … 18	15 … 18	14 … 17	13 … 16
	n_v(Java-ZuZ):	25 … **28**	23 … **26**	20 … 23	19 … 22	18 … 20	**17 … 19**	15 … 18	14 … 17	13 … **17**
Minimal	n_v(Excel-ZuZ):	0 … 0	0	0	0	0	0	0	0	0
	n_v(Java-ZuZ):	0 … **1**	0	0	0	0	0	0	0	0

Tab. 31: Vergleich der Streuung in Histogrammen zu Tab. 25 mit der zu Tab. 30

129 Tabellen mit jeweils 1.000.000 Messreihen, simuliert auf der Basis von Ausgleichskurve (A):

129 Tabellen, insgesamt: 129·1.000.000 = 129.000.000 Messreihen mit jeweils 84 Messwerten, simuliert mit *Excel*-Zufallszahlen		w_{max}:	0,000 40%	**0,119%**	0,145%	0,457%	0,796%	0,887%
		w_{mittel}:	0,000 09%	**0,102%**	0,126%	0,427%	0,769%	0,860%
		w_{min}:	0,000 00%	**0,095%**	0,118%	0,407%	0,744%	0,833%

n_A	m_1	#	##	###	# ###	## ###	### ###	#	##	###	# ###	## ###	### ###
		4-9 2-5 2-5 Σ:	>2,249 x >2,499 x >2,499 x 122	3 Bußgeldgrenzen-Peakhöhen >2 x 132.027	≥2 x 162.295	>1,600 x 551.135	>1,599 x 992.442 1.109.459		4-9 2-5 2-5	>2,249 x >2,499 x >2,499 x	3 Bußgeldgrenzen-Peakhöhen >2 x	≥2 x	>1,600 x >1,599 x
1	1	0	990	1.230	4.220	7.589	8.469	0,000 00%	0,099%	0,123%	0,422%	0,759%	0,847%
1	2	0	969	1.212	4.167	7.579	8.503	0,000 00%	0,097%	0,121%	0,417%	0,758%	0,850%
1	3	0	1.039	1.264	4.195	7.638	8.535	0,000 00%	0,104%	0,126%	0,420%	0,764%	0,854%
1	4	0	1.036	1.249	4.226	7.623	8.527	0,000 00%	0,104%	0,125%	0,423%	0,762%	0,853%
1	5	0	1.015	1.231	4.251	7.694	8.578	0,000 00%	0,102%	0,123%	0,425%	0,769%	0,858%
1	6 [1]	1.002	1.228	4.240	7.724	8.599		0,000 10%	0,100%	0,123%	0,424%	0,772%	0,860%
1	7	0	1.026	1.235	4.272	7.721	8.645	0,000 00%	0,103%	0,124%	0,427%	0,772%	0,865%
1	8	0	1.025	1.241	4.311	7.715	8.697	0,000 00%	0,103%	0,124%	0,431%	0,772%	0,870%
1	9	0	997	1.218	4.292	7.696	8.647	0,000 00%	0,100%	0,122%	0,429%	0,770%	0,865%
1	10 [2]	1.006	1.221	4.290	7.724	8.661		0,000 20%	0,101%	0,122%	0,429%	0,772%	0,866%
1	11 [2]	996	1.232	4.259	7.703	8.617		0,000 20%	0,100%	0,123%	0,426%	0,770%	0,862%
1	12	0	1.002	1.223	4.279	7.706	8.667	0,000 00%	0,100%	0,122%	0,428%	0,771%	0,867%
1	13 [1]	1.008	1.236	4.258	7.668	8.608		0,000 10%	0,101%	0,124%	0,426%	0,767%	0,861%
1	14 [1]	1.012	1.248	4.267	7.667	8.581		0,000 10%	0,101%	0,125%	0,427%	0,767%	0,858%
1	15 [1]	997	1.228	4.258	7.615	8.517		0,000 10%	0,100%	0,123%	0,426%	0,762%	0,852%
1	16 [1]	986	1.228	4.235	7.592	8.550		0,000 10%	0,099%	0,123%	0,424%	0,759%	0,855%
1	17 [2]	983	1.233	4.265	7.675	8.568		0,000 20%	0,098%	0,123%	0,427%	0,768%	0,857%
1	18 [1]	1.006	1.222	4.226	7.628	8.529		0,000 10%	0,101%	0,122%	0,423%	0,763%	0,853%
1	19	0	999	1.222	4.230	7.609	8.435	0,000 00%	0,100%	0,122%	0,423%	0,761%	0,844%
1	20	0	998	1.254	4.221	7.633	8.520	0,000 00%	0,100%	0,125%	0,422%	0,763%	0,852%
2	1	0	1.041	1.274	4.335	7.788	8.673	0,000 00%	0,104%	0,127%	0,434%	0,779%	0,867%
2	2	0	1.033	1.277	4.283	7.833	8.737	0,000 00%	0,103%	0,128%	0,428%	0,783%	0,874%
2	3 [2]	1.018	1.243	4.350	7.885	8.766		0,000 20%	0,102%	0,124%	0,435%	0,789%	0,877%
2	4 [1]	1.009	1.257	4.318	7.865	8.755		0,000 10%	0,101%	0,126%	0,432%	0,787%	0,876%
2	5 [1]	990	1.218	4.370	7.890	8.716		0,000 10%	0,099%	0,122%	0,437%	0,789%	0,872%
2	6 [1]	989	1.256	4.342	7.923	8.775		0,000 10%	0,099%	0,126%	0,434%	0,792%	0,878%
2	7 [1]	985	1.230	4.369	7.825	8.719		0,000 10%	0,099%	0,123%	0,437%	0,783%	0,872%
2	8	0	990	1.227	4.382	7.763	8.586	0,000 00%	0,099%	0,123%	0,438%	0,776%	0,859%
2	9 [1]	1.007	1.228	4.370	7.743	8.658		0,000 10%	0,101%	0,123%	0,437%	0,774%	0,866%
2	10 [2]	1.034	1.288	4.404	7.776	8.685		0,000 20%	0,103%	0,129%	0,440%	0,778%	0,869%
2	11 [2]	1.046	1.299	4.335	7.757	8.680		0,000 20%	0,105%	0,130%	0,434%	0,776%	0,868%
2	12 [2]	1.062	1.304	4.295	7.738	8.681		0,000 20%	0,106%	0,130%	0,430%	0,774%	0,868%
2	13 [3]	1.084	1.321	4.276	7.669	8.584		0,000 30%	0,108%	0,132%	0,428%	0,767%	0,858%
2	14 [2]	1.074	1.297	4.229	7.680	8.609		0,000 20%	0,107%	0,130%	0,423%	0,768%	0,861%
2	15 [2]	1.033	1.273	4.279	7.712	8.651		0,000 20%	0,103%	0,127%	0,428%	0,771%	0,865%
2	16	0	1.019	1.258	4.277	7.681	8.640	0,000 00%	0,102%	0,126%	0,428%	0,768%	0,864%
2	17 [1]	969	1.210	4.249	7.752	8.703		0,000 10%	0,097%	0,121%	0,425%	0,775%	0,870%
2	18	0	996	1.226	4.260	7.693	8.696	0,000 00%	0,100%	0,123%	0,426%	0,769%	0,870%
2	19 [1]	1.030	1.278	4.284	7.767	8.737		0,000 10%	0,103%	0,128%	0,428%	0,777%	0,874%
2	20	0	1.022	1.250	4.241	7.673	8.565	0,000 00%	0,102%	0,125%	0,424%	0,767%	0,857%
3	1	0	992	1.224	4.191	7.616	8.515	0,000 00%	0,099%	0,122%	0,419%	0,762%	0,852%
3	2 [1]	973	1.214	4.267	7.528	8.487		0,000 10%	0,097%	0,121%	0,427%	0,753%	0,849%
3	3 [1]	979	1.194	4.170	7.563	8.488		0,000 20%	0,098%	0,119%	0,417%	0,756%	0,849%
3	4 [1]	955	1.178	4.156	7.621	8.546		0,000 10%	0,096%	0,118%	0,416%	0,762%	0,855%
3	5	0	965	1.195	4.090	7.584	8.397	0,000 00%	0,097%	0,120%	0,409%	0,758%	0,840%
3	6 [1]	1.000	1.239	4.177	7.624	8.484		0,000 10%	0,100%	0,124%	0,418%	0,762%	0,848%
3	7	0	996	1.230	4.108	7.437	8.330	0,000 00%	0,100%	0,123%	0,411%	0,744%	0,833%
3	8 [1]	991	1.213	4.148	7.562	8.481		0,000 10%	0,099%	0,121%	0,415%	0,756%	0,848%
3	9 [1]	994	1.207	4.261	7.676	8.576		0,000 10%	0,099%	0,121%	0,426%	0,768%	0,858%
3	10 [2]	1.017	1.247	4.299	7.598	8.523		0,000 20%	0,102%	0,125%	0,430%	0,760%	0,852%
3	11	0	1.000	1.251	4.266	7.642	8.559	0,000 00%	0,100%	0,125%	0,427%	0,764%	0,856%
3	12 [1]	1.001	1.233	4.200	7.560	8.495		0,000 10%	0,100%	0,123%	0,420%	0,756%	0,850%
3	13	0	998	1.249	4.114	7.591	8.448	0,000 00%	0,100%	0,125%	0,411%	0,759%	0,845%
3	14 [2]	1.007	1.227	4.168	7.588	8.464		0,000 20%	0,101%	0,123%	0,417%	0,759%	0,846%
3	15 [2]	974	1.200	4.158	7.568	8.462		0,000 20%	0,097%	0,120%	0,416%	0,757%	0,846%
3	16 [1]	993	1.231	4.187	7.565	8.462		0,000 10%	0,099%	0,123%	0,419%	0,757%	0,846%
3	17 [1]	1.008	1.231	4.133	7.527	8.462		0,000 10%	0,101%	0,123%	0,413%	0,753%	0,846%
3	18 [1]	1.028	1.254	4.176	7.535	8.418		0,000 10%	0,103%	0,125%	0,418%	0,754%	0,842%
3	19 [1]	1.018	1.260	4.186	7.574	8.440		0,000 10%	0,102%	0,126%	0,419%	0,757%	0,844%
3	20	0	997	1.236	4.188	7.613	8.503	0,000 00%	0,100%	0,124%	0,419%	0,761%	0,850%

		4-9	>2,249x	3 Bußgeldgrenzen-Peakhöhen				4-9	>2,249x	3 Bußgeldgrenzen-Peakhöhen			
		2-5	>2,499x					2-5	>2,499x				
		2-5	>2,499x	>2x	≥2x	>1,600x	>1,599x	2-5	>2,499x	>2x	≥2x	>1,600x	>1,599x
	Σ:	**122**	132.027	162.295	551.135	992.442	1.109.459						
n_A	m_1	#	##	###	# ###	## ###	### ###	#	##	###	# ###	## ###	### ###
4	1	0	1.024	1.248	4.309	7.760	8.704	0,000 00%	0,102%	0,125%	0,431%	0,776%	0,870%
4	2	0	1.034	1.269	4.341	7.786	8.720	0,000 00%	0,103%	0,127%	0,434%	0,779%	0,872%
4	3	0	1.039	1.263	4.372	7.757	8.710	0,000 00%	0,104%	0,126%	0,437%	0,776%	0,871%
4	4	0	1.000	1.231	4.364	7.829	8.772	0,000 00%	0,100%	0,123%	0,436%	0,783%	0,877%
4	5	0	1.045	1.262	4.341	7.835	8.782	0,000 00%	0,105%	0,126%	0,434%	0,784%	0,878%
4	6	0	1.049	1.278	4.398	7.868	8.829	0,000 00%	0,105%	0,128%	0,440%	0,787%	0,883%
4	7	**1**	1.019	1.240	4.302	7.785	8.725	**0,000 10%**	0,102%	0,124%	0,430%	0,779%	0,873%
4	8	**4**	1.019	1.268	4.276	7.786	8.721	**0,000 40%**	0,102%	0,127%	0,428%	0,779%	0,872%
4	9	**1**	987	1.236	4.201	7.609	8.580	**0,000 10%**	0,099%	0,124%	0,420%	0,761%	0,858%
4	10	**1**	987	1.251	4.276	7.699	8.655	**0,000 10%**	0,099%	0,125%	0,428%	0,770%	0,866%
4	11	**1**	997	1.239	4.330	7.757	8.669	**0,000 10%**	0,100%	0,124%	0,433%	0,776%	0,867%
4	12	**1**	988	1.234	4.320	7.792	8.724	**0,000 10%**	0,099%	0,123%	0,432%	0,779%	0,872%
4	13	**2**	1.005	1.239	4.297	7.892	8.757	**0,000 20%**	0,101%	0,124%	0,430%	0,789%	0,876%
4	14	0	1.060	1.294	4.342	7.824	8.688	0,000 00%	0,106%	0,129%	0,434%	0,782%	0,869%
4	15	**1**	1.039	1.262	4.307	7.717	8.612	**0,000 10%**	0,104%	0,126%	0,431%	0,772%	0,861%
4	16	**1**	999	1.218	4.263	7.668	8.544	**0,000 10%**	0,100%	0,122%	0,426%	0,767%	0,854%
4	17	**2**	1.002	1.200	4.189	7.564	8.438	**0,000 20%**	0,100%	0,120%	0,419%	0,756%	0,844%
4	18	**2**	1.020	1.230	4.245	7.712	8.564	**0,000 20%**	0,102%	0,123%	0,425%	0,771%	0,856%
4	19	**1**	1.046	1.253	4.315	7.720	8.627	**0,000 10%**	0,105%	0,125%	0,432%	0,772%	0,863%
4	20	**3**	1.049	1.269	4.277	7.725	8.634	**0,000 30%**	0,105%	0,127%	0,428%	0,773%	0,863%
6	1	**1**	1.043	1.308	4.381	7.875	8.777	**0,000 10%**	0,104%	0,131%	0,438%	0,788%	0,878%
6	2	0	1.064	1.348	4.354	7.959	8.873	0,000 00%	0,106%	0,135%	0,435%	0,796%	0,887%
6	3	**1**	1.057	1.293	4.353	7.779	8.666	**0,000 10%**	0,106%	0,129%	0,435%	0,778%	0,867%
6	4	**2**	1.057	1.291	4.222	7.620	8.532	**0,000 20%**	0,106%	0,129%	0,422%	0,762%	0,853%
6	5	0	1.019	1.267	4.154	7.550	8.465	0,000 00%	0,102%	0,127%	0,415%	0,755%	0,847%
6	6	**1**	948	1.175	4.068	7.507	8.466	**0,000 10%**	**0,095%**	0,118%	0,407%	0,751%	0,847%
6	7	**2**	995	1.247	4.200	7.686	8.621	**0,000 20%**	0,100%	0,125%	0,420%	0,769%	0,862%
6	8	0	1.052	1.275	4.343	7.742	8.648	0,000 00%	0,105%	0,128%	0,434%	0,774%	0,865%
6	9	**3**	1.074	1.330	4.316	7.747	8.685	**0,000 30%**	0,107%	0,133%	0,432%	0,775%	0,869%
6	10	0	1.079	1.326	4.287	7.683	8.595	0,000 00%	0,108%	0,133%	0,429%	0,768%	0,860%
6	11	**1**	1.031	1.263	4.219	7.667	8.583	**0,000 10%**	0,103%	0,126%	0,422%	0,767%	0,858%
6	12	**2**	1.050	1.306	4.272	7.686	8.581	**0,000 20%**	0,105%	0,131%	0,427%	0,769%	0,858%
6	13	**1**	1.067	1.321	4.243	7.696	8.586	**0,000 10%**	0,107%	0,132%	0,424%	0,770%	0,859%
6	14	0	1.020	1.294	4.251	7.664	8.545	0,000 00%	0,102%	0,129%	0,425%	0,766%	0,855%
7	1	0	1.044	1.300	4.414	7.751	8.601	0,000 00%	0,104%	0,130%	0,441%	0,775%	0,860%
7	2	0	1.035	1.275	4.269	7.678	8.561	0,000 00%	0,104%	0,128%	0,427%	0,768%	0,856%
7	3	0	1.022	1.248	4.252	7.743	8.634	0,000 00%	0,102%	0,125%	0,425%	0,774%	0,863%
7	4	**1**	1.054	1.290	4.198	7.615	8.504	**0,000 10%**	0,105%	0,129%	0,420%	0,762%	0,850%
7	5	**1**	1.050	1.267	4.165	7.610	8.474	**0,000 10%**	0,105%	0,127%	0,417%	0,761%	0,847%
7	6	0	1.006	1.221	4.203	7.663	8.543	0,000 00%	0,101%	0,122%	0,420%	0,766%	0,854%
7	7	0	1.034	1.264	4.300	7.658	8.537	0,000 00%	0,103%	0,126%	0,430%	0,766%	0,854%
7	8	**3**	1.049	1.280	4.249	7.581	8.484	**0,000 30%**	0,105%	0,128%	0,425%	0,758%	0,848%
7	9	**2**	1.029	1.243	4.182	7.585	8.493	**0,000 20%**	0,103%	0,124%	0,418%	0,759%	0,849%
7	10	**1**	1.036	1.258	4.213	7.671	8.598	**0,000 10%**	0,104%	0,126%	0,421%	0,767%	0,860%
7	11	0	997	1.207	4.205	7.567	8.486	0,000 00%	0,100%	0,121%	0,421%	0,757%	0,849%
7	12	**1**	1.041	1.279	4.272	7.721	8.592	**0,000 10%**	0,104%	0,128%	0,427%	0,772%	0,859%
12	1	**1**	1.084	1.323	4.360	7.839	8.731	**0,000 10%**	0,108%	0,132%	0,436%	0,784%	0,873%
12	2	**2**	1.025	1.257	4.339	7.791	8.722	**0,000 20%**	0,103%	0,126%	0,434%	0,779%	0,872%
12	3	**1**	992	1.236	4.238	7.717	8.637	**0,000 10%**	0,099%	0,124%	0,424%	0,772%	0,864%
12	4	**2**	984	1.240	4.231	7.745	8.681	**0,000 20%**	0,098%	0,124%	0,423%	0,775%	0,868%
12	5	**1**	1.054	1.291	4.380	7.884	8.798	**0,000 10%**	0,105%	0,129%	0,438%	0,788%	0,880%
12	6	0	1.086	1.351	4.366	7.778	8.736	0,000 00%	0,109%	0,135%	0,437%	0,778%	0,874%
12	7	**1**	1.078	1.299	4.338	7.772	8.691	**0,000 10%**	0,108%	0,130%	0,434%	0,777%	0,869%
14	1	**1**	983	1.225	4.195	7.596	8.522	**0,000 10%**	0,098%	0,123%	0,420%	0,760%	0,852%
14	2	**1**	1.040	1.275	4.277	7.624	8.547	**0,000 10%**	0,104%	0,128%	0,428%	0,762%	0,855%
14	3	**1**	1.014	1.276	4.307	7.711	8.633	**0,000 10%**	0,101%	0,128%	0,431%	0,771%	0,863%
14	4	0	1.013	1.245	4.256	7.708	8.604	0,000 00%	0,101%	0,125%	0,426%	0,771%	0,860%
14	5	0	1.030	1.263	4.293	7.552	8.471	0,000 00%	0,103%	0,126%	0,429%	0,755%	0,847%
14	6	**1**	988	1.249	4.260	7.655	8.538	**0,000 10%**	0,099%	0,125%	0,426%	0,766%	0,854%
21	1	**2**	1.142	1.401	4.532	7.911	8.840	**0,000 20%**	0,114%	0,140%	0,453%	0,791%	0,884%
21	2	**2**	1.115	1.366	4.486	7.842	8.715	**0,000 20%**	0,112%	0,137%	0,449%	0,784%	0,872%
21	3	0	1.099	1.318	4.314	7.684	8.572	0,000 00%	0,110%	0,132%	0,431%	0,768%	0,857%
21	4	**4**	1.093	1.349	4.567	7.918	8.803	**0,000 40%**	0,109%	0,135%	0,457%	0,792%	0,880%
28	1	**2**	977	1.202	4.202	7.580	8.390	**0,000 20%**	0,098%	0,120%	0,420%	0,758%	0,839%
28	2	**1**	1.043	1.258	4.182	7.599	8.473	**0,000 10%**	0,104%	0,126%	0,418%	0,760%	0,847%
28	3	**1**	1.051	1.257	4.231	7.716	8.606	**0,000 10%**	0,105%	0,126%	0,423%	0,772%	0,861%
42	1	0	1.186	1.449	4.402	7.550	8.430	0,000 00%	**0,119%**	0,145%	0,440%	0,755%	0,843%
42	2	**1**	1.074	1.286	4.437	7.555	8.468	**0,000 10%**	0,107%	0,129%	0,444%	0,756%	0,847%
84	1	0	1.106	1.349	4.439	7.742	8.657	0,000 00%	0,111%	0,135%	0,444%	0,774%	0,866%

Tab. 32: Bußgeldgrenzen-Peaks in jeweils 1.000.000 simulierten Messreihen je 84 Messwerte, Basis: Ausgleichskurve (A)
Beachte: Die Wahrscheinlichkeit in Spalte ## streut im Bereich 0,095% … 0,119%.

Zum Vergleich mit anderen Messprotokollen habe ich auch Messreihen simuliert, die (abweichend vom vorliegenden Messprotokoll) Messwerteanzahlen ≠84 enthalten.[11]
40 Tabellen mit insgesamt 22.321.668 Messreihen und jeweils N Messwerten je Messreihe, simuliert auf der Basis von Ausgleichskurve (A):

Spaltenköpfe (je Hälfte): 4-9 >2,249x / 2-5 >2,499x / 2-5 >2,499x (= #, ##) sowie 3 Bußgeldgrenzen-Peakhöhen: >2x, ≥2x, >1,600x, >1,599x

m_1	N	#	##	>2x	≥2x	>1,600x	>1,599x	#	##	>2x	≥2x	>1,600x	>1,599x
1	42		5.536	5.544	23.997	19.295	19.422		0,554%	0,554%	2,400%	1,930%	1,942%
5		0	5.550	5.554	24.010	19.168	19.324	0,000 00%	0,555%	0,555%	2,401%	1,917%	1,932%
9			5.583	5.591	23.878	19.303	19.437		0,558%	0,559%	2,388%	1,930%	1,944%
13			5.588	5.600	23.915	19.219	19.360		0,559%	0,560%	2,392%	1,922%	1,936%
Ø:								0,000 00%	0,556%	0,557%	2,395%	1,925%	1,939%
1	60	0	2.892	2.991	10.927	13.239	14.107	0,000 00%	0,289%	0,299%	1,093%	1,324%	1,411%
5		0	2.775	2.857	10.814	13.230	14.124	0,000 00%	0,278%	0,286%	1,081%	1,323%	1,412%
9		0	2.881	2.962	10.990	13.322	14.219	0,000 00%	0,288%	0,296%	1,099%	1,332%	1,422%
13		[1]	2.776	2.869	10.897	13.335	14.190	**0,000 10%**	0,278%	0,287%	1,090%	1,334%	1,419%
Ø:								**0,000 03%**	0,283%	0,292%	1,091%	1,328%	1,416%
1	120	0	210	396	1.204	3.746	4.188	0,000 00%	0,021%	0,040%	0,120%	0,375%	0,419%
5		[1]	202	377	1.211	3.763	4.206	**0,000 10%**	0,020%	0,038%	0,121%	0,376%	0,421%
9		0	216	387	1.189	3.695	4.148	0,000 00%	0,022%	0,039%	0,119%	0,370%	0,415%
13		0	229	393	1.242	3.667	4.127	0,000 00%	0,023%	0,039%	0,124%	0,367%	0,413%
Ø:								**0,000 03%**	0,021%	0,039%	0,121%	0,372%	0,417%
1	168		8	30	65	360	423		0,001%	0,003%	0,007%	0,036%	0,042%
5		0	6	25	64	375	450	0,000 00%	0,001%	0,003%	0,006%	0,038%	0,045%
9			10	23	68	374	429		0,001%	0,002%	0,007%	0,037%	0,043%
13			9	33	78	355	428		0,001%	0,003%	0,008%	0,036%	0,043%
Ø:								0,000 00%	0,001%	0,003%	0,007%	0,037%	0,043%
1	240		4	13	28	408	490		0,000%	0,001%	0,003%	0,041%	0,049%
5		0	0	12	37	409	486	0,000 00%	0,000%	0,001%	0,004%	0,041%	0,049%
9			2	14	34	393	471		0,000%	0,001%	0,003%	0,039%	0,047%
13			3	10	29	386	469		0,000%	0,001%	0,003%	0,039%	0,047%
Ø:								0,000 00%	0,000%	0,001%	0,003%	0,040%	0,048%
1	336					7	7						0,001%	0,001%
5		0	0	0	0	8	9	0,000 00%	0,000%	0,000%	0,000%	0,001%	0,001%
9						9	13						0,001%	0,001%
13						9	10						0,001%	0,001%
Ø:								0,000 00%	0,000%	0,000%	0,000%	0,001%	0,001%
1	480					4	5						0,000%	0,001%
5		0	0	0	0	2	4	0,000 00%	0,000%	0,000%	0,000%	0,000%	0,000%
9						5	6						0,001%	0,001%
13						6	7						0,001%	0,001%
Ø:								0,000 00%	0,000%	0,000%	0,000%	0,000%	0,001%
1	600						1							0,000%
5		0	0	0	0	0	0	0,000 00%	0,000%	0,000%	0,000%	0,000%	0,000%
9							0							0,000%
13							0							0,000%
Ø:								0,000 00%	0,000%	0,000%	0,000%	0,000%	0,000%
1	672													0,000%
5		0	0	0	0	0	0	0,000 00%	0,000%	0,000%	0,000%	0,000%	0,000%
9														0,000%
13														0,000%
Ø:								0,000 00%	0,000%	0,000%	0,000%	0,000%	0,000%
1	774													0,000%
5		0	0	0	0	0	0	0,000 00%	0,000%	0,000%	0,000%	0,000%	0,000%
9														0,000%
13														0,000%
Ø:								0,000 00%	0,000%	0,000%	0,000%	0,000%	0,000%

Tab. 33: Bußgeldgrenzen-Peaks in insgesamt 22.321.668 simulierten Messreihen je N Messwerte, Basis: Ausgleichskurve (A)

Die *„nicht plausiblen"* Peaks an den drei Bußgeldgrenzen 84, 89 und 94 km/h werden erwartungsgemäß mit wachsender Anzahl N von Messwerten in der Messreihe drastisch seltener.

---

11 Graphen hierzu ⇗ A6.7 *Simulation der Messreihe*, Abb. 25 und Abb. 26.

Die Simulationen bestätigen die Abschätzung der Peakwahrscheinlichkeit. Sie ist danach 0,10%, die Manipulationswahrscheinlichkeit des vorliegenden Messprotokolls beträgt somit 99,90%. Die Dateien von Tab. 32 streuen dabei von 0,095% bis 0,119%. In den Dateien von Tab. 25 bis Tab. 30 treten als Extremwerte 0,090% und 0,120% auf. Die **Manipulationswahrscheinlichkeit** ist also

$$\textbf{99,90\%} \quad \begin{matrix} +0,01\% \\ -0,02\% \end{matrix}$$

Beachte: Bei **mindestens** 2facher Peakhöhe (Spalte ####, Peakhöhe $\geq 2\times$) werden auch Messreihen mit verschwindenden Peaks gezählt, wenn also beide Vergleichswerte die Anzahl 0 aufweisen, denn auch diese erfüllen die Bedingung $0 \geq 2 \cdot 0$.

0×88 km/h und zugleich 0×89 km/h kommt in der ersten Datei von Tab. 32 (Parameter $n_A = 1$, $m_1 = 1$) z. B. 404 mal vor. Allerdings haben die anderen beiden Peaks nur in 5 Fällen davon zugleich mindestens 2fache Höhe. In Spalte # ### von Tab. 33 sind verschwindende Peaks 0–0 nicht gezählt.

A3.3 Erläuterung zur Messreihensimulation

Das unten gelistete *VBA*-Programm für *Excel* erstellt Dateien mit 1.000.000 simulierten Messreihen, jede mit einer Häufigkeitsverteilung für jeweils 84 Messungen im Geschwindigkeitsbereich 81 km/h, ..., 142 km/h und ≥ 143 km/h. Über die beiden Parameter nA (Anzahl der Durchläufe der äußersten Schleife) und m1 (Index der 1. Zufallszahl der Simulation) kann das Bauprinzip dieser Histogramme gesteuert werden. Dabei ist zu beachten, dass nA ein Teiler der Anzahl N der Messungen $N = 84 = 2 \cdot 2 \cdot 3 \cdot 7$ sein muss. Es kommen deshalb nur die 12 in der ersten Spalte von Tab. 34 angegebenen Werte in Frage, so dass im Prinzip $84 \cdot 12 = 1.008$ unterschiedliche Dateien generiert werden können.

Excel stellt mit der *Rnd*-Funktion nur **Pseudo-Zufallszahlen**[12] im Bereich $0 \leq z \leq 0,999\,999\,94$ mit dem mittleren Abstand $6 \cdot 10^{-8}$ zur Verfügung und zwar

$$2^{24} = 16.777.216 = 199.728 \cdot 84 + 64$$

Das bedeutet: Bei 84 Werten einer Messreihe lassen sich 199.728 unterschiedliche Messreihen simulieren. Dabei bleiben 64 Zufallszahlen übrig, die in der 199.729. Messreihe verwendet werden. Danach beginnt die Folge der *Rnd*-Zufallszahlen von vorne. Diese Systematik bewirkt, dass nur Dateien, die mit Parametern

$$nA \cdot m1 \leq 84 \quad \text{und} \quad m1 \leq 20$$

erstellt wurden, ausschließlich unterschiedliche Folgen von Messreihen enthalten — abgesehen von einzelnen wirklich ‚zufällig‘ identischen Messreihen. Umgekehrt formuliert: Dateien, die mit Parametern

$$nA \cdot m1 > 84 \quad \text{oder} \quad m1 > 20$$

erstellt wurden, enthalten mehr oder weniger lange Folgen von simulierten Messreihen, die auch in anderen Dateien mit $nA \cdot m1 \leq 84$ oder $m1 \leq 20$ vorkommen. Die zulässigen Parameter sind also:

nA	$m1_{min}$	...	$m1_{max}$
1	1	...	20
2	1	...	20
3	1	...	20
4	1	...	20
6	1	...	14
7	1	...	12
12	1	...	7
14	1	...	6
21	1	...	4
28	1	...	3
42	1	...	2
84	1	...	1
		Summe:	129

Tab. 34: Zulässige Programmparameter

Das Programm kann deshalb ‚nur‘ 129 Dateien ohne Wiederholung von simulierten Messreihenfolgen generieren, d. h. es kann **129.000.000 unterschiedliche Messreihen — eindeutig und reproduzierbar(!) — simulieren.**

---

12 Bei Messwerteanzahlen <84 geht der Zufallscharakter der Simulationen bei bestimmten Parameterkonstellationen teilweise verloren, weil die Pseudo-Zufallszahlen von *Excel* nicht ‚zufällig genug‘ verteilt sind.

A3.4 VBA-Programm

```vba
Const a As Long = 1000000        'Anzahl der Messreihen
Const k As Integer = 16          'Anzahl der Kopfzeilen
Const ml As Integer = 1          'Index 1.Zufallszahl: 1...84
Const nA As Integer = 21         '# Messreihenschleifen Außen
Dim g As Long '

Sub ZufallsMessReihe()    '#(nA)·#(ml) = 12·84 = 1.008
Dim i As Long, _
    m As Long, _
    n1 As Long, n2 As Long, nI As Long, _
    w As Double
On Error GoTo Fehler
aktualisieren 0     'Schaltet Bildschirmausgabe und _
                     automatische Neuberechnung aus
Anfang = Now
Debug.Print "'Start: ", Anfang, "a=" & a, "ml=" & ml
[B5] = a: [B6] = ml
nI = 84 / nA        '# Messreihenschleifen Innen _
         84 = 2·2·3·7 = # Messungen einer Messreihe
Range(Cells(k + 1, 8), Cells(k + a, 70)).Select
Selection.ClearContents    'Löscht letzte Liste
Do Until Rnd() = 0         'Sucht Zufallzahl Rn()=0
Loop
For m = 0 To ml - 1        'Wählt 1. Zufallszahl
    w = Rnd()              '   für die Simulation
Next m                     'ml=1 wählt w=0,764141261577606_
       (1. Zufallszahl der Rnd-Folge nach Rnd()=0)
Debug.Print "'", Now & "  " & m & @
       ". Zufallszahl nach Rnd()=0:  w=" & w
For n1 = 1 To nA    'nA=1,2,3,4,6,7,12,14,21,28,42,84
For i = k + 1 To k + a
For n2 = 1 To nI    'nI=84,42,28,21,14,12,7,6,4,3,2,1
    w = Rnd()       '= kumulierte Wahrscheinlichkeit w*
Select Case w
    Case Is < 0.123464654128623        'v=81 km/h
        Cells(i, 8) = Cells(i, 8) + 1
    Case Is < 0.230482150577925        'v=82 km/h
        Cells(i, 9) = Cells(i, 9) + 1
    Case Is < 0.32340436018511         'v=83 km/h
        Cells(i, 10) = Cells(i, 10) + 1
    Case Is < 0.404224359326591        'v=84 km/h
        Cells(i, 11) = Cells(i, 11) + 1
    Case Is < 0.474634520643646        'v=85 km/h
        Cells(i, 12) = Cells(i, 12) + 1
    Case Is < 0.536074667497855        'v=86 km/h
        Cells(i, 13) = Cells(i, 13) + 1
    Case Is < 0.589772080588065        'v=87 km/h
        Cells(i, 14) = Cells(i, 14) + 1
    Case Is < 0.636774807611673        'v=88 km/h
        Cells(i, 15) = Cells(i, 15) + 1
    Case Is < 0.677797455903666        'v=89 km/h
        Cells(i, 16) = Cells(i, 16) + 1
    Case Is < 0.714154429938422        'v=90 km/h
        Cells(i, 17) = Cells(i, 17) + 1
    Case Is < 0.745959399663343        'v=91 km/h
        Cells(i, 18) = Cells(i, 18) + 1
    Case Is < 0.773961643361033        'v=92 km/h
        Cells(i, 19) = Cells(i, 19) + 1
    Case Is < 0.798649793398171        'v=93 km/h
        Cells(i, 20) = Cells(i, 20) + 1
    Case Is < 0.820445419496646        'v=94 km/h
        Cells(i, 21) = Cells(i, 21) + 1
    Case Is < 0.839712807830466        'v=95 km/h
        Cells(i, 22) = Cells(i, 22) + 1
    Case Is < 0.856767231944242        'v=96 km/h
        Cells(i, 23) = Cells(i, 23) + 1
    Case Is < 0.871881960517663        'v=97 km/h
        Cells(i, 24) = Cells(i, 24) + 1
    Case Is < 0.885294205213308        'v=98 km/h
        Cells(i, 25) = Cells(i, 25) + 1
    Case Is < 0.897210177515605        'v=99 km/h
        Cells(i, 26) = Cells(i, 26) + 1
    Case Is < 0.907809395207917        'v=100 km/h
        Cells(i, 27) = Cells(i, 27) + 1
    Case Is < 0.917248355822924        'v=101 km/h
        Cells(i, 28) = Cells(i, 28) + 1
    Case Is < 0.92566367513414         'v=102 km/h
        Cells(i, 29) = Cells(i, 29) + 1
    Case Is < 0.933174772801089        'v=103 km/h
        Cells(i, 30) = Cells(i, 30) + 1
    Case Is < 0.939886174043065        'v=104 km/h
        Cells(i, 31) = Cells(i, 31) + 1
    Case Is < 0.945889485213155        'v=105 km/h
        Cells(i, 32) = Cells(i, 32) + 1
    Case Is < 0.951265091981662        'v=106 km/h
        Cells(i, 33) = Cells(i, 33) + 1
    Case Is < 0.956083621194565        'v=107 km/h
        Cells(i, 34) = Cells(i, 34) + 1
    Case Is < 0.960407201085351        'v=108 km/h
        Cells(i, 35) = Cells(i, 35) + 1
    Case Is < 0.964290549171702        'v=109 km/h
        Cells(i, 36) = Cells(i, 36) + 1
    Case Is < 0.967781912685225        'v=110 km/h
        Cells(i, 37) = Cells(i, 37) + 1
    Case Is < 0.970923882616914        'v=111 km/h
        Cells(i, 38) = Cells(i, 38) + 1
    Case Is < 0.973754099293319        'v=112 km/h
        Cells(i, 39) = Cells(i, 39) + 1
    Case Is < 0.976305864729356        'v=113 km/h
        Cells(i, 40) = Cells(i, 40) + 1
    Case Is < 0.978608674751225        'v=114 km/h
        Cells(i, 41) = Cells(i, 41) + 1
    Case Is < 0.980688681979184        'v=115 km/h
        Cells(i, 42) = Cells(i, 42) + 1
    Case Is < 0.982569099148475        'v=116 km/h
        Cells(i, 43) = Cells(i, 43) + 1
    Case Is < 0.984270550880602        'v=117 km/h
        Cells(i, 44) = Cells(i, 44) + 1
    Case Is < 0.985811380857469        'v=118 km/h
        Cells(i, 45) = Cells(i, 45) + 1
    Case Is < 0.98720792036493         'v=119 km/h
        Cells(i, 46) = Cells(i, 46) + 1
    Case Is < 0.988474723332874        'v=120 km/h
        Cells(i, 47) = Cells(i, 47) + 1
    Case Is < 0.989624772283412        'v=121 km/h
        Cells(i, 48) = Cells(i, 48) + 1
    Case Is < 0.990669658987768        'v=122 km/h
        Cells(i, 49) = Cells(i, 49) + 1
    Case Is < 0.991619743110312        'v=123 km/h
        Cells(i, 50) = Cells(i, 50) + 1
    Case Is < 0.99248429167115         'v=124 km/h
        Cells(i, 51) = Cells(i, 51) + 1
    Case Is < 0.993271601775609        'v=125 km/h
        Cells(i, 52) = Cells(i, 52) + 1
    Case Is < 0.993989108730229        'v=126 km/h
        Cells(i, 53) = Cells(i, 53) + 1
    Case Is < 0.994643481382397        'v=127 km/h
        Cells(i, 54) = Cells(i, 54) + 1
    Case Is < 0.995240706277795        'v=128 km/h
        Cells(i, 55) = Cells(i, 55) + 1
    Case Is < 0.995786162020545        'v=129 km/h
        Cells(i, 56) = Cells(i, 56) + 1
    Case Is < 0.996284685040477        'v=130 km/h
        Cells(i, 57) = Cells(i, 57) + 1
    Case Is < 0.996740627816137        'v=131 km/h
        Cells(i, 58) = Cells(i, 58) + 1
    Case Is < 0.997157910467508        'v=132 km/h
        Cells(i, 59) = Cells(i, 59) + 1
    Case Is < 0.997540066515874        'v=133 km/h
        Cells(i, 60) = Cells(i, 60) + 1
    Case Is < 0.997890283507352        'v=134 km/h
        Cells(i, 61) = Cells(i, 61) + 1
    Case Is < 0.998211439109046        'v=135 km/h
```

```
        Cells(i, 62) = Cells(i, 62) + 1
    Case Is < 0.998506133210814          'v=136 km/h
        Cells(i, 63) = Cells(i, 63) + 1
    Case Is < 0.998776716499587          'v=137 km/h
        Cells(i, 64) = Cells(i, 64) + 1
    Case Is < 0.999025315915715          'v=138 km/h
        Cells(i, 65) = Cells(i, 65) + 1
    Case Is < 0.999253857350783          'v=139 km/h
        Cells(i, 66) = Cells(i, 66) + 1
    Case Is < 0.999464085902722          'v=140 km/h
        Cells(i, 67) = Cells(i, 67) + 1
    Case Is < 0.999657583965975          'v=141 km/h
        Cells(i, 68) = Cells(i, 68) + 1
    Case Is < 0.999835787401205          'v=142 km/h
        Cells(i, 69) = Cells(i, 69) + 1
    Case Else                            'v>=143 km/h
        Cells(i, 70) = Cells(i, 70) + 1
    End Select
    Next n2
    Next i
    Next n1
    zaehlePeakMessReihen
    aktualisieren 1  'Schaltet Bildschirmausgabe und _
                     automatische Neuberechnung ein
    [B3] = DateDiff("s", Anfang, Now) / 3600  'Zeit [h]
    Debug.Print "'Ende:", Now, _
        DateDiff("s", Anfang, Now) & " s";
    Exit Sub
    Fehler:
    Debug.Print "'Unerwarteter Fehler " & Err.Number, _
        Err.Description
    Debug.Print "'i=" & i, "n1=" & n1, "n2=" & n2, _
        "w=" & w
    End Sub '

Sub aktualisieren(Ein)
    With Application
        If Ein Then
            .ScreenUpdating = True
            .Calculation = xlCalculationAutomatic
        Else
            .ScreenUpdating = False
            .Calculation = xlCalculationManual
        End If
    End With
End Sub '

Sub zaehlePeakMessReihen()
    Debug.Print "'", Now, "zähle Peakmessreihen...";
    aktualisieren 0
    Range(Cells(k + 1, 1), Cells(k + a, 6)).Select
    Selection.ClearContents
    For i = k + 1 To k + a
        If Cells(i, 10) = 4 And Cells(i, 11) = 9 And _
            Cells(i, 15) = 2 And Cells(i, 16) = 5 And _
            Cells(i, 20) = 2 And Cells(i, 21) = 5 Then_
            Cells(i, 1) = 1
        If Cells(i, 11) > 2.249 * Cells(i, 10) And _
            Cells(i, 16) > 2.499 * Cells(i, 15) And _
            Cells(i, 21) > 2.499 * Cells(i, 20) Then_
            Cells(i, 2) = 1
        If Cells(i, 11) > 2 * Cells(i, 10) And _
            Cells(i, 16) > 2 * Cells(i, 15) And _
            Cells(i, 21) > 2 * Cells(i, 20) Then_
            Cells(i, 3) = 1
        If Cells(i, 11) >= 2 * Cells(i, 10) And _
            Cells(i, 16) >= 2 * Cells(i, 15) And _
            Cells(i, 21) >= 2 * Cells(i, 20) Then_
            Cells(i, 4) = 1
        If Cells(i, 11) > 1.6 * Cells(i, 10) And _
            Cells(i, 16) > 1.6 * Cells(i, 15) And _
            Cells(i, 21) > 1.6 * Cells(i, 20) Then_
            Cells(i, 5) = 1
```

```
        If Cells(i, 11) > 1.599 * Cells(i, 10) And _
            Cells(i, 16) > 1.599 * Cells(i, 15) And _
            Cells(i, 21) > 1.599 * Cells(i, 20) Then_
            Cells(i, 6) = 1
    Next i
    aktualisieren 1
    Debug.Print
    Debug.Print "'", Now
End Sub '

Sub sucheGleicheMessreihenA01_A84()
    Dim Ze As Long
    aktualisieren 0
    Anfang = Now
    Debug.Print "'Start: ", Now, "a=" & a;
    g = 0: Ze = k + a + 1
    Range(Cells(k + 1, 7), Cells(Ze, 7)).Select
    Selection.ClearContents
    Range(Cells(Ze, 6), Cells(Ze + 10, 8)).Select
    Selection.ClearContents
    sucheGleicheMessreihenA01
    sucheGleicheMessreihenA02
    sucheGleicheMessreihenA03
    sucheGleicheMessreihenA04
    sucheGleicheMessreihenA06
    sucheGleicheMessreihenA07
    sucheGleicheMessreihenA12
    sucheGleicheMessreihenA14
    sucheGleicheMessreihenA21
    sucheGleicheMessreihenA28
    sucheGleicheMessreihenA42
    sucheGleicheMessreihenA84
    aktualisieren 1
    Debug.Print
    Debug.Print "'Ende:", Now, _
        DateDiff("s", Anfang, Now) & " s";
End Sub '

' Für die folgenden 12 Prozeduren _
sucheGleicheMessreihenA01_ bis ...A84 gilt: _
Die letzten 18 Parameter n1, ..., n18 sind die _
Messwerteanzahlen der 1. Messreihe derjenigen _
Datei, die mit den ersten beiden Parametern _
nA und m1 erstellt wurde.
Sub sucheGleicheMessreihenA01_()
    sucheMeRe 1, 1, 16, 13, 13, 2, 4, 5, 1, 4, 3, 8, _
        1, 2, 1, 1, 2, "", "", ""       'SimInit01
    sucheMeRe 1, 2, 17, 13, 13, 1, 4, 5, 1, 4, 3, 8, _
        1, 2, 1, 1, 2, "", "", ""       'SimInit02
    sucheMeRe 1, 3, 16, 13, 13, 2, 4, 5, 1, 4, 3, 8, _
        1, 2, 1, 1, 2, "", "", ""       'SimInit03
    sucheMeRe 1, 4, 17, 13, 12, 2, 4, 5, 1, 4, 3, 7, _
        1, 2, 1, 1, 2, "", "", ""       'SimInit04
    sucheMeRe 1, 5, 16, 13, 13, 2, 4, 5, 1, 4, 3, 7, _
        1, 2, 1, 1, 2, "", 1, ""        'SimInit05
    sucheMeRe 1, 6, 16, 13, 13, 2, 4, 5, "", 4, 3, 7, _
        1, 2, 1, 1, 2, "", 1, ""        'SimInit06
    sucheMeRe 1, 7, 16, 14, 13, 2, 4, 5, "", 4, 3, 7, _
        "", 2, 1, 1, 2, "", 1, ""       'SimInit07
    sucheMeRe 1, 8, 16, 14, 13, 2, 4, 6, "", 4, 3, 7, _
        "", 2, 1, 1, 2, "", 1, ""       'SimInit08
    sucheMeRe 1, 9, 16, 15, 12, 2, 4, 6, "", 3, 3, 7, _
        "", 2, 1, 1, 2, "", 1, ""       'A01-09
    sucheMeRe 1, 10, 16, 15, 12, 2, 3, 6, "", 3, 3, _
        7, "", 2, 2, 1, 2, "", 1, ""    'A01-10
    sucheMeRe 1, 11, 17, 15, 12, 2, 3, 6, "", 3, 3, _
        7, "", 2, 2, 1, 2, "", 1, ""    'A01-11
    sucheMeRe 1, 12, 17, 15, 12, 2, 3, 7, "", 3, 3, _
        6, "", 2, 2, 1, 2, "", 1, ""    'A01-12
    sucheMeRe 1, 13, 17, 15, 12, 2, 3, 7, "", 3, 3, _
        6, "", 2, 2, 2, 2, "", 1, ""    'A01-13
    sucheMeRe 1, 14, 17, 15, 13, 2, 2, 7, "", 3, 3, _
        6, "", 2, 2, 2, 2, "", 1, ""    'A01-14
```

```
sucheMeRe 1, 15, 18, 15, 13, 2, 1, 7, "", 3, 3,
          6, "", 2, 2, 2, 2, "", 1, ""        'A01-15
sucheMeRe 1, 16, 18, 15, 14, 2, 1, 7, "", 3, 3,
          5, "", 2, 2, 2, 2, "", 1, ""        'A01-16
sucheMeRe 1, 17, 18, 15, 14, 2, 1, 7, "", 4, 3,
          4, "", 2, 2, 2, 2, "", 1, ""        'A01-17
sucheMeRe 1, 18, 18, 15, 14, 2, 1, 7, "", 3, 3,
          4, "", 3, 2, 2, 2, "", 1, ""        'A01-18
sucheMeRe 1, 19, 18, 14, 14, 3, 1, 7, "", 3, 3,
          4, "", 3, 2, 2, 2, "", 1, ""        'A01-19
sucheMeRe 1, 20, 18, 14, 14, 3, 1, 6, "", 3,
          3, 4, "", 3, 2, 2, 3, "", 1, ""     'A01-20
sucheMeRe 1, 21, 17, 15, 14, 3, 1, 6, "", 3, 3,
          4, "", 3, 2, 2, 3, "", 1, ""        'A01-21
sucheMeRe 1, 22, 17, 15, 13, 3, 1, 6, "", 3, 3,
          4, "", 3, 2, 2, 4, "", 1, ""        'A01-22
sucheMeRe 1, 23, 17, 15, 13, 3, 1, 5, "", 3, 3,
          4, "", 3, 2, 2, 4, "", 1, ""        'A01-23
sucheMeRe 1, 24, 17, 14, 13, 3, 1, 5, "", 3, 3,
          4, "", 3, 2, 2, 4, "", 1, ""        'A01-24
sucheMeRe 1, 81, 12, 9, 6, 7, 4, 8, 3, 5, 2, "",
          2, 2, 2, 2, 1, 5, 1                 'A01-81
sucheMeRe 1, 82, 12, 9, 5, 7, 4, 8, 3, 6, 2, "",
          2, 2, 2, 2, 2, 1, 5, 1              'A01-82
sucheMeRe 1, 83, 12, 8, 6, 7, 4, 8, 3, 6, 2, "",
          2, 2, 2, 2, 2, 1, 5, 1              'A01-83
sucheMeRe 1, 84, 11, 8, 6, 7, 4, 8, 3, 6, 2, "",
          2, 2, 2, 2, 3, 1, 5, 1              'A01-84
End Sub '

'Prüfung von SimA02-01 ... SimA02-58. Nicht geprüft _
SimA02-06 ... SimA02-19, weil keine Wiederholungen
Sub sucheGleicheMessreihenA02 ()
sucheMeRe 2, 1, 14, 7, 10, 6, 6, 4, 5, 5, 4, 7,
          2, 3, "", "", 2, 2, "", ""          'A02-01
sucheMeRe 2, 2, 13, 7, 10, 5, 6, 4, 5, 6, 4, 7,
          2, 3, "", 1, 2, 2, "", ""           'A02-02
sucheMeRe 2, 3, 12, 8, 10, 5, 6, 4, 5, 6, 4, 7,
          2, 3, "", 1, 2, 2, "", ""           'A02-03
sucheMeRe 2, 4, 11, 8, 11, 5, 6, 4, 5, 6, 4, 6,
          2, 3, "", 1, 3, 2, "", ""           'A02-04
sucheMeRe 2, 5, 11, 8, 11, 5, 5, 4, 5, 6, 4, 7,
          2, 3, "", 1, 3, 2, "", ""           'A02-05
sucheMeRe 2, 20, 14, 8, 14, 4, 4, 3, 5, 4, 5, 4,
          2, 2, 1, 1, 2, 2, 1, ""             'A02-20
sucheMeRe 2, 21, 14, 8, 14, 3, 4, 3, 5, 4, 5, 5,
          2, 2, 1, 1, 2, 2, 1, ""             'A02-21
sucheMeRe 2, 22, 13, 8, 14, 3, 4, 3, 5, 5, 5, 5,
          2, 2, 1, 1, 2, 2, 1, ""             'A02-22
sucheMeRe 2, 23, 13, 9, 14, 3, 4, 2, 4, 5, 5, 6,
          2, 2, 1, 1, 2, 2, 1, ""             'A02-23
sucheMeRe 2, 42, 14, 12, 12, 3, 3, 4, 2, 5, 4, 6,
          2, 1, 2, 1, 4, "", 1, ""            'A02-42
sucheMeRe 2, 43, 13, 12, 12, 3, 3, 5, 3, 5, 4, 6,
          2, 1, 2, 1, 3, "", 1, ""            'A02-43
sucheMeRe 2, 44, 14, 12, 12, 3, 3, 5, 3, 4, 4, 6,
          2, 1, 3, "", 3, "", 1, ""           'A02-44
sucheMeRe 2, 45, 14, 11, 12, 4, 3, 5, 3, 4, 4, 6,
          2, 1, 3, "", 3, "", 1, ""           'A02-45
sucheMeRe 2, 46, 15, 11, 11, 4, 4, 5, 3, 4, 4, 6,
          2, 1, 3, "", 2, "", 1, ""           'A02-46
End Sub '

'Prüfung von SimA03-01 ... SimA03-58. Nicht geprüft _
SimA03-06 ... SimA03-19, weil keine Wiederholungen
Sub sucheGleicheMessreihenA03 ()
sucheMeRe 3, 1, 10, 6, 11, 6, 5, 9, 3, 2, 4, 9,
          2, 2, 1, 1, 2, 1, 1, 2             'A03-01
sucheMeRe 3, 2, 10, 6, 10, 5, 5, 9, 3, 2, 5, 9,
          2, 2, 1, 1, 2, 1, 1, 2             'A03-02
sucheMeRe 3, 3, 9, 6, 9, 5, 5, 9, 3, 3, 6, 10, 2,
          2, 1, 1, 2, 1, 1, 2                'A03-03
sucheMeRe 3, 4, 9, 6, 10, 5, 5, 9, 2, 3, 6, 9, 2, _
          2, 1, 2, 2, 1, 1, 2                'A03-04
sucheMeRe 3, 5, 7, 7, 10, 5, 5, 9, 2, 3, 6, 9, 2,
          1, 1, 2, 2, 1, 1, 4                'A03-05
sucheMeRe 3, 20, 10, 9, 14, 1, 3, 9, 1, 1, 8, 5,
          "", 1, "", 3, "", 2, 2, 3          'A03-20
sucheMeRe 3, 21, 8, 9, 14, 1, 3, 9, 1, 3, 8, 5,
          "", 1, "", 2, "", 2, 3, 3          'A03-21
sucheMeRe 3, 22, 9, 9, 14, 1, 3, 9, 1, 3, 9, 5,
          "", 1, "", 2, "", 1, 2, 3          'A03-22
sucheMeRe 3, 29, 11, 8, 12, 1, 6, 5, 2, 3, 7, 4,
          "", 2, "", 2, "", 1, 2, 3          'A03-29
sucheMeRe 3, 30, 13, 7, 12, 1, 6, 5, 2, 3, 6, 5,
          "", 2, "", 2, "", 1, 2, 3          'A03-30
sucheMeRe 3, 41, 15, 8, 8, "", 5, 3, 5, 2, 6, 7,
          1, 3, 1, 2, 1, 2, 4, 1             'A03-41
sucheMeRe 3, 48, 13, 9, 9, 3, 5, 3, 4, 3, 4, 6,
          1, 3, 1, 1, 1, 3, 4, 1             'A03-48
sucheMeRe 3, 57, 10, 16, 12, 5, 5, 4, 3, 1, 2, 4,
          2, 2, 1, 2, 2, 4, 3, ""            'A03-57
sucheMeRe 3, 58, 9, 16, 13, 5, 5, 4, 3, 1, 2, 3,
          2, 2, 1, 2, 2, 4, 3, ""            'A03-58
End Sub '

'Prüfung von SimA04-01 ... SimA04-44. Nicht geprüft _
SimA04-03 ... SimA04-19, weil keine Wiederholungen
Sub sucheGleicheMessreihenA04 ()
sucheMeRe 4, 1, 11, 8, 9, 7, 9, 5, 3, 6, 1, 5, 4,
          2, "", 2, 1, 1, ""                 'A04-01
sucheMeRe 4, 2, 10, 8, 9, 7, 9, 6, 4, 6, 1, 5, 3,
          2, "", 2, 1, 1, ""                 'A04-02
sucheMeRe 4, 20, 10, 11, 8, 9, 5, 5, 5, "", 5, 4,
          3, 4, "", 1, "", 3, 1, ""          'A04-20
sucheMeRe 4, 21, 10, 11, 8, 8, 5, 5, 1, 5, 4,
          4, 4, "", 1, "", 3, 1, ""          'A04-21
sucheMeRe 4, 22, 10, 11, 7, 8, 5, 5, 1, 5, 4,
          3, 4, "", 1, 1, 3, 1, ""           'A04-22
sucheMeRe 4, 23, 10, 11, 7, 6, 5, 3, 4, 2, 5, 4,
          4, 4, 1, 2, 1, 1, ""               'A04-23
sucheMeRe 4, 41, 11, 6, 12, 4, 5, 5, 4, 4, 1, 3,
          5, 1, 3, 1, 4, 1, 3, ""            'A04-41
sucheMeRe 4, 42, 11, 5, 12, 4, 5, 5, 4, 4, 1, 4,
          4, 1, 3, 1, 4, 1, 3, ""            'A04-42
sucheMeRe 4, 43, 10, 5, 14, 4, 5, 6, 4, 5, 1, 4,
          4, 1, 3, 1, 3, 1, 3, ""            'A04-43
sucheMeRe 4, 44, 10, 6, 14, 4, 5, 6, 4, 4, 1, 5,
          3, 2, "", 3, 1, 3, ""              'A04-44
End Sub '

'Prüfung von SimA06-01 ... SimA06-30. Nicht geprüft _
SimA06-08 ... SimA06-13, weil keine Wiederholungen
Sub sucheGleicheMessreihenA06 ()
sucheMeRe 6, 1, 14, 7, 10, 6, 6, 7, 3, 3, 3, 5,
          3, 1, "", 2, 1, "", 1              'A06-01
sucheMeRe 6, 2, 13, 6, 11, 6, 6, 7, 4, 3, 2, 6,
          3, 1, 3, 1, 2, 1, "", 1            'A06-02
sucheMeRe 6, 3, 11, 6, 11, 7, 7, 6, 3, 4, 2, 7,
          3, 1, 3, 1, 2, 1, "", 1            'A06-03
sucheMeRe 6, 4, 10, 6, 11, 7, 7, 6, 2, 5, 2, 6,
          3, 2, 2, 1, 3, 1, "", 1            'A06-04
sucheMeRe 6, 5, 10, 7, 11, 7, 6, 3, 6, 4, 2, 6,
          3, 1, 2, 1, 3, 1, "", 1            'A06-05
sucheMeRe 6, 6, 11, 6, 10, 9, 6, 6, 2, 6, 1, 5,
          3, 2, 2, 1, 3, 1, "", 1            'A06-06
sucheMeRe 6, 7, 12, 6, 9, 10, 6, 5, 2, 6, 1, 4,
          2, 2, 2, 2, 3, 1, "", 1            'A06-07
sucheMeRe 6, 14, 13, 4, 11, 7, 4, 7, 5, 4, 3, 7,
          1, 3, "", 3, 2, 2, 2, 1            'A06-14
sucheMeRe 6, 15, 12, 5, 11, 7, 3, 7, 5, 4, 3, 6,
          "", 4, "", 3, 1, 3, 2, 1           'A06-15
sucheMeRe 6, 16, 12, 6, 9, 7, 3, 7, 4, 4, 5, 5,
          "", 4, "", 2, 1, 3, 2, 1           'A06-16
sucheMeRe 6, 20, 9, 6, 12, 5, 4, 9, 3, 2, 6, 6,
          "", 3, "", 3, "", 3, 2, 3          'A06-20
```

```
sucheMeRe 6, 21, 7, 7, 12, 4, 5, 11, 3, 2, 6, 6,
          "", 3, "", 2, "", 3, 2, 3          'A06-21
sucheMeRe 6, 28, 4, 12, 11, 4, 5, 9, 1, 2, 4, 2,
          2, 5, "", 1, "", 2, 1, 2           'A06-28
sucheMeRe 6, 29, 7, 11, 11, 4, 6, 8, 1, 2, 4, 2,
          2, 4, "", 1, 1, 2, 2               'A06-29
sucheMeRe 6, 30, 8, 10, 11, 3, 6, 8, 2, 3, 2, 2,
          2, 5, "", 2, 2, 1, 2, 2            'A06-30
End Sub '

'Prüfung von SimA07-01 ... SimA07-26. Nicht geprüft
 SimA07-03 ... SimA07-07, weil keine Wiederholungen
Sub sucheGleicheMessreihenA07_()
  sucheMeRe 7, 1, 8, 8, 13, 3, 4, 4, 6, 5, 1, 10,
            2, 3, 2, 2, 2, "", 2            'A07-01
  sucheMeRe 7, 2, 8, 9, 12, 2, 4, 4, 6, 5, 1, 10,
            2, 3, 2, 1, 2, "", 3            'A07-02
  sucheMeRe 7, 8, 7, 11, 10, 7, 10, 4, 5, 5, 1, 7,
            2, 1, 1, 2, 1, 1, 1, 2          'A07-08
  sucheMeRe 7, 9, 9, 11, 8, 7, 10, 5, 5, 5, 1, 5,
            2, 2, 1, 2, 1, 1, 1, 2          'A07-09
  sucheMeRe 7, 10, 11, 13, 8, 7, 9, 5, 5, 5, 1, 5,
            2, 1, 1, 1, 1, 1, 1, 1          'A07-10
  sucheMeRe 7, 11, 10, 14, 8, 8, 9, 6, 5, 4, 1, 5,
            2, 1, 1, 1, 1, 1, 1, 1          'A07-11
  sucheMeRe 7, 12, 11, 14, 8, 6, 9, 7, 5, 4, 2, 3,
            2, 1, 1, 1, 1, 1, 1, 1          'A07-12
  sucheMeRe 7, 13, 11, 12, 7, 7, 12, 6, 5, 5, 3, 2,
            2, 1, 1, "", 1, 1, 1, 1         'A07-13
  sucheMeRe 7, 14, 13, 10, 8, 8, 12, 6, 4, 5, 3, 2,
            2, 2, 1, "", 1, 1, 1, ""        'A07-14
  sucheMeRe 7, 20, 12, 8, 9, 6, 9, 6, 4, 4, 6, 2,
            2, 2, 2, "", "", 1, 2, 1        'A07-20
  sucheMeRe 7, 21, 10, 11, 11, 6, 9, 5, 4, 3, 6, 2,
            2, 1, 2, "", "", 1, 2, 1        'A07-21
  sucheMeRe 7, 22, 8, 10, 12, 6, 10, 4, 3, 4, 6, 3,
            2, 1, 2, "", "", 1, 2, 1        'A07-22
  sucheMeRe 7, 23, 7, 9, 11, 6, 10, 4, 2, 4, 6, 3,
            4, 1, 1, 1, "", 1, 2, 1         'A07-23
  sucheMeRe 7, 24, 8, 10, 10, 6, 10, 3, 2, 4, 6, 3,
            5, 1, 1, 1, "", 1, 2, 1         'A07-24
  sucheMeRe 7, 25, 8, 10, 11, 5, 7, 4, 3, 6, 4,
            5, 1, 1, 1, "", 1, 2, 1         'A07-25
  sucheMeRe 7, 26, 6, 10, 10, 4, 7, 5, 3, 4, 8, 4,
            5, "", 1, 1, "", 1, 2, 2        'A07-26
End Sub '

'Prüfung von SimA12-01 ... SimA12-22
Sub sucheGleicheMessreihenA12_()
  sucheMeRe 12, 1, 9, 11, 9, 8, 2, 5, 8, 4, 6, 5,
            2, 2, 3, 1, 1, 1, 1, 3         'A12-01
  sucheMeRe 12, 2, 10, 11, 10, 6, 3, 5, 8, 5, 4, 5,
            1, 2, 2, 1, 1, 2, 1, 2         'A12-02
  sucheMeRe 12, 3, 9, 11, 12, 6, 5, 4, 6, 4, 4, 5,
            1, 3, 2, 1, 1, 2, "", 3        'A12-03
  sucheMeRe 12, 4, 8, 11, 12, 7, 7, 5, 5, 4, 2, 4,
            1, 2, 1, 2, 1, 1, "", 3        'A12-04
  sucheMeRe 12, 5, 7, 12, 13, 6, 5, 6, 6, 3, 2, 5,
            1, 1, 1, 2, 1, 1, "", 2        'A12-05
  sucheMeRe 12, 6, 9, 10, 11, 7, 7, 5, 3, 4, 1, 4,
            2, 1, 1, 2, 2, 1, "", 2        'A12-06
  sucheMeRe 12, 7, 9, 11, 9, 6, 9, 5, 3, 4, 3, 2,
            1, 1, 3, 2, 1, "", 1           'A12-07
  sucheMeRe 12, 8, 9, 9, 10, 5, 11, 6, 1, 3, 3, 3,
            2, 1, 2, 3, 1, "", 1           'A12-08
  sucheMeRe 12, 9, 7, 8, 11, 7, 10, 7, 3, 2, 3, 4,
            2, 1, 2, 3, 3, "", "", 1       'A12-09
  sucheMeRe 12, 15, 12, 10, 10, 10, 6, 3, 4, 5, "",
            3, 3, 2, "", 3, 1, 1, 2, ""    'A12-15
  sucheMeRe 12, 16, 15, 8, 8, 11, 6, 3, 4, 5, "",
            3, 3, 2, "", 2, 1, 1, 2, 1     'A12-16
  sucheMeRe 12, 21, 12, 4, 11, 8, 3, 6, 6, 2, 5, 6,
            1, 3, "", 2, "", 3, 3, 3       'A12-21
```

```
sucheMeRe 12, 22, 11, 7, 9, 7, 4, 7, 6, 1, 5, 5,
          "", 4, "", 2, 1, 3, 2, 3           'A12-22
End Sub '

'Prüfung von SimA14-01 ... SimA14-22
Sub sucheGleicheMessreihenA14_()
  sucheMeRe 14, 1, 9, 7, 9, 2, 8, 3, 7, 5, 2, 6, 6,
            2, 4, 2, 2, "", ""             'A14-01
  sucheMeRe 14, 2, 10, 7, 8, 2, 4, 5, 6, 6, 2, 8,
            6, 2, 2, 4, 1, 3, "", 1        'A14-02
  sucheMeRe 14, 3, 10, 5, 6, 1, 4, 6, 4, 9, 2, 10,
            5, 4, 2, 3, 1, 3, "", 1        'A14-03
  sucheMeRe 14, 4, 10, 4, 8, 2, 5, 6, 3, 8, 2, 9,
            5, 5, 2, 3, 1, 3, "", 2        'A14-04
  sucheMeRe 14, 5, 10, 2, 9, 3, 3, 9, 4, 9, 1, 8,
            2, 5, 3, 3, "", 3, "", 2       'A14-05
  sucheMeRe 14, 6, 8, 3, 12, 6, 3, 12, 2, 8, "", 8,
            1, 4, 2, 2, "", 3, "", 2       'A14-06
  sucheMeRe 14, 7, 7, 5, 12, 8, 2, 11, 2, 7, "", 9,
            "", 3, 1, 3, "", 2, "", 2      'A14-07
  sucheMeRe 14, 8, 7, 6, 12, 7, 4, 10, 3, 5, "", 7,
            "", 3, 2, 2, "", 2, "", 2      'A14-08
  sucheMeRe 14, 13, 12, 10, 9, 5, 11, 2, 4, 6, 1,
            2, 3, 2, 1, 1, 2, 2, 2, 2      'A14-13
  sucheMeRe 14, 14, 14, 10, 8, 7, 11, 2, 3, 6, 1,
            2, 3, 3, "", 1, 2, 1, 2, 1     'A14-14
  sucheMeRe 14, 19, 18, 11, 6, 6, 7, 7, 3, 4, 3, 1,
            2, 4, 1, "", "", "", 2, ""     'A14-19
  sucheMeRe 14, 20, 18, 9, 8, 6, 6, 6, 4, 4, 3, 2,
            3, 4, 1, "", "", "", 2, ""     'A14-20
  sucheMeRe 14, 21, 14, 11, 10, 6, 7, 6, 4, 1, 5,
            2, 1, 3, 3, "", "", 1, 2, ""   'A14-21
  sucheMeRe 14, 22, 12, 10, 8, 7, 6, 5, 4, 1, 4, 4,
            2, 3, 4, "", "", 1, 3, 1       'A14-22
End Sub '

'Prüfung von SimA21-01 ... SimA21-22
Sub sucheGleicheMessreihenA21_()
  sucheMeRe 21, 1, 9, 14, 11, 7, 3, 2, 9, 3, 1, 3,
            4, 1, "", 2, 4, 3, "", 1       'A21-01
  sucheMeRe 21, 2, 11, 10, 7, 5, 5, 2, 7, 4, 2, 5,
            5, 2, 1, 1, 3, 1, "", 2        'A21-02
  sucheMeRe 21, 3, 7, 8, 6, 8, 7, 3, 6, 4, 3, 7, 5,
            3, 1, 1, 1, 3, "", 1           'A21-03
  sucheMeRe 21, 4, 10, 7, 5, 7, 7, 4, 3, 4, 4, 6,
            4, 4, 1, "", 2, 3, "", 2       'A21-04
  sucheMeRe 21, 5, 8, 4, 9, 6, 7, 5, 3, 4, 5, 7, 2,
            3, 2, "", 1, 2, "", 2          'A21-05
  sucheMeRe 21, 6, 10, 4, 10, 6, 6, 7, 3, 3, 3, 7,
            1, 4, 1, 2, 1, 2, "", 1        'A21-06
  sucheMeRe 21, 7, 14, 5, 9, 4, 4, 7, 5, 6, 2, 5,
            "", 3, 3, 2, 1, "", "", 3      'A21-07
  sucheMeRe 21, 8, 14, 6, 9, 4, 6, 5, 4, 5, 1, 6,
            "", 3, 4, 2, "", "", "", 2     'A21-08
  sucheMeRe 21, 9, 13, 8, 8, 4, 5, 5, 4, 5, "", 6,
            "", 3, 4, "", "", 1, 3         'A21-09
  sucheMeRe 21, 10, 9, 11, 8, 6, 4, 3, 4, 6, 1, 6,
            1, 2, 4, 3, 1, "", 2, 2        'A21-10
  sucheMeRe 21, 13, 6, 12, 6, 9, 5, 4, 3, 5, 5, 6,
            4, 3, 1, 2, "", 1, 4           'A21-13
  sucheMeRe 21, 14, 8, 13, 6, 8, 7, 4, 4, 5, 5, 4,
            4, 2, 2, 1, 2, 1, "", 3        'A21-14
  sucheMeRe 21, 17, 15, 11, 7, 8, 9, 6, 3, 3, 2, 1,
            "", 3, 1, 2, 2, 1, 3, ""       'A21-17
  sucheMeRe 21, 18, 18, 10, 8, 8, 6, 6, 2, 2, 1, 3,
            "", 3, 1, 1, 1, 1, 4, 1        'A21-18
  sucheMeRe 21, 19, 18, 8, 8, 7, 4, 8, 4, 3, "", 2,
            "", 3, 3, 1, 1, 3, 2           'A21-19
  sucheMeRe 21, 20, 17, 11, 8, 3, 7, 9, 3, 2, 3, 3,
            "", 3, 1, "", 1, 3, 3          'A21-20
  sucheMeRe 21, 21, 14, 12, 6, 7, 6, 4, 2, 4, 4,
            1, 1, 3, 1, "", 1, 1, 3        'A21-21
  sucheMeRe 21, 22, 12, 12, 6, 6, 8, 6, 5, 2, 4, 2,
```

```
              1, 2, 3, 1, 1, "", "", 2          'A21-22
End Sub '_____

'Prüfung von SimA28-01 ... SimA28-22
Sub sucheGleicheMessreihenA28_()
  sucheMeRe 28, 1, 7, 10, 11, 8, 6, 6, 6, 4, 5, 3,
            4, 1, 1, 3, 1, 1, 1, ""             'A28-01
  sucheMeRe 28, 2, 8, 7, 10, 7, 4, 7, 6, 6, 7, 4,
            6, 1, "", 2, 1, 2, 1, ""            'A28-02
  sucheMeRe 28, 3, 10, 5, 5, 6, 5, 5, 6, 7, 7, 6,
            6, 1, 1, 2, 2, 2, "", 1             'A28-03
  sucheMeRe 28, 4, 11, 7, 7, 4, 5, 4, 4, 7, 6, 4,
            6, 3, 2, 1, 2, 3, "", 1             'A28-04
  sucheMeRe 28, 5, 12, 9, 8, 3, 3, 5, 4, 6, 4, 5,
            3, 4, 2, 2, 1, 3, "", 3             'A28-05
  sucheMeRe 28, 6, 11, 8, 9, 7, 3, 5, 2, 8, 3, 5,
            3, 5, 1, 1, "", 3, "", 2            'A28-06
  sucheMeRe 28, 7, 10, 9, 8, 9, 5, 4, 3, 6, 2, 6,
            3, 5, "", 2, "", 1, "", 3           'A28-07
  sucheMeRe 28, 21, 12, 11, 10, 8, 6, 7, 6, 2, 3,
            1, 4, 2, 2, 2, "", "", 2, ""        'A28-21
  sucheMeRe 28, 22, 10, 12, 9, 10, 6, 3, 5, 3, 3,
            2, 4, 4, 1, 1, "", "", 3, ""        'A28-22
End Sub '_____

'Prüfung von SimA42-01 ... SimA42-22
Sub sucheGleicheMessreihenA42_()
  sucheMeRe 42, 1, 8, 8, 12, 5, 6, 3, 10, 2, 3, "",
            1, 1, 1, 5, 6, 2, "", 2             'A42-01
  sucheMeRe 42, 2, 8, 9, 11, 6, 2, 3, 10, 2, "", 3,
            3, 1, 1, 4, 4, "", "", 2            'A42-02
  sucheMeRe 42, 3, 8, 12, 6, 6, 5, 4, 8, 3, 1, 4,
            7, 2, 1, 2, 1, 1, "", ""            'A42-03
  sucheMeRe 42, 4, 11, 10, 5, 2, 8, 4, 6, 3, 4, 5,
            7, 3, 1, 1, 1, 1, 1, 1              'A42-04
  sucheMeRe 42, 5, 9, 6, 8, 3, 8, 6, 4, 4, 4, 7, 3,
            2, 4, 2, "", 2, 1, 2                'A42-05
  sucheMeRe 42, 21, 16, 10, 12, 4, 2, 6, 5, 2, 1,
            4, "", 1, 3, "", 2, 1, 2, 2         'A42-21
  sucheMeRe 42, 22, 14, 15, 7, 2, 5, 6, 5, 2, 3, 4,
            1, 2, 5, 2, 1, "", 2, 2             'A42-22
End Sub '_____

'Prüfung von SimA84-01 ... SimA84-21
Sub sucheGleicheMessreihenA84_()
  sucheMeRe 84, 1, 11, 12, 6, 8, 8, 3, 5, 2, 8, "",
            1, "", 4, 3, 3, 2, "", 2            'A84-01
  sucheMeRe 84, 2, 8, 10, 9, 7, 4, 4, 8, 3, 4, "",
            3, 3, "", 2, 4, 1, 1, 2             'A84-02
  sucheMeRe 84, 3, 6, 8, 7, 11, 4, 9, 5, 5, 3, 4,
            3, 1, 1, 3, "", 1, 1, 1             'A84-03
  sucheMeRe 84, 4, 10, 9, 6, 5, 7, 5, 7, 6, 4, 2,
            7, 2, 1, "", 1, 2, "", 1            'A84-04
  sucheMeRe 84, 8, 12, 6, 9, 9, 4, 7, 1, 5, 4, 5,
            2, 3, 3, "", 1, 1, "", 1            'A84-08
  sucheMeRe 84, 16, 6, 15, 4, 10, 7, 2, 6, 6, 6, 2,
            3, 2, 3, 2, 1, "", 1, ""            'A84-16
  sucheMeRe 84, 20, 15, 6, 5, 6, 4, 7, 5, 4, 2, 3,
            6, 2, 1, 2, 2, "", 3, ""            'A84-20
  sucheMeRe 84, 21, 9, 9, 14, 6, 5, 6, 1, 6, 4, 5,
            1, "", 2, 1, 3, 1, 1, 1             'A84-21
End Sub '_____

'Hilfsprogramm für die Suche von Folgen gleicher _
Messreihen
Sub sucheMeRe(nA, m1, n1, n2, n3, n4, n5, n6, n7, _
  n8, n9, n10, n11, n12, n13, n14, n15, n16, n17, _
  n18)
  Dim i As Long
  If m1 = 1 Then
    Debug.Print
    Debug.Print "'      nA=" & nA, Now, "m1=" & m1;
  Else
    Debug.Print "-" & m1;
```

```
  End If
  t$ = "Erste 18 Anzahlen von Geschwindigkeits" & _
       "messungen identisch mit 1. Messreihe " & _
       "von ZufallsMessreihe1M_SimInit"
  If nA = 1 And m1 < 9 Then
    v$ = "Init0"
  Else
    If nA > 9 Then
      v$ = "A"
    Else
      v$ = "A0"
    End If
  End If
  t$ = t$ + v$
  If m1 > 9 Then
    n$ = "-"
  Else
    n$ = "-0"
  End If
  For i = k + 2 To k + a
    If Cells(i, 8) = n1 Then
      If Cells(i, 9) = n2 Then
        If Cells(i, 10) = n3 Then
          If Cells(i, 11) = n4 Then
            If Cells(i, 12) = n5 Then
              If Cells(i, 13) = n6 Then
                If Cells(i, 14) = n7 Then
                  If Cells(i, 15) = n8 Then
                    If Cells(i, 16) = n9 Then
                      If Cells(i, 17) = n10 Then
                        If Cells(i, 18) = n11 Then
                          If Cells(i, 19) = n12 Then
                            If Cells(i, 20) = n13 Then
                              If Cells(i, 21) = n14 Then
                                If Cells(i, 22) = n15 Then
                                  If Cells(i, 23) = n16 Then
                                    If Cells(i, 24) = n17 Then
                                      If Cells(i, 25) = n18 Then
                                        Cells(i, 7) = v$ & nA & n$ & m1
                                        g = g + 1
                                        Debug.Print
                                        Debug.Print "'Ab Zeile"; i;
                                        Cells(k + a + g, 6) = "Ab Zeile"
                                        Cells(k + a + g, 7) = i
                                        If nA <= 9 Then t$ = t$ & "0"
                                        t$ = t$ & nA & "-"
                                        If m1 <= 9 Then t$ = t$ & "0"
                                        t$ = t$ & m1 & _
                                            ".xlsb und folgende"
                                        Cells(k + a + g, 8) = t$
                                        Debug.Print t$
                                        Debug.Print "'", , , "    ";
                                      End If
                                    End If
                                  End If
                                End If
                              End If
                            End If
                          End If
                        End If
                      End If
                    End If
                  End If
                End If
              End If
            End If
          End If
        End If
      End If
    End If
  Next i
End Sub '_____
```

A3.5 Programmprotokolle

Debug.Print schreibt beim Programmlauf von Abb. 30 die folgenden Ausgaben in das *VBA*-Direktfenster:

Simulation ZufallsMessReihe

```
'Start:      14.06.2017 10:16:00      a=1000000    ml=1
'            14.06.2017 10:16:11   1. Zufallszahl nach Rnd()=0:  w=0,764141261577606
'            14.06.2017 14:32:11      zähle Peakmessreihen...
'            14.06.2017 14:35:08
'Ende:       14.06.2017 14:35:09      15549 s
```

Suche von Dateien mit gleicher Messreihenfolge sucheGleicheMessreihenA01_A84

```
'Start:       29.06.2017 17:58:56   a=1000000
'     nA=1    29.06.2017 17:58:57   ml=1-2-3-4-5-6-7-8-9-10-11-12-13-14-15-16-17-18-19-20-21-22-23-24-
81-82-83-84
'     nA=2    29.06.2017 18:01:31   ml=1-2-3-4-5-20-21-22-23-42-43-44-45-46
'     nA=3    29.06.2017 18:02:52   ml=1-2-3-4-5-20-21-22-29-30-41-48-57-58
'     nA=4    29.06.2017 18:04:11   ml=1-2-20-21-22-23-41-42-43-44
'     nA=6    29.06.2017 18:05:05   ml=1-2-3-4-5-6-7-14-15-16-20-21-28-29-30
'     nA=7    29.06.2017 18:06:32   ml=1-2-8-9-10-11-12-13-14-20-21-22-23-24-25-26
'     nA=12   29.06.2017 18:08:04   ml=1-2-3-4-5-6-7-8-9-15-16-21-22
'     nA=14   29.06.2017 18:09:13   ml=1-2-3-4-5-6-7-8-13-14-19-20-21-22
'     nA=21   29.06.2017 18:10:34   ml=1-2-3-4-5
'Ab Zeile 18 erste 18 Anzahlen von Geschwindigkeitsmessungen identisch mit 1. Messreihe von ZufallsMessrei-
he1M_Sim21-05.xlsb und folgende
'                                          -6-7-8-9
'Ab Zeile 19 erste 18 Anzahlen von Geschwindigkeitsmessungen identisch mit 1. Messreihe von ZufallsMessrei-
he1M_Sim21-09.xlsb und folgende
'                                          -10-13
'Ab Zeile 20 erste 18 Anzahlen von Geschwindigkeitsmessungen identisch mit 1. Messreihe von ZufallsMessrei-
he1M_Sim21-13.xlsb und folgende
'                                          -14-17
'Ab Zeile 21 erste 18 Anzahlen von Geschwindigkeitsmessungen identisch mit 1. Messreihe von ZufallsMessrei-
he1M_Sim21-17.xlsb und folgende
'                                          -18-19-20-21
'Ab Zeile 22 erste 18 Anzahlen von Geschwindigkeitsmessungen identisch mit 1. Messreihe von ZufallsMessrei-
he1M_Sim21-21.xlsb und folgende
'                                          -22
'     nA=28   29.06.2017 18:12:11   ml=1-2-3-4-5-6-7-21-22
'     nA=42   29.06.2017 18:13:02   ml=1-2-3-4-5-21-22
'     nA=84   29.06.2017 18:13:39   ml=1-2-3-4-8-16-20-21
'Ende:        29.06.2017 18:14:21   925 s
```

A4 Abkürzungen

Symbole

[...]	Kommentar, Auslassung in Zitaten
{...}	Anonymisierung in Zitaten
Ø	Durchschnitt, arithmetischer Mittelwert
✓	OK-Haken, fehlerfreie Übertragung geprüft
☞	siehe
☞	vergleiche

A

Abb.	Abbildung
Abs.	Absatz
AG	Amtsgericht
AGME	Arbeitsgemeinschaft Mess- und Eichwesen
AP	Ansprechpartner

B

BAnz	Bundesanzeiger
Bl.	Blatt (der Gerichtsakte)
BNetzA	Bundesnetzagentur
BR	Bezirksregierung
BSI	Bundesinstitut für Sicherheit in der Informationstechnik
BSIG	BSI-Gesetz
betr.	betrifft
bzgl.	bezüglich
bzw.	beziehungsweise

C

ca.	circa, zirka
CD	compact disk
CRC	cyclic redundancy check

D

DAkkS	Deutsche Akkreditierungsstelle
d. h.	das heißt
Dok.	Dokument
dto.	dito

E

EG	Eichgesetz
EO	Eichordnung
EO-AV	Eichordnung – Allgemeine Vorschriften
evtl.	eventuell(e)

F

f	und folgende (Seite)
FAER	Fahreignungsregister
Fam.	Familie
ff	und folgende (Seiten)
Fr.	Frau

G

GA	Gutachten
ggf.	gegebenenfalls
Ggs.	Gegensatz
Geschw.	Geschwindigkeit

H

h	hour (Stunde)
Hr.	Herr
Hrsg.	HerausgeberIn
HV	Hauptverhandlung

I

i.A.	im Allgemeinen
IFG	Informationsfreiheitsgesetz
i. Ggs.	im Gegensatz
incl.	inclusive
IPV	Intelligenter Piezo-Vorverstärker

J

Jg.	Jahrgang
JPEG	Grafikformat zum komprimierten Speichern von Bildern

K

KDVZ	Kommunales Datenverarbeitungszentrum
km/h	Kilometer pro Stunden
Krs.	Kreis

L

LBME	Landesbetrieb für das Mess- und Eichwesen (NRW)
LG	Landgericht
Lkw	Lastkraftwagen
lt.	laut

M

m	minute (Minute)
max.	maximal
MdKrV	MitarbeiterIn der Kreisverwaltung
MdLBME	MitarbeiterIn des LBME
MdPTB	MitarbeiterIn der PTB
Min.	Minute(n)
Mio.	Millionen
MR	Ministerialrat
MS	Messstelle
MS-DOS	Microsoft Disc Operating System
MwSt.	Mehrwertsteuer

N

Nr.	Nummer
NRW	Nordrhein-Westfalen

O

o.	oben
OSA	Oberstaatsanwalt/-anwältin
OWi	Ordnungswidrigkeit(en)

P

PC	Personal Computer
Pixel	Kunstwort für *picture element* (Bildpunkt)
pk	public key (öffentlicher Schlüssel)
Pos.	Position
Postf.	Postfach
PTB	Physikalisch-Technische Bundesanstalt

R

RA	Rechtsanwalt
RP	Regierungspräsident(in)
RSA	1977 beschriebenes asymmetrisches kryptographisches Verschlüsselungsverfahren, benannt nach seinen Entwicklern *Rivest, Shamir* und *Adleman*

S

s	second (Sekunde)
S.	Seite
StA	Staatsanwalt/-anwältin (-schaft)
s. a.	siehe auch
SBF	firmenspezifisches Dateiformat
Schr.	Schreiben
s. o.	siehe oben
Stw.	Stichwort
s. u.	siehe unten
SV	Sachverständige(r)

T

Tab.	Tabelle
tel.	telefonisch
☐ *III-SR*	firmeneigenes Kürzel zur Gerätebezeichnung

U

u.	unten
u. a.	unter anderem
u. U.	unter Umständen

W

WELMEC	Europäische Zusammenarbeit im gesetzlichen Messwesen

Z

z. B.	zum Beispiel
zzgl.	zuzüglich

A5 Verzeichnisse

A5.1 Abbildungen

Abb. 1: Vorgelegtes Beweisfoto 39
Abb. 2: Beweisfoto-Original 1, normal belichtet .. 46
Abb. 3: Beweisfoto-Original 2, überbelichtet 46
Abb. 4: Sowohl Zugmaschine als auch Auflieger haben eine Messung ausgelöst 47
Abb. 5: 8 von 85 Beweisfotos der Messreihe 47
Abb. 6: Wartungstermine 50
Abb. 7: 1. Testfahrt, 84 km/h 51
Abb. 8: 2. Testfahrt, 89 km/h 51
Abb. 9: Dokumentationseinheit IM, Typ M1.4 53
Abb. 10: MS 4, Eichsiegel sichtbar, ✎ Pfeile; 30.08.2016 – 11:14 Uhr 54
Abb. 11: MS 14, Eichsiegel sichtbar, ✎ Pfeil; 30.08.2016 – 12:04 Uhr 54
Abb. 12: MS 3, kein Eichsiegel; 30.08.2016 – 13:27 Uhr 54
Abb. 13: MS 12, kein Eichsiegel; 30.08.2016 – 18:59 Uhr 54
Abb. 14: MS –; 30.08.2016 – 12:32 Uhr 54
Abb. 15: MS 1, Eichsiegel ✎ Pfeil; 05.03.2017 – 13:11 Uhr 55
Abb. 16: MS 8, kein Eichsiegel; 05.03.2017 – 13:37 Uhr 55
Abb. 17: MS 3, kein Eichsiegel; 05.03.2017 – 13:37 Uhr 55
Abb. 18: MS –; 05.03.2017 – 13:55 Uhr 55
Abb. 19: MS 13; 05.03.2017 – 17:10 Uhr 55
Abb. 20: MS 9; 05.03.2017 – 18:08 Uhr 55
Abb. 21: Neue MS; 05.03.2017 – 20:33 Uhr 55
Abb. 22: MS 2, 07.03.2017 – 13:24 Uhr 55
Abb. 23: Kuriose MS, 05.03.2017 – 13:37 Uhr 55
Abb. 24: Histogramm zum Messprotokoll 57
Abb. 25: Wahrscheinlichkeit für drei Bußgeldgrenzen-Peaks, kleine Messwerteanzahlen 65
Abb. 26: Wahrscheinlichkeit für drei Bußgeldgrenzen-Peaks, große Messwerteanzahlen 65
Abb. 27: Ausgleichskurven (A), (B) und (C), $v \geq 80$ km/h 94
Abb. 28: Ausgleichskurven (A), (B) und (C), $v \geq 150$ km/h 95
Abb. 29: Excel-Tabellenblatt ‚Potenzielle Ausgleichskurve mit dem Excel-Solver' . 96
Abb. 30: Excel-Tabellenblatt ‚Simulierte Messreihen' 97

A5.2 Dokumente

Dok. 1: Eichschein der Sensoren 20
Dok. 2: Eichschein der Dokumentationseinheit .. 21
Dok. 3: Eichschein des Messgerätes 21
Dok. 4: Eichprotokoll der Messeinrichtung 22
Dok. 5: Empfänger anonym 38
Dok. 6: Wartungszertifikat Sensoren 41
Dok. 7: Anhörungsbogen 43
Dok. 8: Zeuge erstellt SV-Rechnung 73
Dok. 9: Reparaturrechnung des Herstellers 73
Dok. 10: 2. Gerichtsgutachter-Rechnung 74

A5.3 Tabellen

Tab. 1: Bußgeldgrenzen und Wahrscheinlichkeit für Manipulation 8
Tab. 2: Messprotokoll 44
Tab. 3: Protokollierte Anzahl der Geschwindigkeitsübertretungen 56
Tab. 4: Glättung der Peaks 60
Tab. 5: Berechnung F-Test 60
Tab. 6: Berechnung zum χ^2-Unabhängigkeitstest... 61
Tab. 7: Berechnungsschema zum χ^2-Unabhängigkeitstest 61
Tab. 8: Parameter der Ausgleichskurven 62
Tab. 9: Häufigkeitswerte der Ausgleichskurven und Wahrscheinlichkeit der Geschwindigkeiten. 63
Tab. 10: Vergleich der Wahrscheinlichkeiten von Messprotokollpeaks mit geglätteten Peaks 63
Tab. 11: Schriftverkehr mit Personen, auf die sich die Dokumentation bezieht 91
Tab. 12: Schriftverkehr zur Bitte um Marktüberwachung 91
Tab. 13: Schriftverkehr ‚Offener Brief' 91
Tab. 14: Schriftverkehr Dienstaufsichtsbeschwerden 92
Tab. 15: Schriftverkehr Auskunftsersuchen ‚ladungsfähige Adresse des Dienstleisters' 92
Tab. 16: Schriftverkehr Auskunftsersuchen ‚Verfahrensverzeichnis' 92
Tab. 17: Schriftverkehr ‚Erinnerungen' 92
Tab. 18: Schriftverkehr Strafanzeigen 92
Tab. 19: Schriftverkehr ‚Zweiter Offener Brief' 92
Tab. 20: Formeln im Excel-Tabellenblatt ‚Potenzielle Ausgleichskurve' 95
Tab. 21: Erläuterung der Spalten #, …, ### ### 98
Tab. 22: Bußgeldgrenzen-Peaks in Messreihen, simuliert mit Excel-Zufallszahlen, Simulationsbasis: Ausgleichskurve (A) 99
Tab. 23: Bußgeldgrenzen-Peaks in Messreihen, simuliert mit echten Zufallszahlen, Simulationsbasis: Ausgleichskurve (A) 99
Tab. 24: Vergleich der Streuung in Histogrammen zu Tab. 22 mit der zu Tab. 23 99
Tab. 25: Bußgeldgrenzen-Peaks in Messreihen, simuliert mit Excel-Zufallszahlen, Simulationsbasis: Ausgleichskurve (A) 100
Tab. 26: Bußgeldgrenzen-Peaks in Messreihen, simuliert mit Excel-Zufallszahlen, Simulationsbasis: Ausgleichskurve (B) 100
Tab. 27: Bußgeldgrenzen-Peaks in Messreihen, simuliert mit Excel-Zufallszahlen, Simulationsbasis: Ausgleichskurve (C) 101
Tab. 28: I. Bußgeldgrenzen-Peaks in Messreihen, simuliert mit Java-Zufallszahlen, Simulationsbasis: Ausgleichskurve (A) 101
Tab. 29: II. Bußgeldgrenzen-Peaks in Messreihen, simuliert mit Java-Zufallszahlen, Simulationsbasis: Ausgleichskurve (A) 102
Tab. 30: III. Bußgeldgrenzen-Peaks in Messreihen, simuliert mit Java-Zufallszahlen, Simulationsbasis: Ausgleichskurve (A) 102
Tab. 31: Vergleich der Streuung in Histogrammen zu Tab. 25 mit der zu Tab. 30 103
Tab. 32: Bußgeldgrenzen-Peaks in jeweils 1.000.000 simulierten Messreihen je 84 Messwerte, Basis: Ausgleichskurve (A) 104
Tab. 33: Bußgeldgrenzen-Peaks in insgesamt 22.321.668 simulierten Messreihen je N Messwerte, Basis: Ausgleichskurve (A) 105
Tab. 34: Zulässige Programmparameter 106

A5.4 Wichtige Adressen

Bundesrepublik

Bundeskanzleramt
Willy-Brandt-Str. 1
10557 Berlin

Bundesministerium
der Justiz und für Verbraucherschutz
Abt. V   [Verbraucherschutz]
Mohrenstraße 37
10117 Berlin

Bundesministerium für Wirtschaft und Energie
Referat VIC2   Scharnhorststr. 34−37
11019 Berlin   10115 Berlin

   Nicht zuständig für Mess- und Eichrecht
   (wird durch die Bundesländer vollzogen)

Der Generalbundesanwalt beim
Bundesgerichtshof
Postfach 27 20   Brauer Straße 30
76014 Karlsruhe   76135 Karlsruhe

Die Bundesbeauftragte für den Datenschutz
und die Informationsfreiheit
Husarenstraße 30
53117 Bonn

Bundesnetzagentur
Postfach 8001   Brauer Straße 30
53105 Bonn   76135 Karlsruhe

BSI
Postfach 200363   Godesberger Allee 185-189
53133 Bonn   53175 Bonn

Physikalisch-Technische Bundesanstalt
Arbeitsgruppe 1.31   [Geschwindigkeitsmessung]
Bundesallee 100
38116 Braunschweig

NRW

Staatskanzlei NRW
Stadttor 1
40219 Düsseldorf

Justizministerium NRW   Martin-Luther-Platz 40
40190 Düsseldorf   40212 Düsseldorf

Ministerium für
Inneres u. Kommunales   Martin-Luther-Platz 40
40190 Düsseldorf   40212 Düsseldorf

Ministerium für
Wirtschaft und Energie, NRW
Referat III B3   Berger Allee 25
40190 Düsseldorf   40213 Düsseldorf

Landesbeauftragter für Datenschutz und
Informationsfreiheit Nordrhein-Westfalen
Postf. 20 04 44   Kavalleriestr. 2-4
40102 Düsseldorf   40213 Düsseldorf

Generalstaatsanwaltschaft Hamm
Postfach 15 71   Heßler Straße 53
59005 Hamm   59065 Hamm

LBME NRW − Eichdirektion
Postf 300833   Hugo-Eckener-Str. 14
50778 Köln   50829 Köln

Zuständiges Eichamt für Sensoren zur Geschwindigkeitsmessung: (das nächstgelegene)

Allgemein

Autofahrer-Schutzvereinigung
Postf. 1223
49002 Osnabrück

A5.5 Wichtige Dokumente

AGME

Programm der Metrologischen Überwachung 2016

BSI

BSI − Technische Richtlinie
Kryptographische Verfahren:
Empfehlungen und Schlüssellängen
BSI TR-02102-1
Version: 2016-01,   Stand: 15. Februar 2016

dto.
Version: 2017-01,   Stand: 8. Februar 2017

Bundesnetzagentur

Bundesnetzagentur für Elektrizität, Gas, Telekommunikation, Post und Eisenbahnen

Bekanntmachung zur elektronischen Signatur nach
dem Signaturgesetz und der Signaturverordnung
(Übersicht über geeignete Algorithmen) vom 20. Mai
2011

dto. vom 17. März 2016, veröffenlicht im Bundesanzeiger BAnz AT 14.04.2016 B11

DAkkS

Besondere Anforderungen und Festlegungen zur Ak-
kreditierung von Konformitätsbewertungsstellen für
den Bereich des Mess- und Eichgesetzes, 71 SD 5
001 | Revision: 1.0 | 02. Oktober 2014

Eichaufsichtsbehörden

Eichfristen für Messgeräte nach der Mess- und Eich-
verordnung (Stand: 03.08.2015)

Merkblatt Instandsetzer vom 18.12.2015

Kraftfahrt-Bundesamt

Bundeseinheitlicher Tatbestandskatalog,
Straßenverkehrsordnungswidrigkeiten,
Stand: 17.10.2016 - 11. Auflage

Landtag NRW

Stellungnahme zur Öffentliche Anhörung des Aus-
schusses für Kommunalpolitik des Landtags NRW am
Freitag, 21. November 2014 von Kreisdirektor ▢
▬▬▬, Abschnitt *Shared Service Center digitale
Postbearbeitung (SSC)*

PTB

Innerstaatliche Bauartzulassungen

Piezorichtlinie

Stellungnahme zur Frage der Manipulierbarkeit signierter Falldateien vom Dezember 2013

PTB-Anforderungen PTB-A 18.11, Dez. 2014
Messgeräte im Straßenverkehr
Geschwindigkeitsüberwachungsgeräte

Merkblatt für Hersteller zum Inverkehrbringen von
Messgeräten nach dem Gesetz über das Mess- und
Eichwesen (Eichgesetz) vom Febr. 2012

Qualitätszirkel Sachverständigenwesen NRW

Neugestaltung der gerichtlichen Vordrucke mit Bezug
zum Sachverständigenbeweis

Checkliste für die Übernahme eines Gerichtsauftrags

WELMEC

Bericht über den Entwurf des WELMEC Leitfadens 7.2
"Softwareanforderungen" 10-12 May 2005

A5.6 Gesetze · Verordnungen · Normen

Zivilprozessordnung (ZPO)

Gesetz über Ordnungswidrigkeiten (OWiG)

Justizvergütungs- u. -entschädigungsgesetz (JVEG)

Qualitätszirkel Sachverständigenwesen NRW:
– Checkliste für die Übernahme eines Gerichtsauftrages
– Neugestaltung der gerichtlichen Vordrucke mit Bezug zum Sachverständigen-beweis

Gesetz zur Neuregelung des gesetzlichen Messwesens vom 25. Juli 2013
Artikel 1: Gesetz über das Inverkehrbringen und die Bereitstellung von Messgeräten auf dem Markt, ihre Verwendung und Eichung sowie über Fertigpackungen (Mess- und Eichgesetz – **MessEG**)

Bundesdatenschutzgesetz (BDSG), hierzu:
– Merkblatt „Postgeheimnis und Datenschutz"
– Verpflichtungserklärung zur Wahrung des Postgeheimnisses und des Datengeheimnisses gemäß § 5 Bundesdatenschutzgesetz (BDSG)

Datenschutzgesetz Nordrhein-Westfalen **(DSG** NRW) vom 9. Juni 2000

Postgesetz (PostG): § 39 Postgeheimnis

Postdienste-Datenschutzverordnung (PDSV)

Gesetz über die Freiheit des Zugangs zu Informationen für das Land Nordrhein-Westfalen **(Informationsfreiheitsgesetz** Nordrhein-Westfalen - **IFG** NRW) vom 27. November 2001

Gesetz über Rahmenbedingungen für elektronische Signaturen (Signaturgesetz – **SigG**)

Verordnung zur elektronischen Signatur (Signaturverordnung - **SigV**)
Die konkrete Umsetzung des Signaturgesetzes erfolgt nach den Ausführungsbestimmungen in der Signaturverordnung (SigV).
Seit dem 1. Juli 2016 gilt die „Verordnung über elektronische Identifizierung und Vertrauensdienste für elektronische Transaktionen im Binnenmarkt" (eIDAS-VO) in allen EU-Mitgliedsstaaten und das deutsche Signaturgesetz hat ausgedient.

VERORDNUNG (EU) Nr. 910/2014 DES EUROPÄISCHEN PARLAMENTS UND DES RATES vom 23. Juli 2014
über elektronische Identifizierung und Vertrauensdienste für elektronische Transaktionen im Binnenmarkt und zur Aufhebung der Richtlinie 1999/93/EG
Artikel 8: Sicherheitsniveaus elektronischer Identifizierungssysteme
Artikel 28: Qualifizierte Zertifikate für elektronische Signaturen
ANHANG I: ANFORDERUNGEN AN QUALIFIZIERTE ZERTIFIKATE FÜR ELEKTRONISCHE SIGNATUREN
ANHANG II: ANFORDERUNGEN AN QUALIFIZIERTE ELEKTRONISCHE SIGNATURERSTELLUNGSEINHEITEN
ANHANG III: ANFORDERUNGEN AN QUALIFIZIERTE ZERTIFIKATE FÜR ELEKTRONISCHE SIEGEL

ISO 15408
internationale Norm zur IT-Sicherheitszertifizierung

A5.7 Internetadressen

Info

[I1]   *http://www.blitzer.de*
[I2]   *http://www.radarfalle.de*
[I3]   *www.radarforum.de*

Behörden und kommunale Dienstleister

Justizministerium des Bundes:
[I4]   *http://www.bmjv.de*

Justizministerium NRW:
[I5]   *https://www.justiz.nrw.de*
(mit Liste aller wichtigen Adressen NRW-Rechtsprechungsdatenbank)

Landesportal NRW:
[I6]   *http://www.mik.nrw.de*

Bundesnetzagentur:
[I7]   *https://www.bundesnetzagentur.de*

BSI:
[I8]   *https://www.bsi.bund.de*

Eichämter:
[I9]   *http://www.eichamt.de*
(mit Übersicht aller Landeseichbehörden)

Kraftfahrt-Bundesamt
[I10]   *https://www.kba.de*

LBME NRW:
[I11]   *http://www.lbme.nrw.de*
(mit Übersicht aller Eichämter in NRW)

PTB:
[I12]   *https://www.ptb.de/cms/ptb.html*

KDVZ Citkomm:
[I13]   *https://www.citkomm.de*

Gesetzestexte

[I14]   *http://www.bundesgesetzblatt.de*
[I15]   *https://recht.nrw.de*

Kostenlose Vorprüfung/Erstberatung

[I16]   *https://www.geblitzt.de*

Autofahrer-Schutzvereinigung:
[I17]   *http://adp-asv.de*

RA Alexander Biernacki:
[I18]   *https://blitzerkanzlei.de*

RA Wolf Heller:
[I19]
http://www.rechtsanwaltskanzlei-heller.de

Echte Zufallszahlen

Basiert auf atmosphärischem Rauschen:
[I20]   *https://www.random.org*

Basiert auf quantenmechanischem Effekt:
[I21]   *https://qrng.anu.edu.au*

A6 Index

Symbole

24-Bit-Zufallszahlen 98
χ^2-Test 57, 61
χ^2-Unabhängigkeitstest 61

A

Abkürzungen 113
Abrechnung, Fakten 30
Abrechnungsbetrag 33
abweichend
Selbstidentifikation des Mess-
gerätes 25
Adressen
Internet-A. 116
wichtige A., postalisch 115
Amtsgericht 67
Anbieter
Absprachen mit einem bevor-
zugten A. 6
Anfangsverdacht 72
Anhörung der Beteiligten 31
Anhörungsbogen 43
Annullationsrate 17
Anonymisierung
der verantwortlich Handeln-
den 38
Anonymität
des Dienstleisters 5
Anzeige
gegen den SV 90
Geschwindigkeitsmessung 68
archivieren
öffentlicher Schlüssel 17
Originale der Falldateien 27
signierte Falldateien 11
Ausdruck
des/der Beweisfoto(s) 16
Ausgleichskurve(n) 56, 93
(A) bis (C), Parameter 62
potenzielle A., Excel-Tabellen-
blatt 95
Auskunftsersuchen
von der PTB verweigert 19
Auskunftsverweigerung
durch den Kreis 8, 40
Kreisdirektor 25
LBME 5, 23, 27
Ordnungsamt
(Stw. in der Fußnote:
rechtswidrig) 75
(Stw.: Originale des
Beweisfotos) 76
PTB 69
(Stw.: Gerätebedienungsfehler)
18
Ausschreibung, öffentlich 37
Ausweeinheit 11

Auswerte-PC, Software 18
Auswerteprogramm
Referenz-A. 12
Auswertesoftware 7, 16, 68
Auswertung
aller Messprotokolle 77
der Messreihen 25, 40
Authentizität 11, 13
der Falldatei 4, 12
Erläuterung 11
Prüfung der Falldateien 16
Authenzität
(von der PTB synonym
verwendet für Authentizität).
Siehe Authentizität

B

Bagatellsteuer für Kerosin 28
Bauartmuster 18, 19
Bauartzulassung 15
für Geschwindigkeitsüberwa-
chungsgeräte 16
Zuständigkeiten 15
Belege, Anforderung 32
Beschränkungen
für Schlüssellänge 17
Betroffene, Täuschung 38
Beweis(e)
erdrückende B. 72
(Messwertmanipulation) 62
Beweisfoto
unverändertes B. 16
Beweisfoto-Nr. 35
Beweisfoto-Original 1 46
Beweisfoto-Original 2 46
Beweisfoto-Originale 88
Beweisfoto(s) 45
Ausdruck 16
exportieren 16
Originale 39
unbearbeitete Originale anzei-
gen 7
von inakzeptabler Qualität 47
Beweisführung
Problematik fundierter B. (Ma-
nipulationsbeweis) 57
Beweismittel
Fehler und Widersprüche 71
Kleinreden von B.n durch
Gutachter 42
mehrfach widersprüchlich 88
nicht fälschungssicher 88
unveränderliches B. 13
Beweismittelunterschlagung
34, 89
Bezirksregierung 24
BSI 10
Aufgabe 10
Technische Richtlinie 10

Bundesnetzagentur 10
Aufgabe 10
Veröffentlichungen 10
Bußgeldbescheide, falsche 28
Bußgelder 28
Bußgeldgrenzen 8, 14, 24, 51,
56, 58, 80
Häufungen an den B. 24
Peaks 88
Peaks an den B. 13

C

CDs, Dokumenten- 17
Citkomm services GmbH 41

D

Dateien
Archivierung signierter D. 11
Daten
manipulierte D. schreiben 17
nicht plausible D. 58
Datumsstempel, falscher 19
Dienstleister
Einblick in den Vertrag 37
hoheitsrechtliche Aufgabe der
Auswertung der Messun-
gen 76
hoheitsrechtliche Aufgaben in
unzulässiger Weise an D.
delegiert 6
privater D. 5
Verträge mit dem D. für ge-
heim erklärt 6
Diskrepanz
zwischen den öffentlichen
Schlüsseln 42
zwischen Eichprotokoll und
Eichschein 42
Dokumentationseinheit 11, 45,
49, 78
Nassfilm-D. 49
Dokumenten-CDs 17
Dokumente, wichtige 115

E

Eichbeamter 12
EichCD 17
Eichdirektion 20
Eichfähigkeit 15
Eichmodus 13, 47
Eichmoduserkennung 27,
31, 47
Eichort(e) 11
nicht zertifiziert 23
zertifizierte E. 79
Eichpflicht 15
Eichplan
des Geräteherstellers 23
Eichpraxis
erschreckende E. 79

mit EU-Recht unvereinbar 35
Rechtfertigung 78
Rechtmäßigkeit 80
Eichprotokoll 22
Eichschein
archiviertes Exemplar 27
Messgerät 21
Piezovorverstärker 20
Eichung
Bedingungen 26
haarsträubende B. 26
Nachlässigkeiten 79
Eichunterstützer 23, 26
Einblendungen
seltsame E. im Beweisfoto 26
Einnahmen Bußgelder 76
Einzelwahrscheinlichkeiten
Produkt 59
Summe 59
Elektronikschrott 49
Empfehlung(en) 7
an die Politik 9
Entschlüsselung 14
Erinnerung 89
Excel 2007, Zufallszahlen 98
Expertise zur Messreihe 56
Export, Beweisfoto(s) 16

F

Fakten zur Abrechnung 30
Faktor, menschlicher 58
Falldatei 45
2½ Minuten pro F. 77
Authentizität 4
Datumsstempel 49
Definition 11, 12
digitale Signierung 45
Einblick 7
Entschlüsselung der Signatur
13
Integrität 4
Manipulation 12
Metadaten 48
Signatur 12
Widersprüche 19
Falldatei-CD
forensische Prüfung 36
Prüfung der F. des Ortster-
mins 36
Falldateien
Archivierung der Originale 27
Auswertung signierter F. 12
Erzeugung signierter F. 12
im sbf-Format 18
Manipulationsmöglichkeiten
13
Manipulierbarkeit 12
Prüfung auf Integrität und
Authentizität 16

signiert
Manipulationssicherheit 14
signierte F. archivieren 11
Falschbeurkundung 88
Fehler, Beweismittel 71
Flugbenzin, Bagatellsteuer 28
F-Test 57, 60

G

geheim
Verträge mit Dienstleister 37
Gerät
widersprüchliche Angaben 49
Geräte
zu eichende G. stehen unbe-
aufsichtigt beim Geräteher-
steller 26
Gerätebedienungsfehler 18
Gerätehersteller
Wartungszertifikat 41
Geräteidentifikation
widersprüchlich 53
Gerichtsakte, Führung 88
Gerichtsprotokoll 81
(pauschale Bemerkung zum
Inhalt) 67
Geschäftsbeziehungen
des Gutachters 42
Geschwindigkeitsmesseinrich-
tungen
Anzahl der eingesetzten G. 37
falsche Dokumentation ihrer
Anzahl 37
Geschwindigkeitsmessung
eines Ordnungsamtes
Zweifel an der Richtigkeit 7
Geschwindigkeitssimulator 18
Geschwindigkeitsüberschrei-
tung, niedrigste 13
Gesetze 116
Gesetzestexte 116
Gutachten
eigene 42
ergänzendes G. 53
Gutachter 42
eklatante Widersprüche und
Fehler beschönigen und
Beweismittel kleinreden 42

H

Hash-Algorithmen 14
Hashwert 12
Häufigkeitsverteilung 57
der Geschwindigkeitsübertre-
tungen in einer 70er-Zone lt.
Messprotokoll 56
Hauptverhandlung 75
Haushalt
Offenlegungspflicht 37

Histogramm 7
hoheitsrechtliche Aufgabe(n)
25, 38
der Auswertung der Messungen 76
Hotelbranche
Steuersenkung 28

I

Identifizierung
des Sachbearbeiters des
Dienstleisters verhindert 38
IFG 5, 7, 8, 32
Verstoß gegen das IFG 27
Indiz
für Manipulation durch die
Dokumentationseinheit 14
Informationsfreiheitsgesetz 5
Integrität 11, 13
der Falldatei 4, 12
Erläuterung 11
Prüfung der Falldateien 16
Internetadressen 116
IPV
Prüfung mit simulierten Signa-
len 18
IPVEich 18

J

Java-Zufallszahlen 98
Justiz 67

K

Kamera
widersprüchliche Angaben 49
zweite K. 17
KDVZ 41
KDVZ Citkomm 41
Konformitätserklärung 15
Kreisdirektor 37
Auskunft verweigert 25
Kreisverwaltung 37
Kritik
am LBME 23
am Ordnungsamt 40
an der Justiz 88
Führung der HV 88
SV-Abrechnung 89
Urteil 88
an der PTB 19
an Geschwindigkeitsmessun-
gen, zusammengefasst 3

L

LBME 5, 20
Aufgabe 20
Dokumente 20
Gliederung
Aufsicht 20
Verantwortlichkeit 20

Kritik am L. 23
Lohnsteuer, Reedereien 28

M
Manipulation
der Messung
keine Anzeichen (SV-
Aussage) 86
Gefahr der Entdeckung 47
Indiz für M. 14
mehrerer Messwerte des
Messprotokolls 56
Tatbestand feststellen 27
Wahrscheinlichkeit für M. 8,
63
Manipulationsbeweis 27
Manipulationsmöglichkeiten
für Falldateien 13
Manipulationssicherheit 11
Manipulationsvorwürfe
Restzweifel 70
Manipulationswahrscheinlich-
keit 62, 106
beliebiger Messreihen 64
der Peaks 64
Manipulierbarkeit
signierter Falldateien 12
manipulierte Daten
schreiben 17
Medien 9
Memory-Card 17
menschlicher Faktor 57, 58
Merkblatt
für Messgerätehersteller 15
Messeinrichtungen
vom Kreis eingesetzte M. 54
Messfehlerprüfung 47
Messgerät
Identität 78
keine Zulassung 5
Kontrolle der Selbstidentifika-
tion 19
Selbstidentifikation 19
Seriennummer nicht doku-
mentiert 5
zweifelsfreie Identifizierung
19
Messgeräte
im Straßenverkehr 11
Messgerätezwilling
mit gleicher Seriennummer
35
Messleitungskanal
unzulässige Führung 54
Messprotokoll 44
Auffälligkeiten 56
Häufigkeitsverteilung 56
Histogramm 57
Korrektur 60

Messreihe
Expertise zur M. 56
Simulation 64
Messreihen
Manipulationswahrscheinlich-
keit beliebiger M. 64
Messreihensimulation
Ergebnisse 98
Erläuterung 106
in Excel 2007 97
Messstelle 44
Messstellen-Code 35, 53
Messtoleranz 8
Messung 43
Testfahrten 51
Messverfahren
standardisiertes M. 13, 34, 66
Messwerte 56
Auswertesoftware ermöglicht
Änderungen 75
Tools zur Änderung von M.n
und anschließender Neu-
verschlüsselung 16
Messwertmanipulation
Indiz für M. 14
Messwertverteilung
nicht zufällig 80
Metadaten 5, 16, 48
widersprüchliche Angaben 49
Mindeststandards
für die Sicherheit in der Infor-
mationstechnik 10
Motivation für Betrug 6

N
Normen 116

O
Offener Brief 24, 29
Ordnungsamt 39
Besuch beim O. 39
Originale (Beweisfoto) 39
Ortstermin 50
Prüfung der Falldatei-CD 36
Testfahrten 51
Beweisfotos 51
Metadaten 52

P
PDV-Systeme 41
Peakhöhe(n) 62
Peakposition 62
Peaks 56, 80
an den Bußgeldgrenzen 88
Position 62
Wahrscheinlichkeit 63
Pflicht
Offenlegung haushaltsrechtli-
cher Grundlagen 25

Physik, tiefste 90
Piezorichtlinie 18
Planet 75
Politik, Empfehlung 9
Programmbausteine
Prüfung 18
Prüftests 60
Prüfung
bestandene P. (Authentizität
u. Integrität) 16
der Falldatei-CD des Ortster-
mins 36
der Programmbausteine 18
Pseudo-Zufallszahlen 98, 106
PTB 4, 11, 19, 26
Aufgabe 11
Dokumente 11
Kritik an der P. 19
Python-Zufallszahlen 98

Q

R
Realmodus 13, 47
Recherche 3
Rechnungen, Prüfung 33
Rechtfertigung
persönliche R. für Beteiligung
an Betrug 6
Rechtmäßigkeit
der Eichpraxis 80
Rechtsmittel 71
Reedereien, Lohnsteuer 28
Referat III B 3 20
Regierung 24
Reparatur
am Ortstermin 33
SV-Rechnung 90
Reparaturarbeiten 72
vom SV in Rechnung gestellt
31
Restzweifel 66
an Berechtigung des Tatvor-
wurfs 70
an Manipulationsvorwürfen
70
RSA 1024 14, 17, 19, 26, 49
Übergangsfrist 10
RSA 2000 10
RSA-Verfahren 10

S
Sachverständigenvergütung
für Zeugen 33
Sachverständige(r)
SV S1 42
Gutachten 80
leugnet Absprache 80
Ortstermin 50

Zeugenbeeinflussung 75
SV S2 49, 79
Zeugenaussage 78
Sattel im Histogramm der Messreihe 57
sbf-Format, Falldateien 18
Scan 66 41
Scandienstleistungen 66 41
Scandienst Oldenburg 38, 68
Schlüssel
geheim 12, 45
öffentlicher S. 12, 45
archivieren 17
auszulesen aus dem Messgerät 26
des Messgerätes 79
Prüfung des Dateinamens 14
Registrierung 12
Verwaltung 12
privat 45
Schlüssellängen 14
Schriftverkehr 91
Selbstidentifikation
des Messgerätes 19
Kontrolle der S. des Messgerätes 19
Sensoren
Abstand und Geradlinigkeit 17
Seriennummer
Geschwindigkeitsmessgerät 12
Servicetechniker 90
Sicherheitsschloss 42
Signatur, digital 11, 45
Signaturgesetz 10
Signaturprüfung 12
Details 13
Signierung 11
Simulation
der Messreihe 64
von Messreihen, VBA-Programm 107
Software
des Auswerte-PCs 18
forensische S. 8
Software-Anforderungen 11
Speichermedium 17
Sperrvermerk 32
Staatsanwaltschaft 68
Staatsgewalt
deutsche Realität der Dreiteilung der S. 87
Standardisiertes Messverfahren 66
Statement 3
Statistik
elementare Grundlagen 59
Steuer, Flugbenzin 28

Steuergelder
Veruntreuung 77
Steuersenkung
Hotelbranche 28
Steuervergünstigungen
im Luxusbereich 9, 28
SV-Rechnungen
Anforderung 89
Prüfung 89
SV-Vergütungen
inakzeptable S. 89
unverhältnismäßig hoch 89

T

Tatbestände, strafwürdige 33
Tatvorwurf
Restzweifel an der Berechtigung 70
Tatzeit(en)
widersprüchliche T. 5, 19, 49
Täuschung
der Betroffenen 38
technische Unterlagen 17
Terminverschiebungen
der HV 69
Testfahrten 51
Testmoduserkennung 13
Tilgunsfrist im FAER
(Fußnote) 80
Transparenz
fehlende T. der Gerichtsrechnung 72
Transparenzgebot 30
Transparenzgrundsatz 89
Tranzparenzprinzip 38
t-Test 57, 61

U

Überliegefrist im FAER
(Fußnote) 80
Uhren
interne U., Einstellung 53
Unterlagen, technische 17

V

Verbraucherschutzbehörde(n) 19, 23, 27
LBME 20
PTB 11
Verordnungen 116
Verpflichtungserklärung
freiwillige V. 28
Verschlüsselungsverfahren
asymmetrisches 11
Verstoß gegen das IFG 27
Verzeichnisse 114
Vier-Augen-Prinzip 79
Vorgangsordner 17

Vorwurf 3

W

Wahrscheinlichkeit 59
der Peakhöhe 62
der Peakposition 62
der Peaks 63
für Manipulation 8, 63
n Ereignisse gemeinsam 59
Wahrscheinlichkeitsberechnung, fallspezifisch 62
Wartungstermine 50
Widerspruch
zwischen Eichprotokoll und Eichschein 9
Widersprüche
Gutachter beschönigen eklatante W. 42
in einer Zeugenaussage 9
zahlreiche W. in den Beweismitteln 71
widersprüchlich
Angaben in den Metadaten 49
Falldatei 25
Geräteidentifikation 53
(Stw. ‚abweichend')
Selbstidentifikation des Messgerätes 25
Tatzeiten 25
Würdigung
juristische W. der Manipulationswahrscheinlichkeit 66

X

Y

Z

Zeugenaussage(n) 75
blanker Unsinn 78
ist sicherlich falsch 75
widerspricht der Darstellung des MdKrV X3 76
Zufallszahlen
24-Bit-Z. (Excel-VBA) 98
echte Z. 98
Internetadressen 116
Excel 2007 98
Java 98
Pseudo-Z. 98, 106
Python-Z. 98
Zufallszahlengenerator
Java-Z. 98
Zweifel
an der Richtigkeit der Geschwindigkeitsmessung eines Ordnungsamtes 7

Lightning Source UK Ltd.
Milton Keynes UK
UKHW020641290621
386340UK00010B/365